Frank Baldus

Sjaunja
Die Weisheit der Wildnis

Für
Martin und Sabine,
die es nie vergessen werden
und für Inga,
unsere Zukunft!

Frank Baldus

Sjaunja
Die Weisheit der Wildnis

Mit einer Karte und
26 Farbaufnahmen

puch-verlag

Umschlagfoto: Morgennebel über einem Moor am Amasjåkkå

Die Deutsche Bibliothek - CIP-Einheitsaufnahme:

Baldus, Frank:

Sjaunja: Die Weisheit der Wildnis / Frank Baldus.

Göttingen: puch-verlag, 1997

ISBN 3-931 643-05-0

Erste Auflage 1997

Allerstr. 27, D-37081 Göttingen
Farblithografie: people publishing, Wuppertal
Gesamtherstellung: Rosch GmbH, Scheßlitz
Umschlagentwurf: Hanspeter Bellers
Layout und Karte: Frank Baldus
Fotos: Martin Palmer, Frank Baldus

Gedruckt auf chlorfrei gebleichtem Papier

ISBN 3-931 643-05-0

Inhalt:

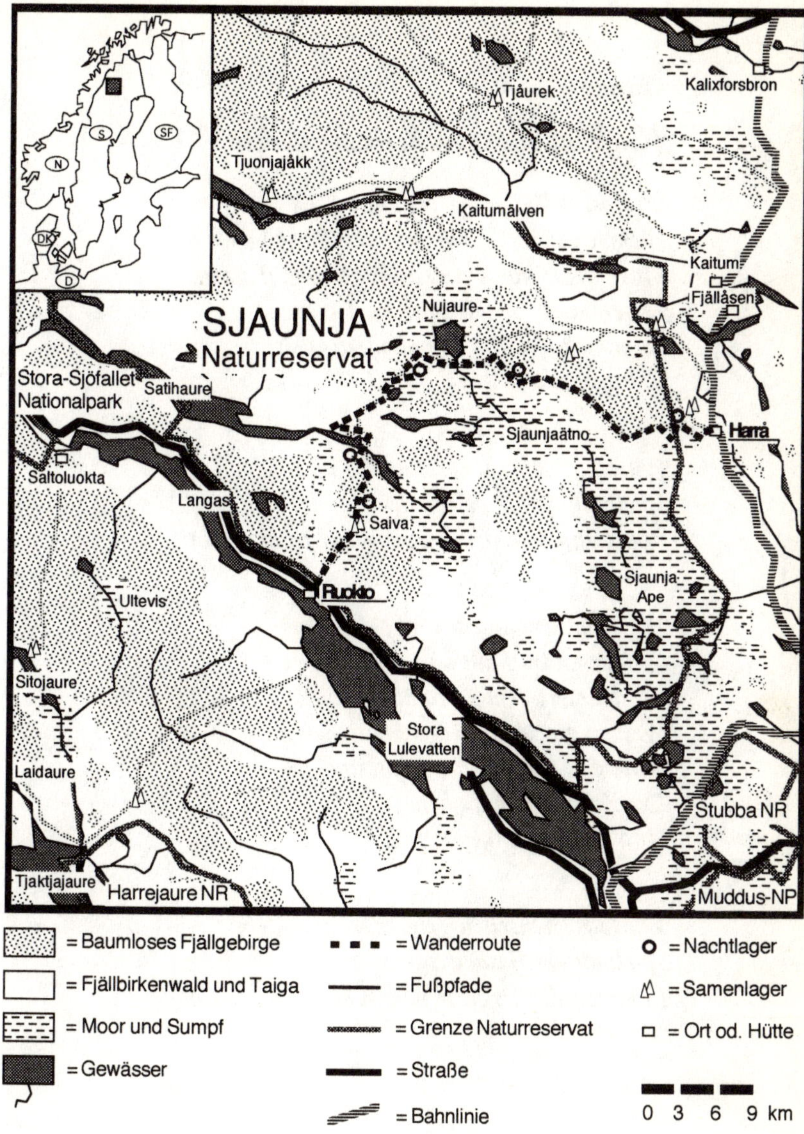
SJAUNJA
Naturreservat
Tjåurek
Kalixforsbron
Tjuonjajåkk
Kaitumälven
Kaitum
Fjällåsen
Nujaure
Stora-Sjöfallet Nationalpark
Satihaure
Sjaunjaätno
Harrå
Saltoluokta
Langas
Saiva
Ruokto
Ultevis
Sjaunja Ape
Sitojaure
Stora Lulevatten
Laidaure
Stubba NR
Tjaktjajaure
Harrejaure NR
Muddus-NP
N
S
SF
DK
D
= Baumloses Fjällgebirge
= Fjällbirkenwald und Taiga
= Moor und Sumpf
= Gewässer
= Wanderroute
= Fußpfade
= Grenze Naturreservat
= Straße
= Bahnlinie
= Nachtlager
= Samenlager
= Ort od. Hütte
0 3 6 9 km

Sàpmi -
Flucht aus der synthetischen Welt

Endlose Wälder, kristallklare Seen
Tückische Moore, wo ein paar Birken steh´n
Glasklares Wasser in schlängelnden Flüssen
Felsenmeere, den Bergen zu Füßen
Taigadickicht und Weidengesträuch
Völlige Stille ...

Winzige Menschen, schutzlos und klein
Spielball der Gewalten -
Inmitten der Urkraft von Wasser und Stein !

Die Wildnis gesucht und gefunden
Geliebt und gehaßt und geschunden
Ausgeliefert dem Zufall des Glücks
Weit in die Vorzeit des Menschen zurück
Ohne den Schutz von Stahl und Beton
Der Zeitwelt entflohen
Und doch gefangen davon

Winzige Menschen, schutzlos und klein
Spielball der Gewalten -
Inmitten der Urkraft von Wasser und Stein !

Prolog

Lieber Leser,

dieses Buch ist ein leidenschaftlicher Aufruf an alle Menschen, die bereit sind, sich auf die Suche nach einem eigenen Weltbild zu begeben. Auf die Suche nach den Zusammenhängen des Universums und dem Sinn des Lebens. Nach einer Erkenntnis, die die nüchterne Wissenschaft *noch nicht* geben kann und die die christliche Religion vielen Menschen vielleicht *nicht mehr* geben kann.

Ich bin heute überzeugt davon, daß dieser Weg der Schlüssel zu einem neuen Zeitalter ist, in dem menschlichere Werte zählen als heute. Werte aus einer Synthese von Religiosität, wissenschaftlichen Erkenntnissen, individueller Spiritualität* und Verantwortungsbewußtsein. Werte, die uns in die Lage versetzen, den mannigfaltigen Krisen zu begegnen, die uns zur Zeit immer näher an den Rand einer globalen Katastrophe bringen.

Ich bin auf der hier beschriebenen Lapplandreise durch außergewöhnliche Umstände zu dieser Erkenntnis gelangt und ich bin überzeugt, daß diese Erkenntnisfähigkeit als *wahrhaft menschliche* Eigenschaft in jedem von uns schlummert. Und sie kann auch demjenigen Hoffnung und Optimismus angesichts der düsteren Zukunft geben, der nicht an einen *liebenden Gott* glaubt!

Dieser Bericht soll ein Appell an alle Leser sein, diese Fähigkeit freizulegen - frei von den Krusten des konsumorientierten Materialismus, frei von den Dogmen der Fortschrittsgesellschaft und frei von mißverstandener Religion...

Ich würde mich freuen, wenn du dich von mir entführen ließest in die Welt der Gedanken und in die Wildnis, die das alles erst ausgelöst hat.

In der lappländischen Urnatur, fernab von jeglicher Zivilisation, erwuchs ein neuer Maßstab für die Dinge, die unsere Menschenwelt ausmachen.

Seit 1981 habe ich zusammen mit meiner Frau und verschiedenen Freunden immer wieder den Weg in den hohen Norden gefunden, um mit

*) Spiritualität = Die (dem Materiellen) gegensätzliche Geistigkeit

Rucksack und Zelt durch die Wildnis zu wandern. Jede Tour war ein neues Abenteuer, mit neuen Höhen und Tiefen, neuen Anforderungen und neuen Eindrücken. Tage mit Eisregen, schwierige, felsübersäte Wegstrecken, mückenverseuchte Sümpfe, Blutblasen an den Füßen - immer wieder forderte die Wildnis ihren Preis!
Trotzdem wurde dieses ungezähmte Land für uns zu einem Paradies.

Wie kann ein Urlaub voller Entbehrungen nur solch einen Eindruck hinterlassen? Die Antwort ist ganz einfach:

Die Regeln der Natur sind einfacher als die Regeln unserer Alltagswelt:

Das Land, das Wasser und das Wetter sind die wesentlichen Faktoren, die hier den Tagesablauf bestimmen. Alle Sorgen des Alltags sind nach kurzer Zeit vergessen, und man konzentriert sich automatisch nur noch auf die Befriedigung der Grundbedürfnisse.

Auf diese Weise reinigt die Urnatur dem Wanderer den Geist für das Wesentliche. Eingebettet in die großen Zusammenhänge der Natur reift die Erkenntnisfähigkeit, überflüssiger Gedanken-Ballast wird verdrängt und man begreift, daß man die Welt auch mit anderen Augen sehen kann - ja, sehen muß! Wenn man sich fallen läßt in den Schoß der Natur, dann kann man nebenbei sehr viel über sich selbst und über das Leben an sich erfahren. - Wenn man dazu bereit ist!

Ist das wirklich das ganze Geheimnis?

Ja - auch wenn es banal klingt:
Die Wildnis als Aderlaß für die Seele, ungemein wohltuend und befreiend. Kannst du dir vorstellen, wie das ist?

Mitten in der Wildmark kann man sich gut vorstellen, was unsere Vorfahren in der Steinzeit bewegt haben mag. Hunger und Durst, Regen und Kälte, Wald oder Moor - diese Faktoren bestimmten das Leben dieser Menschen, nicht Geld und Besitz.

Die Instinkte, Gefühle und Triebe waren es hauptsächlich, die unseren Vorfahren viele Millionen Jahre lang das Überleben in dieser Umwelt ermöglichten. In der Wildnis erfährt man, daß diese archaischen Eigenschaften unser Handeln auch heute noch in erster Linie bestimmen! Auch wir sind noch unabdingbar ein Teil der Natur, wenn es uns auch kaum noch bewußt wird. Der Verstand ist nur das oberste Stockwerk in unserem Gehirn, geprägt in vergleichweise kurzen 10.000 Jahren Kultur! Im Kern sind wir immer noch »Jäger und Sammler«.

»Jahrtausende entfernt, in der Vergangenheit unserer Vorfahren liegen Wahrheiten verborgen, die wir heute nicht mehr wahrhaben wollen - die aber trotzdem nach wie vor ihre Gültigkeit besitzen.« (Zitat von Martin, einem meiner Begleiter.)

Diese »Wahrheiten« erfuhren auch wir auf jeder Lapplandreise erneut. Doch Sjaunja (gesprochen: Scha-unja) stellte alle vorangegangenen Erlebnisse in den Schatten! Diese Reise sollte mein gesamtes Weltbild entscheidend prägen und verändern! *(Informationen über das Naturreservat Sjaunja im Anhang.)*

Noch nie zuvor war das Gefühlschaos so extrem gewesen wie diesmal. Meine Frau Sabine, unser Freund Martin und ich kamen uns niemals so klein und so hilflos vor wie in dieser langen Woche im September 1993. Doch wir hatten auch niemals zuvor solche überschwenglichen Glücksgefühle wie in Sjaunja erlebt!

Was war an dieser Wanderung so anders gewesen als an den vorangegangenen?

Die Sicherheit markierter und unterhaltener Wanderpfade fehlte. Brücken waren nicht da, wo die Karte sie angab und durch Sümpfe und Moore führten keine Pfade. Gewaltige Felsen, mannshohes Polarweidengebüsch oder dichter Birkenjungwuchs erschwerten unser Vorankommen und kein Mensch war weit und breit. In Sjaunja lernten wir kennen, was Wildnis *wirklich* bedeutet.

Natürlich hatten wir unsere Streckenführung nicht weglos geplant, sondern im Vertrauen auf drei Samenpfade, die auf der topographischen Karte eingezeichnet waren. Dazwischen sollten jeweils nur wenige Kilometer weglosen Geländes liegen.

Doch als wir unterwegs waren, mußten wir feststellen, daß die Pfade nur noch auf einem Drittel der Strecke auszumachen waren! So waren wir gezwungen, weit mehr als die Hälfte der Tour ohne einen Weg zurückzulegen!

»Es ist reiner Zufall, daß wir jetzt hier sind!« kommentierte Martin am Ziel den Konsens unserer Wanderung. Diese Bemerkung war absolut ernsthaft gemeint!

Fast die gesamte Zeit zwischen Morgen- und Abenddämmerung kämpften wir um unser Fortkommen. Wir standen unter permanentem Zeitdruck, obwohl wir doch so weit entfernt waren von der Welt der Uhren und der Termine. Immer wieder standen wir unerwarteten Situationen gegenüber, die eine Vielzahl unberechenbarer Risiken für unser Leben bargen. Es blieb kaum Muße, die Natur zu genießen.

Wir hatten alle drei nur eine Woche Urlaub und mußten am nächsten Montag wieder pünktlich an unseren Arbeitsplätzen erscheinen. Doch dieser Termin trat bereits am zweiten Tag in den Hintergrund. Unsere Angst war es, die uns vorantrieb, die Gefahren der Wildnis so schnell wie möglich hinter uns zu bringen - die nackte Existenzangst!

Sjaunja war unglaublich, wenn wir es nicht selbst erlebt hätten...

Und wie erlebt - intensiv und unbarmherzig!

Trotz aller Mühen und Gefahren sind wir heute froh, dies alles erfahren zu haben, so ungewöhnlich das auch klingt. Und für mich ganz persönlich war diese Wanderung weit mehr als nur ein verrücktes Abenteuer...

Ich fand dort oben den Sinn des Lebens; den Schlüssel zur Transzendenz*; ...die Weisheit der Wildnis!

Ich fand Antworten auf Fragen, die mich seit der Jugend beschäftigen. Vor allen Dingen jedoch glaube ich auf dieser außergewöhnlichen Reise etwas sehr Bedeutendes gefunden zu haben, das mir bisher fehlte:

Meinen Glauben an ein spirituelles Weltbild ohne Dogmen und Mysterien, ohne Kirche und Bibel, ohne Rituale und ohne einen personifizierbaren, omnipotenten** Gott! In Sjaunja vollzog sich bei mir parallel zur

*) Transzendenz = Nicht wahrnehmbare geistige Realität, die Materie durchdringend
**) omnipotent = allmächtig, alles gezielt bestimmend

Wanderung eine tiefgreifende geistige Veränderung, die durch unsere Erlebnisse genährt wurde und die von Tag zu Tag reifte.

Ich möchte dich motivieren, meinen Gedanken zu folgen und sie kritisch zu prüfen. Ich möchte dich mit meinem persönlichen Weltbild als Beispiel dazu ermutigen, deinen eigenen, spirituellen Weg einzuschlagen, dich mit Philosophie und Religionen zu beschäftigen und deine individuelle Suche nach Erkenntnis zu beginnen.

Ich bin überzeugt, es lohnt sich, über das nachzudenken, was hinter der erlebten Welt steckt! Mir hat es neue Kraft gegeben und den Optimismus, daß das Leben einen Sinn hat und der Tod nicht endgültig ist. Dies möchte ich weitergeben, weil ich glaube, daß unser modernes, technologisch geprägtes Leben den überlebenswichtigen Bezug zur *Seele der Welt* verloren hat…

Ich denke, daß jeder Mensch das Recht hat, sich seine eigene Philosophie zu schaffen! Wie würden die Christen sagen: Vor Gott sind alle Menschen gleich, egal ob sie Kant heißen oder Schopenhauer, Schmidt oder Müller.

Laß dich entführen in die unbekannte Wildnis. Ich würde mich freuen, wenn unsere Erlebnisse und meine Gedankenreise dir gefallen!

Der schönste Erfolg für mich wäre jedoch, wenn ich dich motivieren könnte, dich mit ethisch-philosophischen Fragen auseinanderzusetzen und aktiv etwas für den Erhalt unser Umwelt und solcher unzerstörter Urgebiete wie Sjaunja zu tun.

Danke.

Traumland

Wenn die Mitternachtssonne das Fjäll bedeckt
Ein Lemming sich vor deinem Fuß versteckt
Wenn kristallklares Wasser den Mund befeuchtet
Und im See das Eis der Berge leuchtet

Wenn der Wind die Zweige der Birken bewegt
Eine Wolke sich sanft in ein Tal hinein legt
Wenn die Vögel behende die Mücken jagen
Dann werden die Stunden zu Tagen

Dann lösen sich deine Gedanken
aus der Enge von Zeit und Raum
Die Welt beginnt zu wanken
und du weißt…

Es ist kein Traum

Sonntag, 5. September 1993

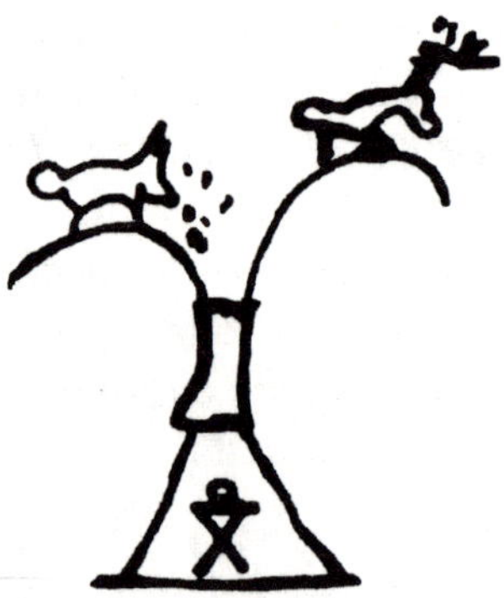

Samisches Piktogramm:
Bär und Elch symbolisieren die Wildnis und die sie beherrschenden Götter

Ankunft

Es roch nach Holz und Duschgel. Die Luft in dem kleinen, fensterlosen Umkleideraum war feucht und schwer. Langsam wurde es warm. Die Heizung lief auf vollen Touren und ich genoß es, nur halb bekleidet auf der Holzbank zu sitzen und vor mich hinzudösen.

Die lange Bahnfahrt war anstrengend gewesen, obwohl wir gut geschlafen und gegessen hatten. Ich konnte noch nicht so recht glauben, daß wir wieder in Lappland waren. Die Jugendherberge von Gällivare ließ keinen Schluß auf das wilde Land zu, in dem wir uns befanden.

Am Freitag vor zwei Tagen war ich noch zur Arbeit gegangen und die Wildnis hatte nur in meiner Phantasie existiert. Voll ungeduldiger Spannung hatte ich mich dem Feierabend entgegengesehnt. Nichts war mir einfach von der Hand gegangen und ich hatte die Uhr bespitzelt wie ein Kind am Tage vor Weihnachten.

Als der ersehnte Moment endlich gekommen war, hielt mich nichts und niemand mehr zurück! Ein paar kurze Worte zum Abschied an meine Kollegen und hinaus ging es in die weite Welt.

Mit einer überstürzt vertilgten Currywurst im Magen war ich zur Schwebebahn geeilt. Erst als ich meiner Frau Sabine, unserer Tochter Inga und meinen Eltern am Bahnhof gegenüberstand, war ich etwas ruhiger geworden. Sabine war es nicht viel anders ergangen. Wer ist nicht aufgeregt vor einer außergewöhnlichen Reise?

Während wir auf den Zug warteten, zog langsam aber sicher das Flair des Abenteuers auf. Deutlich waren die Blicke der Passanten zu spüren gewesen, die unsere riesigen Rucksäcke und unser militärisch wirkendes Aussehen neugierig gemustert hatten. Kein unangenehmes Gefühl!

Wer nicht wußte, was wir vorhatten, dem mußte unser Gepäck wahrhaftig etwas zu groß vorkommen. Doch dieser Eindruck täuschte, denn unsere Rucksäcke waren konsequent auf »Light« gepackt. Das Gewicht lag um die 20 Kilogramm, bei Sabine etwas weniger und bei mir etwas mehr. Im Vergleich zu früheren Wanderungen war das sehr wenig. Wir hatten auch schon mehr als 30 Kilo Gepäck getragen und es jedesmal bitter bereut. Man sollte bei solch einer Tour froh sein über jedes Gramm, das man sparen kann! Es ist mir unbegreiflich, wie die Waldläufer früherer Jahrhunderte ihre mordsschweren Klamotten aus Holz, Metall und Leder über weite Strecken tragen konnten? Ich habe einmal gelesen, daß die Goldsucher in Alaska um 1890 am Chilkoot-Paß bis zu 70 kg Gepäck auf sperrigen Holzgestellen den steilen Berg hinaufgeschleppt haben. Wir dagegen hatten aus Gewichtsgründen nur *ein* Wechselhemd im Gepäck und nicht einmal eine Ersatzhose!

Der Abschied war uns recht schwer gefallen und ich mußte schlucken, als ich aus dem Zugfenster gesehen hatte, wie unsere Familie immer kleiner geworden war. Es war der erste Urlaub ohne unsere kleine Tochter.

In Osnabrück war unser Freund Martin zugestiegen. Mit einem schiefen Lächeln hatte er den Rucksack von den Schultern geworfen. Es war sein erstes Trekking-Abenteuer* und er konnte sich einfach nicht vorstellen, wie man den ganzen Tag mit »zwei vollen Eimern Wasser auf dem Rücken« herumspazieren konnte?! Es gab noch einige weitere Punkte, die ihn beunruhigt hatten, doch als wir erst einmal gemütlich beisammensaßen, waren die Wolken über seinem Gemüt schnell verschwunden.

Lange, lange hatte die Fahrt gedauert, mit einem halben Tag Zwangsaufenthalt in Stockholm - viel zu lange! Hatten wir es doch kaum erwarten können, endlich den Polarkreis zu überqueren.

Auf jeder Reise war es wieder ein fantastisches Gefühl, wenn wir morgens aus dem Zugfenster schauten und die schmalen, arktischen Fichten vorbeifliegen sahen, die weitgestreckten Moore und die unzähligen Flüsse und Seen, die die Bahn immer wieder passierte. Auch diesmal war es nicht anders; fast so etwas wie eine Heimkehr.

Noch immer waren die Geräusche der Bahnfahrt in meinem Kopf lebendig - das Klingeln der einsamen Bahnübergänge irgendwo im Wald, das monotone Rattern der eisernen Räder, das Quietschen der Bremsen vor den Bahnhöfen und die anschließende Unruhe auf dem Gang des Liegewagens.

Als wir am Bahnhof in Gällivare angekommen waren, waren wir direkt zur Jugendherberge gegangen, um noch ein letztes Mal für die nächsten fünf Tage eine Dusche zu genießen. Der Wunsch nach Sauberkeit ist

*) Trekking = Mehrtägige Wanderung durch meist unwegsames Gelände

auch in der Wildnis erfüllbar. Nur das Haarewaschen ist äußerst unangenehm. Das Wasser ist so kalt, daß man dabei Kopfschmerzen bekommt, und so weich, daß man selbst die geringste Menge Shampoo kaum noch herauswaschen kann. So nahmen wir die warme Dusche dankbar an.

Martin führte ein paar letzte Handgriffe an seinem Rucksack-Tragegestell durch und schüttelte skeptisch mit dem Kopf. Sabine saß verkehrtherum auf einem Stuhl über der Heizung und wartete darauf, daß ihre Haare trockneten. Ich holte tief Luft und kam aus meinen Gedanken zurück in die Wirklichkeit. Mir fiel ein, daß ich noch ein paar Sachen auspacken wollte, die ich lieber in den Hosentaschen oder am Gürtel trug: Karte und Kompaß, Fernglas und Jagdmesser, sowie zwei Schokoriegel. Das nasse Handtuch und die Waschutensilien verstaute ich wieder im Rucksack, setzte meine Schirmmütze auf und blickte vergnügt in die Runde.

Ich musterte meine beiden Begleiter. Auch Martin packte seine Habseligkeiten zusammen. Er trug wie ich ein kariertes Flanellhemd und eine Trekkinghose, zünftig wie ein Holzfäller! Sabine hatte ein hellblaues Jeanshemd an und ich mußte schmunzeln, als ich sah, wie ihre knallroten Frotteèstrümfe aus den Bergstiefeln hervorlugten. Auch sie trug eine der unverwüstlichen Trekkinghosen mit den vielen, praktischen Taschen.

Es dauerte noch eine ganze Weile, bis alle Dinge wieder an ihrem Platz waren. Nachdem Sabine sich noch zwei »pflegeleichte« Zöpfe geflochten hatte, stemmte sie die Hände in die Hüften und sagte mit einem breiten Grinsen im Gesicht:

»Also, wenn Ihr mich fragt, können wir jetzt aufbrechen! Ich kann es nicht mehr abwarten! Was macht Ihr da eigentlich noch? Geht das nicht ein bißchen schneller?!«

Auch ich konnte ich es kaum noch erwarten, endlich loszugehen und griff zu meinem Gepäck.

Ruokto

Nun folgte die letzte Etappe zu unserem Ausgangspunkt. Wir hatten vereinbart, mit einem Taxi dorthin zu fahren. Ruokto hieß das Ziel, ein kleiner Ort an der Straße zum Stora-Sjöfallet Nationalpark. Viel lieber wäre uns der Bus gewesen, doch der kam erst in zwei Stunden und wir hatten uns vorgenommen, heute noch zehn Kilometer weit zu wandern. Da uns nur knapp sechs Tage für die gesamte Tour zur Verfügung standen, mußten wir auf Zeit und Entfernung achten.

Besonders Martin war aus Umweltschutzgründen nicht glücklich mit dieser Entscheidung, denn ein Linienbus benötigt pro Fahrgast wesentlich weniger Treibstoff und fährt sowieso. Warum also extra einen PKW bewegen, und das auch noch hin und zurück? Doch es sollte sich bald herausstellen, daß unsere Vorsicht nicht übertrieben war! Eine Geschwindigkeit von zwei bis drei Kilometern pro Stunde ist mit schwerem Gepäck in der Wildnis schon recht schnell. Das ergab also noch gut vier Stunden Wanderung für diesen Nachmittag.

Bereits zu Hause hatten wir das Taxi vorbestellt. Es ließ zur verabredeten Zeit auch nicht lange auf sich warten. Sabine und Martin nahmen auf dem Rücksitz Platz, während ich mich nach vorn setzte, um ein wenig mit dem Fahrer plauschen zu können. Natürlich sprachen wir, wie sollte es anders sein, hauptsächlich über das Wetter, die Mücken und den vergangenen Sommer. Dabei erfuhren wir, daß er kalt und sehr regnerisch gewesen war. Welch ein Glück, daß wir nicht mehr Sommer hatten! Oder?

Unsere Laune war fantastisch, während wir in zügigem Tempo über die Landstraße fuhren.

Ich hatte die Karte in den Händen, verfolgte mit dem Finger unsere Fahrtroute und wir erwarteten mit Spannung unsere Ankunft in Ruokto.

Ruokto ist mehr eine Ansammlung von Höfen an der Straße denn ein richtiger Ort. Wir sahen weit und breit nur ein Haus auf der linken Straßenseite. Es war ein typisch schwedisches Holzgebäude, rostrot mit weiß gestrichenen Kanten und Fensterrahmen. Es wirkte vernachlässigt und stand sicherlich schon seit vielen Jahrzehnten an diesem Ort im weiten

Tal des Stora Lulevatten an den flachwelligen Ausläufern der westlichen Fjälls.

Auf dem schottergedeckten Weg vor dem Haus spielten ein paar Kinder zwischen einer rostigen Wäschespinne und einer umgeworfenen Schubkarre.

Wer kann sich vorstellen, wie wohl das Leben auf diesem Hof ist, wenn in der ewigen Dunkelheit des subarktischen* Winters der eisige Wind die Schneeflocken vor sich hertreibt und das Thermometer leicht auf unter minus 40° Celsius sinkt? Wir konnten es nicht!

Als wir aus dem Taxi gestiegen waren und dem Fahrer halfen, die schweren Rucksäcke aus dem Kofferraum zu heben, machte mich Sabine sofort auf einen vertrauten Geruch aufmerksam. Ich atmete tief ein und erkannte den typischen Duft Sàpmis nach feuchtem Moos und modrigem Waldboden gleich wieder. Lappland - meine heimliche Geliebte!

Als wir das Heck des Autos verschwinden sahen und mutterseelenallein an der Straße standen, entfuhr Martin ein tiefer Seufzer. Er machte ein zerknirschtes, aber auch irgendwie fröhliches Gesicht:

»Jetzt bin ich euch auf Gedeih und Verderb ausgeliefert!«

»Warte nur ab! Du wirst hier etwas erleben, wovon du bisher nur träumen konntest.«

»Ja, ja! Das kann ich mir lebhaft vorstellen,« antwortete Martin zweideutig mit einem wissenden Kopfnicken.

»Du bereust deinen Entschluß bestimmt nicht. Genieße die Wildnis und vertraue uns. Wir waren ja schon viele Male hier oben und kamen bisher ganz gut klar!«

»Ihr könnt mir viel erzählen!« sagte er lakonisch.

Wie jedesmal am Beginn einer Tour, standen wir zuerst etwas desorientiert herum, fuchtelten mit Karte und Kompaß und blickten unentschlossen in die Umgebung. Es war ein Gefühl, als würden wir einen unsichtbaren Faden suchen, den wir nach der letzten Lapplandtour hier irgendwo liegengelassen hatten, um ihn jetzt wieder aufzunehmen und ihm folgen

*) Subarktis = Klimazone zwischen der arktischen und der gemäßigten Zone

zu können.

Auf der anderen Straßenseite, direkt hinter dem tiefen, schmutzigbraunen Straßengraben begann die Taiga; flach erst und dann im Hintergrund leicht ansteigend, bis sich der Wald am Horizont verlor. Vom Fjäll, der baumlosen Bergtundra, war hier noch nichts zu sehen.

Als wir uns mit der Umgebung ein wenig vertraut gemacht hatten, konnte die Wanderung beginnen. Zuerst mußten wir den Pfad zum Samenlager Saivaa ausfindig machen.

Wir hatten die Straße noch nicht ganz überquert, als uns von dem Haus eine Frau mit drei Kindern winkend entgegenlief. »Was mögen die von uns wollen…?«, schoß es mir durch den Kopf. Ich betrachtete das Gesicht der Frau, als sie näherkam und dann die Gesichter der Kinder. Ob das eine samische Familie war? Wie typisch Samen sahen sie eigentlich nicht aus. Ich konnte weder eine Mongolenfalte entdecken, noch wirkten sie so asiatisch, wie die Lappen, die ich früher ab und zu gesehen hatte.

Gestikulierend und recht aufgeregt fragte die Frau nach unserem Weg. Sabine zeigte in Richtung Norden. Freundlich aber bestimmt wies sie uns darauf hin, daß in Kürze ein Rentiertrieb aus den Bergen hierher zur Straße bevorstand. Die Frau sparch recht schnell, so daß wir nicht alle Worte verstanden. Aber der Sinn ihrer Worte wurde uns doch klar.

Die Samen hatten für den Abtrieb einen Zaunkorridor im Wald errichtet, der in die gleiche Richtung verlief wie unser Weg. Sie bat uns eindringlichst, die Zaunöffnungen immer wieder gut zu verschließen, falls wir sie passieren würden. Außerdem sollten wir uns ganz ruhig verhalten, wenn die verängstigten Tiere auftauchen sollten.

»Jag förstår. Självklart! Vi ska vara försiktigt*,« gab ich der Frau zu verstehen.

Die Besorgnis der Frau war verständlich, denn eine falsche, hektische Bewegung kann die rennenden Tiere völlig in Panik versetzen und so in wenigen Sekunden die Arbeit von vielen Stunden zunichte machen! Selbst im Zeitalter der »Hubschrauber-Samen« ist es nicht leicht, in das entstehende Chaos dann wieder Ordnung zu bringen!

*) Ich verstehe. Selbstverständlich werden wir vorsichtig sein!
Den schwedischen Buchstaben »å« spricht man wie das lange und geschlossene o in »Sohn«

Das waren sie also, die Lappen, die richtig »Samen« oder »Sami« heißen. Einige wenige von Ihnen sind die letzten Nomaden Europas!

Leider hatten wir noch nicht oft die Gelegenheit, dieses Volk näher kennenzulernen. Ihre Wurzeln reichen bis nach Sibirien, wo präsamojedische* Rentierjäger während der letzten Eiszeit aufgebrochen waren, um neue Jagdgründe zu finden. Einen Zweig von ihnen verschlug es nach Westen in Richtung Europa.

Aus unbekannten Gründen wanderten sie schließlich nach vielen Jahrtausenden in Fennoskandinavien ein. Vielleicht folgten sie den großen Rentierherden, deren Lebensraum sich nach dem Rückgang des Eises immer weiter nach Norden verlagert hatte. Die Tiere gaben ihnen alles, was sie zum Leben brauchten: Felle für ihre Zelte und ihre Kleidung, Fleisch als Basis ihrer Ernährung, Knochen für ihre Waffen und Geräte und vieles mehr. Was blieb den Rentierjägern anderes übrig, als ihrer lebensnotwendigen Beute zu folgen?

Erst viel später wurden aus einigen samischen Familien Rentierzüchter. Sie verstanden es, aus dem Wildren langsam ein halbzahmes Rentier zu domestizieren.

Noch heute ziehen die Fjällsamen hinter ihren Herden her, akzeptieren die jahrtausendealten Wanderrouten der Tiere zwischen dem Hügelland im Winter und den Bergen im Sommer.

Die meiste Zeit des Jahres verbringen die Rens wildlebend in den lappländischen Weiten. Nur das Glockenhalsband der Leittiere verrät ihre *Beziehung* zu den Menschen. Schon oft hatten wir sie beobachtet, wenn sie vor den lästigen Mückenschwärmen flüchteten und immer höher hinauf zogen, bis hin zu den Schneefeldern in der Gipfelregion, wo ein stetiger Wind und kühlere Temperaturen sie vor den Plagegeistern schützten.

Mehrmals im Jahr werden die Tiere von den Lappen zusammengetrieben und in Pferchen (sog. Rengärder) aussortiert. Vor einigen Jahren im Herbst hatten Sabine und ich einmal das Glück gehabt, in Nikkaluokta einem solchen Schauspiel beizuwohnen. In einem gut hundert mal hundert Meter großen Stück eingezäunten Fjälls drängten sich fast dreitausend Rentiere und ein Dutzend Männer, die mit Lassos die schlachtreifen Tiere herausfingen und die Kälber markierten. Der Boden schien von dem Ge-

*) Präsamojeden = Die Vorfahren des mittelsibirischen Volkes der Samojeden

trampel der Hufe zu erzittern, die alten Tiere grunzten und die Kälber schrien jämmerlich nach ihren Müttern. Das Einfangen war eine zeitraubende und schwierige Arbeit, selten gelang der erste Wurf mit dem Seil und so dauerte die Prozedur den ganzen Tag. Gegen Abend wurden die ausgesonderten Tiere dann durch einen Zaunkorridor ins Tal getrieben, wo man sie in einer anderen Rengärda schließlich zum Schlachten ein zweites Mal einfangen mußte.

Seit Jahrhunderten findet dieses große Ereignis im Leben der Samen jedes Jahr mehrere Male statt - bis zum heutigen Tag. Auch hier in der Nähe von Ruokto würden bald wieder die Lagerfeuer das Dunkel der Nacht erhellen, wenn die Samenfamilien der Siida* den Tag mit einem großen Festessen im Freien beschlossen.

Auch wenn die Samen heutzutage Motorrad fahren, Jeans oder Outdoor-Kleidung tragen und solarbetriebene Fernsehgeräte in ihren Kåtas** aufstellen, so gehören sie dennoch einer uralten Kultur an, die kaum gemeinsame Wurzeln mit den Menschen des Abendlandes hat. Sie haben immer noch ihre Geheimnisse, Mythen und Erzählungen, die grundverschieden von dem sind, was wir Mitteleuropäer uns erzählen und ebenso schwer zu verstehen. Niemand kann sagen, wieviel von den Bräuchen ihrer Väter geblieben ist. Was sich hinter den Köpfen der Frauen und Männer vom Volk der Sami verbirgt, bleibt den Fremden verschlossen.

Die Norweger, Schweden, Finnen und Russen versuchen seit langem, aus den Lappländern gute Staatsbürger zu machen - mit allen Mitteln. Doch was können alle Schulen, Fernseher und Kirchen den Gedanken der Menschen anhaben, wenn die Familien wie ehedem ungestört zusammenleben in der Wildnis ihrer uralten Heimat?

Selbst die Missionare, die seit den Zeiten der Wikinger hartnäckig den Glauben an den Christengott gesät haben, konnten die Geister der samischen Religion nicht gänzlich bezwingen. Auch heute noch mischen sich hier und da Fragmente des schamanistischen*** Glaubens mit dem christlichen Gedankengut.

Eine zeitlang schienen die Maßnahmen zur Assimilierung der Samen in die euroskandinavische Welt erfolgreich zu sein.

*) Siida = Gemeinschaft der Rentiersamen aus mehreren Familien
**) Kåta = Traditionelle Samen-Behausung, mit Torfsoden gedecktes Birkengestell
***) Schamanismus = Natur-Religionen mit einem Zauberpriester (samisch = Nåjd)

Eine der tragenden Säulen einer Kultur ist ihre Sprache. Aufgrund dessen wurden die samischen Kinder in den Schulen der Landesherren seit dem 18. Jahrhundert kategorisch genötigt, ihre Muttersprache zu vergessen. Bei vielen Menschen gelang diese Vergewaltigung, so daß heute nur noch wenige Menschen einen samischen Dialekt fließend beherrschen. Doch in jüngster Zeit interessieren sich vorwiegend junge Samen wieder für ihre Sprache und versuchen so, ihren kulturellen Eigenarten eine passende Stimme zu verleihen. Rein samische Schulen erfreuen sich wachsender Beliebtheit bei der Urbevölkerung.

Einigc Samen wie Marie Boine Persen, Nils-Aslak Valkeapää oder die Gruppe Orbina verleihen dem ursprünglichen Sàpmi in Liedern und Gedichten neues Leben.

...Das harte Leben in der Wildnis hat die Bewohner Lapplands seit Jahrzehntausenden geprägt und geformt, was sind da schon ein paar hundert Jahre mit den Eindringlingen aus dem Süden?

Erste Begegnungen

Endlich begann die lang ersehnte Wanderung! Auf dem recht gut sichtbaren Weg gingen wir leicht bergauf durch einen lichten Wald. Wie hatte ich das vermißt - den Geruch von moorigem Boden und Fichtennadeln, die frische Luft in den Lungen, der Blick in die üppige Wildnis, ungestört durch Häuser oder Straßen. Ich genoß jeden Atemzug in dem vollem Bewußtsein, wieder hier zu sein: im Land meiner Träume! Daß es Sabine ebenso ging, das wußte ich, und ich hoffte innigst, daß Martin auch etwas Angenehmes empfand!

Bald schon stießen wir auf die Rentierzäune, von der die Frau berichtet hatte. Sie waren offensichtlich noch ganz neu. Beim ersten Zaun entdeckten wir gleich eine Stelle, die als Durchgang diente. Er war dort aufgeschnitten und mit einigen Drähten wieder behelfsmäßig verbunden worden, so daß ein notdürftiges Tor entstanden war.

Mühsam bogen wir die Enden ab und schoben den Maschendraht beiseite. Anschließend mußte der Zaun auf die gleiche komplizierte Weise wieder verschlossen werden.

Wir waren nur leicht bekleidet losgegangen, doch bei dieser langwierigen *Bastelei* spürten wir bald, wie uns die Kälte unter die Hemden kroch. Wir setzten die Rucksäcke ab, kramten nach Jacken oder Pullovern und streiften uns davon etwas über. Die Menschen von früher mußten sich noch mit schweren Fellen vor der Kälte schützen. Wie gut, daß wir das nicht mehr nötig haben! Erst hier oben lernt man die leichten Fleecestoffe und winddichten Polyesterfasern der hochmodernen Outdoor-Kleidung wirklich zu schätzen.

Martin sah erfreulich zuversichtlich aus. Mit einem kritischen Blick zu seinem Gepäck bemerkte er:

»Erstaunlich! In Stockholm hatte ich gedacht, das Ding kann ich unmöglich eine ganze Woche lang schleppen. Aber jetzt kommt mir der Rucksack schon gar nicht mehr so schwer vor.«

Ich lächelte: »Wart´s ab. Das ist am Anfang immer so. Du bist motiviert und voller Tatendrang, so daß dir das Gewicht leichter vorkommt als es in Wirklichkeit ist. Aber morgen früh, wenn du die erste Nacht hinter dir hast…«

»...dann tut dir plötzlich alles weh!« ergänzte Sabine, »und du wirst es verfluchen, wenn du das Ding wieder aufsetzen mußt.«

»Wenn wir jetzt gleich weitergehen, bekommst du einen Vorgeschmack davon.«

»Bloß keine Drohungen, sonst kehre ich auf der Stelle um und gehe ins nächstbeste Sporthotel mit Aussicht auf das Fjäll!«

»Bitte! Wir wollen dich nicht davon abhalten.«

»Na ja, vielleicht liegt ja eines am Weg. - Mir fröstelt, wir sollten weitergehen.«

Mit diesen Worten packte Martin seinen Rucksack und wuchtete ihn auf die Schultern. Sabine kam ihm zu Hilfe.

»Ach du Schreck! Wer hat das Blei da hinein getan?« stöhnte Martin...

Wir lachten herzhaft, obwohl es uns kein bißchen anders erging.

Das Auf- und Absetzen des schweren Gepäcks ist allemal eine kräfteraubende Prozedur. Trotzdem hatten wir uns schon auf den früheren Wildnistouren angewöhnt, etwa jede halbe bis volle Stunde mindestens eine kurze Pause zu machen. Denn es ist ein ungemein leichtes Daseinsgefühl, plötzlich von dem großen Gewicht auf dem Rücken befreit zu sein! Ein paar Nüsse oder ein Stück Schokolade geben neue Energie, man kann einmal mit Muße die Umgebung genießen und geht anschließend mit neuem Schwung weiter.

Auf jeden Fall sind mehrere kurze Unterbrechungen in diesem Rhythmus sinnvoller als *eine* lange Pause nach vielen Stunden Wanderung. Die Muskeln und Gelenke ermüden dann nicht so schnell und die Tragemoral sinkt nicht unweigerlich »in den Keller«. Eine lange Pause bei kaltem Wetter wird zudem schnell unangenehm, da man meistens ziemlich geschwitzt hat und anschließend schnell auskühlt.

Kaum ein paar Meter weiter standen wir erneut vor einem Rentierzaun. Das heißt, genauer gesagt waren es diesmal zwei Zäune, die zusammen einen etwa fünf Meter breiten Korridor bildeten.

Wir dachten an die Warnung der Frau aus Ruokto und wollten es vermeiden, unsere Wanderung innerhalb dieses Korridores fortzusetzen, denn die Samen hatten die Zäune genau rechts und links des Weges gezogen. Es war einleuchtend, warum sie ausgerechnet den bereits existierenden Fußpfad für ihre »Ren-Strecke« gewählt hatten!

So blieb uns nichts anderes übrig, als uns jenseits des Zaunes durch Sumpf und struppiges Unterholz zu schlagen. Dort kamen wir natürlich viel langsamer voran als auf dem Weg. Es wurde ein recht mühsames Unternehmen mit Balanceakten auf rutschigen Steinen, gewagten Sprüngen und zurückpeitschenden Zweigen, die uns ins Gesicht schlugen. Nur quälend langsam gewannen wir an Höhe.

Unser Atem ging unter der ungewohnten Anstrengung bereits deutlich schneller. Die schweren Rucksäcke zerrten unbequem an den Schultern, und alle Versuche, die Last irgendwie zurechtzurücken, brachten nicht die gewünschte Entlastung.

Irgendwo am halben Berg begegneten uns drei junge Samen mit ihrem Hund. Einer von ihnen hatte ein Gewehr geschultert. Sie hielten kaum inne, als sie uns sahen. Ein angedeutetes Winken und ein kurzes Kopfnicken war alles, was sie uns entgegenbrachten. Gewöhnliche Wanderer wären sicher stehengeblieben und hätten ein paar Minuten mit uns geplaudert. Nicht so diese Einheimischen. Sie schienen sehr in Eile zu sein. Vielleicht würden die Rentiere bald kommen. Nach dieser Begegnung rechneten wir ständig mit dem Auftauchen der Herde.

Innerhalb der Zäune waren die Männer völlig mühelos den ausgetretenen Pfad hinuntermarschiert. Ihr Hund war ein typisch lappländischer Elchhund mit hochgeringeltem Schwanz, wie eine Mischung aus Husky und Spitz. Er war schwarz und hatte weiße Vorderläufe, ein weißes »Halsband« und eine auffallend weiße Nase. Ein schönes Tier.

Wir kamen bald ins Stöhnen und Schwitzen mit unserem schweren Gepäck auf dem Rücken, vor allem, als die Strecke eine Zeitlang ziemlich steil wurde. Schritt für Schritt, Fuß vor Fuß, langsam wie Schnecken, aber stetig, gingen wir bergauf.

»Ihr hattet Recht! Jetzt kommt mir der Rucksack doppelt so schwer vor wie am Anfang. Ich werde wohl doch das nächste Sporthotel aufsuchen müssen…«

»Spar dir deine Kraft für den Aufstieg! Und außerdem nervt diese Sporthotel-Geschichte. Kannst du denn nichts für diese phantastische Natur empfinden?«

»Ach Frank! Der Martin macht doch nur Spaß. Du nimmst das wieder einmal viel zu ernst.«

Ich grummelte vor mich hin.

»Immer dieser Sporthotel-Quatsch!«

»Sicher ist es toll hier. Ich habe noch nie solch eine Ursprünglichkeit erlebt!«

Die Bergetappe zog sich unangenehm in die Länge. Es war verdammt anstrengend und verlangte unsere ganze Kondition. Aber es war auch ungemein motivierend, als der Wald immer schütterer wurde und die Waldgrenze nicht mehr weit zu sein schien. Jeden Moment mußte der Blick auf die Berge frei werden. Ich freue mich jedesmal wie ein kleiner Junge auf diesen ersten Weitblick und war auch diesmal wieder sehr gespannt, welches Gesicht Lapplands wir hier zu sehen bekamen.

Vorerst wurden wir jedoch enttäuscht. Scheinbar befanden wir uns doch noch zu tief im Tal. So konnte man sich irren. Die Wildnis ist halt nicht berechenbar. Ein Blick in den Himmel verhieß leider auch nichts Gutes, er war mit schweren Wolken verhangen. In Gällivare hatte noch die Sonne geschienen, aber bereits auf der Fahrt mit dem Taxi hatten uns die drohenden Wolken im Westen beunruhigt, die sich nun langsam über die Skanden* in unsere Richtung schoben.

»Wenn das mal gut geht. Es sieht verdächtig nach Regen aus.«

»Ich glaube, ich habe eben schon die ersten Tropfen gespürt.«

»Bloß nicht! Es fing doch so schön an.«

Doch am Wetter ließ sich leider nichts ändern!

Bald setzte feiner Nieselregen ein, der im Tagesverlauf immer stärker werden sollte und nicht mehr aufhörte. Er benetzte unsere Kleidung und drang langsam aber sicher in das Gewebe ein. Feuchte Kleidung beschleunigt das Auskühlen und so blieb uns nichts anderes übrig, als abermals die Rucksäcke abzusetzen und die Regenjacken herauszuholen. Ein kleiner Trost war, daß die knalligen Farben der Nylonsachen auf unseren Fotos das triste Regengrau etwas beleben würden.

Wir setzten noch unsere Schirmmützen auf den Kopf und weiter ging es bergwärts. Eine Kopfbedeckung ist nicht nur in der kalten Jahreszeit in Lappland von Nutzen, sondern sie leistet auch im Sommer wichtige Dienste. Einmal dient sie als Schutz vor Sonne und Wind, doch vor allem ist sie eine wirksame Barriere gegen die Stechmücken. Es ist immer noch

*) Skanden = Name des großen skandinavischen Gebirgszuges im Westen der Halbinsel

besser, der Kopf juckt unter der Mütze vor lauter Fett als von Insektenstichen! Insgesamt gesehen war uns jedoch dieser Septemberregen symphatischer als die surrenden, zirpenden und stechenden Millionenheere der Mücken im nordischen Sommer!

Es gab Zeiten, da mußten wir mit der Hand vor dem Mund herumwedeln, bevor wir uns einen Bissen in den Mund schieben konnten, weil uns sonst die Mücken in den Rachen geflogen wären!

Nicht zuletzt aus Scheu vor diesen Blutsaugern hatten wir für diese Tour den frühen Herbst gewählt. Die Nachtfröste, die ab Ende August einsetzen, machen den Insekten schnell den Garaus. So blieb es uns erspart, abends die Zahl der Quaddeln auf der Haut zu vergleichen. Niemand von uns hatte Ambitionen, Sabines Rekord von sage und schreibe 256 Stichen zu brechen, den sie vor acht Jahren einmal aufgestellt hatte!

Trotz aller Qualen, die einem Menschen in Lappland durch diese kleinen Biester entstehen, sind wir froh darüber, daß es sie gibt, denn sie sind die wahren »Hüter der Wildnis«. Ohne die Mücken würden weit mehr Touristen den Weg hier herauf finden! So wird die Stille des Nordens sicher auch in Zukunft nur von einem leisen *»Sssssss«* unterbrochen werden.

Als wir endlich den größten Teil der Steigung hinter uns gelassen hatten, bog der Zaun nach Osten ab, so daß wir den Weg jetzt benutzen konnten. Wir kamen gut voran und so langsam nahmen wir die Schönheiten der Lappmark wahr. Trotz des Regens genossen wir die Ruhe und den Frieden der vorherbstlichen Landschaft.

Ruhig und in gleichmäßigem Tempo trotteten wir dahin. Jeder hing seinen Gedanken nach. Ich schüttelte die letzten lebendigen Erinnerungen an den grauen Alltag ab. Immer intensiver nahm ich meine Umwelt wahr. Ich sog die klare Luft begierig ein. Die Wildnis ergriff Besitz von mir.

Hier im hohen Norden war der Sommer bereits vorbei. Doch der Herbst war Anfang September noch nicht so weit fortgeschritten wie wir vermutet hatten. Die Blätter der Birken fingen gerade erst an sich zu verfärben. Nur die Zwergsträucher der Tundra waren hier und dort schon rostrot oder gelbgrün.

So schnell wie der Sommer in Lappland kommt, so schnell geht er auch wieder. Mit seinen taghellen Nächten, den sirrenden Mückenschwärmen, dem schrillen Ruf der Limicolen* - mit den vielen Pflanzen, die in verschwenderischer Fülle die kurze, warme und nachthelle Zeit zum Blühen nutzen - den herumtollenden Jungen von Polarfuchs, Bär und Luchs - mit dem geschäftigen Biber und dem Fischotter, der auf dem Rücken im Wasser liegt und sich die Sonne auf den Bauch scheinen läßt - und mit den großen, weidenden Rentierherden ist der Mittsommer in Lappland eine Zeit üppigen Lebens.

Ende Mai, wenn in Mitteleuropa schon die Freibäder geöffnet haben, sind in Lappland die Berge oft noch tief verschneit, die Knospen der Bäume und Sträucher harren noch der Sonnenwärme. Ganz plötzlich jedoch scheint die Welt zu kippen, das Leben zu explodieren. In wenigen Tagen hält der Frühling Einzug, und mit Macht zwängen sich die Blätter aus ihren engen Hüllen, um die Wärme zu begrüßen.

Oft bereits zwei, drei Wochen später kann man das erste Mal die Sonne an die nackte Haut lassen - dann ist es Sommer!

Nach einer weiteren Woche kriechen die Mücken aus ihren Löchern und plagen Mensch und Tier im Juli und August. Nur auf dem offenen Fjäll, wo stets ein leichter Wind weht, kann man den Sommer ungestörter genießen.

Nähert sich der August seinem Ende und wird es nachts wieder richtig dunkel, dann merkt man bald, daß man sich am Polarkreis befindet. Der Frost überzieht das noch kräftige Grün mit Rauhreif und auf den stehenden Gewässern bildet sich eine erste hauchdünne Eisdecke. Eh man sich versieht ist der Sommer vorbei, und Sàpmi kleidet sich in sein farbenprächtiges Herbstgewand, während die Menschen am Mittelmeer noch in flirrender Hitze stöhnen.

Jede Mücke wird jetzt als seltener Gast begrüßt - der Sommer ist so schnell vorbei wie er gekommen war.

Alles Lebendige stellt sich auf den nahenden, arktischen Winter ein. Die Singschwäne, Wildgänse und Kraniche brechen nach Süden auf, die Polarfüchse und die Schneehühner werden langsam wieder weiß. Die Rentiere verlassen die kalten Hochflächen und kehren in die Täler zurück, während sich die Bären und die Biber eine dicke Fettschicht anfressen.

*) Limicolen = Stelz- und Watvögel (z.B. Rotschenkel, Austernfischer, Brachvogel u.a.)

Dies ist eine sehr ruhige Zeit in Lappland - wehmütig und melancholisch - wie der letzte laue Sommerabend im Jahr. Doch für den Wanderer, der nur wenige Tage des Jahres hier oben verbringt, ist es die schönste Zeit, denn er braucht den eisigen Zugriff des Winters nicht zu fürchten und kann den herbstlichen Frieden in vollen Zügen genießen.

Unser Genuß war jedoch bereits wieder deutlich eingeschränkt, denn der feine Nieselregen wollte nicht aufhören. Dummerweise unterließen wir es, außer den Regenjacken auch die Beinlinge überzuziehen. So wurden unsere Hosen immer feuchter und unangenehmer, je mehr tropfnasse Birkenzweige wir streiften. Doch das ließ sich hier im Wald gar nicht vermeiden! Es ist ein ziemlich unangenehmes Gefühl, wenn der naßkalte Stoff an den Innenseiten der Schenkel klebt. Nur Sabine blieb davon verschont, da ihr Regencape zumindest die Oberschenkel ausreichend bedeckte.

Durch das schnellere Tempo, das wir jetzt vorlegten, gerieten wir zunehmend ins Schwitzen, doch der nahende Abend ließ keine langsamere Gangart zu. Bald waren wir unter den Regenjacken auch nicht mehr viel trockener als an den Beinen! Die Schweißtropfen liefen uns von Brust und Rücken in die Taillengegend und sorgten für ein »subtropisches Innenklima«. Beide Umstände, die Nässe und die Zeitnot, zwangen uns dazu, die Pausen so kurz wie nur möglich zu halten.

Irgendwann mußten wir das erste Mal ein kleines Blockfeld überqueren. Es war ein wenig glatt vom Nieselregen, schien sonst aber nicht weiter schwierig zu sein.

Ich nahm die Hände an die Schultergurte und sprang recht flott von Stein zu Stein. Dabei hatte wohl unglücklicherweise das Fernglas mehrmals die Gürteltasche für den Fotoapparat gestreift, so daß sich der Klettverschluß des selbstgemachten Futterales plötzlich und unerwartet öffnete. Leider Gottes bemerkte ich das drohende Unheil nicht rechtzeitig und das Drama nahm seinen Lauf! Die Kamera mit dem guten Zoomobjektiv fiel heraus - direkt mit der Linse voran auf einen Felsen!

»Oh Mist, verdammter! Das darf doch nicht wahr sein!«

Wie gelähmt stand ich da, fluchte und hielt mir die Hände vor das Gesicht. Konnte das wirklich wahr sein, am ersten Tag unserer Wanderung, fernab vom nächsten Fotogeschäft? Völlig zerknirscht hob ich das gute Stück wieder auf und betrachtete ungläubig den Schaden. Die tröstenden Worte meiner beiden Freunde halfen nur wenig, als ich den zersplitterten Skylight-Filter sah und feststellen mußte, daß mit dem Autofocus* irgendetwas nicht stimmte.

Ich versuchte so gut wie möglich den Rest des Filterglases herauszuporkeln und die Funktionsfähigkeit des Apparates zu prüfen. Der Verschluß ließ sich zum Glück noch auslösen, aber die Schärfe konnte nur noch manuell eingestellt werden. Sobald ich auf automatische Scharfstellung umstellte, ertönte ein schmirgelndes Geräusch und der Mechanismus quälte sich langsam und unzureichend. Es blieb nur zu hoffen, daß im Innern des Gehäuses nichts beschädigt war.

Martin versuchte mich damit zu beruhigen, daß er schließlich auch einen Fotoapparat bei sich trug und gern für mich mitfotografieren würde. Das war sehr nett von ihm und nahm mir ein wenig die Enttäuschung. Aber leider nur ein wenig, denn ich konnte nicht so einfach über meinen Schatten springen.

»Frank!« begann Sabine mit tröstendem Blick, »denk immer daran, daß die schönsten Bilder nicht die Fotos sind, die du mitbringst, sondern deine Erinnerungen! In deinen Gedanken wird Lappland immer lebendig sein, bewegt und dreidimensional. Fotos dagegen sind flach und starr und du sagst ja selber immer, daß die Lapplanddias meistens trostlos und öde wirken, ganz anders als die Wirklichkeit.«

»Ja schon, aber du weißt doch...«

»Ich weiß! Du rennst lieber mit der Kamera vor dem Auge rum als direkt ins Land zu schauen.«

»Quatsch!«

Insgeheim gab ich ihr jedoch recht. Ich ärgerte mich darüber, so an dem Ding zu hängen. Ein Fotoapparat - was ist das schon?! Ein lebloses Spielzeug zur Beschäftigung der Sinne. Ein Zauberkasten zum Einfangen von Bildern.

Ach was! Sabine hatte Recht. Schau dich um, Frank!

Mit einem erleichternden Seufzer steckte ich die Kamera zurück in das Gürtelfutteral. Ich wollte sie weiterhin dort tragen, auch wenn die Gefahr

*) Autofocus = Vorrichtung zur automatischen Scharfeinstellung

bestand, daß sich der Verschluß abermals öffnete.

Wir schulterten unser Gepäck und machten uns wieder auf zu neuen Taten. Der Weg war eben und unschwer. Nur der Regen wollte nicht aufhören und kroch uns immer tiefer in die Kleidung.

Zu unserer Rechten breitete sich ein weitläufiges Tal mit einem lichten Fjällbirkenwald aus, an dessen Rand uns der Pfad entlangführte. Links ragte steil der steinige Berghang des Talvatisåive auf. Ab und zu hatten wir den Eindruck, Rentiere in der Ebene zu erkennen. Durch die bräunliche Färbung der Bodenvegetation konnten wir sie jedoch nicht klar erkennen und nahmen nur die Bewegung in der Landschaft wahr.

Saivaa

Es war schon ziemlich spät, als wir endlich eine Hütte erreichten, die nach der Karte zum Samenlager Saivaa gehören mußte. Weitere Bauten waren im dichten Birkenwald nicht zu erkennen. Saivaa, welch schöner Name für die kleine Siedlung, denn Saivaa heißt die paradiesische Unterwelt der Samen!

Es war keine Kåta, sondern eine Holzhütte, noch nicht sehr alt, unverschlossen und erfreulicherweise recht aufgeräumt. Auf früheren Touren hatten wir häufig andere Erfahrungen gemacht. Da lagen oftmals Knochen, alte Konservendosen, Angelschnüre oder gar Batterien wild verstreut um die Hütten der Samen herum, und durch die Fenster sah man haufenweise leere Flaschen alkoholischer Getränke.

Wir vermieden es, die Hütte zu betreten und warfen nur einen kurzen Blick durch die Tür ins Innere. Es ist ziemlich respektlos, einfach in die Hütten und Kåten der Samen einzutreten, wie es viele Touristen angeblich tun!

Draußen auf der Treppe machten wir eine kurze Rast. Wir lehnten die Rucksäcke an die Wand und streckten die müden Glieder, doch der kalte Wind ließ uns in unserer feuchten Kleidung frösteln. Als Martin die Gelegenheit nutzte, sein Gepäck zu inspizieren, stellte er fest, daß sich ein feuchter Fleck auf seinem Schlafsack abzeichnete. Seine Laune war schon seit einer Stunde nicht mehr die beste und das gab ihr den Rest. Tatsächlich ist auf solch einer Wanderung kaum etwas wichtiger als ein trockener Schlafsack; besonders im Herbst, wenn die Nachttemperaturen bereits wieder tief unter den Gefrierpunkt sinken!

Das Vernünftigste in dieser Situation war, einfach weiterzugehen, um wieder wärmer zu werden und möglichst früh im trockenen Zelt zu liegen.

Doch bis dahin sollten noch einige Stunden vergehen, denn schon bald kam ein weiteres Problem dazu. Nachdem wir unsere Rucksäcke wieder geschultert hatten, und den Weg zu einem kleinen Bach unterhalb der Hütte fortsetzten, verlor er sich unvermittelt in vielen kleinen Trampelpfaden im Wald. Obwohl der Pfad auch nach den Angaben auf der Karte in Saivaa enden sollte, hatten wir auf seine logische Fortführung zur Rengärda spekuliert, die oberhalb der Siedlung auf unserer Route lag.

Auch jetzt sahen wir von Saivaa nur eine einzige Kåta. Die anderen lagen wohl irgendwo verstreut, mitten im Wald. Wir fragten uns mit einem unverständlichen Kopfschütteln, wie es den Samen möglich war, ihre Hütten hier wiederzufinden? Keine Hinweisschilder, keine Straßennamen, keine Übersicht - einfach nicht zu begreifen!

Ziellos folgten wir einem der kleinen Pfade, doch schon nach wenigen Metern war nichts mehr davon zu sehen. Im Gegenteil: Wir gerieten immer tiefer in einen nassen Birkenbruch*, der tiefe Wasserrinnen und schier undurchdringliches und mannshohes Polarweidendickicht aufwies.

»Himmel Donnerwetter! So ein verfluchter Mist! Muß das denn jetzt auch noch sein?«

»Meinst du nicht, der Pfad bei den Birkenstämmen wäre richtig gewesen?«

»Nein, der ging bestimmt nur... Ach was, ich habe keine Ahnung! Vielleicht war er richtig, vielleicht nicht! Wenn es nur nicht schon so spät wäre, dann könnte ich diesem Urwaldsumpf glatt noch etwas Schönes abgewinnen ...«

»Ich aber nicht! Ich finde es katastrophal! Erst ein nasser Schlafsack und jetzt auch noch dieser »Dschungel«. Und der Regen wird auch wieder stärker. Wo geht es nun weiter?«

»Versuch es mal dort drüben.« Ich kroch rückwärts aus dem Gestrüpp. »Ist zwar viel zu weit östlich, aber in unserer Marschrichtung ist alles dicht, wie Ihr seht.«

»Paß doch mit deinem Rucksack auf, du wirfst mich ja fast um.«

»Hab´ ich hinten Augen? Ich kann hier nur rückwärts raus. Also mecker nicht«

»Ich meckere, soviel ich will. Du kannst ja etwas sagen, wenn du rückwärts gehst. Ich habe schließlich keine Lust, hier noch in die Matsche zu fallen.« Sabine blickte sich verärgert um. »Wo soll ich denn jetzt wieder hin? Kannst du nicht nochmal auf den Kompaß gucken?«

»Was soll das denn nutzen? Wir müssen nur hier heraus, einfach nur heraus.«

*) Bruchwald = Baumbestandenes Übergangsmoor zwischen Flach- und Hochmoor

»Blödmann!«

Ich fluchte leise vor mich hin und ersparte mir einen weiteren Kommentar.

Wir benötigten lange Zeit, um immer wieder unsere Richtung zu korrigieren, die wir notgedrungen häufig verlassen mußten. Das Ende des Bruchwaldes kam und kam nicht in Sicht.

Den armen Martin traf es am härtesten. Er sagte zwar kaum ein Wort, doch sein Gesicht sprach Bände. Aber jeder Sumpf endet irgendwo! Situationen dieser Art waren für uns nicht neu. Es blieb nur zu hoffen, daß Martin im Laufe der Zeit auch das Gefühl grenzenloser Freiheit kennenlernen würde, das bei Sabine und mir auf den früheren Lappland-Wanderungen entstanden war. Es half, solche Schwierigkeiten etwas gelassener hinzunehmen.

Ich will nicht behaupten, daß es uns beiden Spaß machte, auf diese Weise um jeden Meter kämpfen zu müssen. Wir waren nur motivierter, durchzuhalten.

Ganz im Gegensatz zu den verschlungenen, vielschichtigen Problemen zu Hause war dieser Kampf gegen die Unbilden der Natur unzweideutig; es gab nichts zu interpretieren. Sabine nennt es »Haßliebe«, wenn sie von Lappland spricht.

Ausgerechnet in der unbarmherzigen Wildnis ist man auf einmal frei von allen Zwängen, braucht keinen Notizzettel und normalerweise auch keine Uhr. Kein Gedanke an den nächsten Termin belastet den Schlaf und nichts im Kopf vernebelt das Fühlen der Umwelt mit allen sieben Sinnen. Ist das nicht *m e h r* als bloß Urlaub?! »In der Ruhe liegt die Kraft«, sagte Lao Tse.

Was machen da schon ein paar natürliche Hindernisse aus?

Wir waren, wie gesagt, in einen schier undurchdringlichen Birkenbruch geraten.

Ein tiefer Moorfluß im Gewirr der Äste verhieß weitere Probleme. Im Fluß lagen einige lose Steine, die seltsam glucksende Geräusche verursachten. Sabine hielt ganz plötzlich inne und bedeutete uns mit einer Handbewegung, leise zu sein. Sie stand unbeweglich da und lauschte. Unablässig wechselte ich mein Standbein und versuchte, den Druck auf den

Schultern irgendwie zu verlagern. Mittlerweile zerrte das Gewicht des Rucksackes ganz schwer an mir. Doch Sabine duldete keine Bewegung!

Ich beobachtete sie: Leicht geduckt stand sie da, alle Muskeln schienen angespannt wie bei einer Raubkatze vor dem Sprung in die Antilopenherde. Was beunruhigte sie so?

»Pssst! Habt Ihr das auch gehört? Da vorn am Fluß. Wie ein Knurren.« Schlagartig wurde mir klar, was meine Frau bewegte. Sie wähnte ein wildes Tier vor uns, vermutlich einen Bären!

»Das sind sicher nur die Steine im Fluß, die solche Geräusche machen,« versuchte ich sie zu beruhigen.

»Ich schau mal nach,« sagte Martin und machte sich schon auf den Weg, die Ursache zu klären.

»Du kannst doch nicht …! Bitte sei vorsichtig! Bären halten sich gern im dichten Wald an Wasserläufen auf.«

Ihre Angst war durchaus echt, und sie war umso erleichterter, als Martin ihr die Stelle mit den Steinen im gurgelnden Wasser zeigte.

Völlig unbegründet war ihre Sorge, auf einen Braunbären zu treffen, sicher nicht. Immerhin lebt in Schweden seit einigen Jahren wieder eine kräftige Population der Petze. Mir ist jedoch nicht bekannt, daß jemals ein Mensch in Skandinavien durch Bären zu Schaden gekommen wäre. Sie sind im allgemeinen sehr scheu und spazieren nicht über die Hauptstraße der Städte, wie es in einigen kanadischen Kleinstädten zuweilen geschieht. Insofern ist die Begegnung mit einem Bären schon äußerst unwahrscheinlich. Ein Rest von Zweifeln bleibt natürlich immer, denn *wenn* der Zufall es doch einmal will, daß eine Bärin mit ihren Jungen ausgerechnet hinter dem Felsen hockt, um den man gerade…

Ach was, die Chance, auf der Straße von einem Auto überfahren zu werden oder sich auf der Treppe das Genick zu brechen, ist wohl ungleich größer!

Es dauerte eine ganze Weile, bis wir eine passable Stelle mit Findlingen im Wasser fanden, an der wir den Fluß mit zwei beherzten Sätzen überqueren konnten. Eine Wat bei dem regnerischen Wetter wäre ganz und gar nicht in unserem Sinne gewesen!

Ich nutzte das frische, kalte Wasser, um meinen Durst zu löschen und die Feldflasche aufzufüllen. Es ist immer wieder eine anstrengende und unsichere Angelegenheit, sich mit dem großen Gewicht auf dem Rücken so weit nach vorn zu beugen, daß man mit den Händen ins Wasser langen kann. Wenn man zudem noch auf wackligen Steinen steht, hat man sich spätestens bei dieser Akrobatik die Erfrischung verdient!

Das Wasser in Lappland ist noch völlig sauber und schmeckt köstlich, wenn es nicht gerade aus stehenden oder moorigen Gewässern stammt. Es war immer wieder erstaunlich für uns, wie unterschiedlich Wasser aus verschiedenen Gewässern schmecken kann! Dennoch warfen wir regelmäßig eine Vitamin-Brausetablette in die Flasche, damit es uns auch dann noch schmeckte, wenn das Wasser bereits einige Stunden alt war.

Nach der Flußüberquerung trat endlich die langersehnte Änderung der Landschaft ein: Der Bruchwald lichtete sich immer mehr, und wir gelangten ins offene Moor. Doch was hatten wir damit gewonnen? Nichts! Denn bald bekamen wir auch noch nasse Füße. Das Gefühl in den Schuhen war äußerst unangenehm; als ob das Wasser zwei Zentimeter über der Brandsohle stand! Bei jedem Schritt quatschte es unter den Socken, und man wußte bald nicht mehr, ob man nun Schuhe an den Füßen hatte oder barfuß lief. Überdies konnten wir allerdings froh sein, daß wir so festes Schuhwerk besaßen, denn das Moor war überall dicht mit struppigem Strauchwerk bewachsen.

Das Vorankommen wurde zu einer äußerst anstrengenden Tortour, weil die Sträucher bald hüfthoch standen. Langsamer zu gehen war auch keine Lösung, denn wir mußten uns beeilen: Die Dämmerung würde bald einsetzen. So kämpften wir uns, die Knie bei jedem Schritt fast bis zum Bauch gezogen, mit aller Kraft wie die Stelzvögel durch den Sumpf. Oft sahen wir nicht, wohin wir traten. Durch das Scheuern der Strauchzweige an den Hosenbeinen entstand ein rhythmisches Rauschen. Ansonsten war es totenstill.

Es war dumm gewesen, daß ich meine Gummistiefel nicht mitgenommen hatte. Im Geiste ohrfeigte ich mich dafür, aber das nützte meinen Füßen jetzt herzlich wenig. Jammern half nichts, ich hatte es ja nicht anders gewollt. Ich war in Lappland - tröstete ich mich, allein das zählte! Schuhe und Kleidung würden schon wieder trocknen. Und dieses Moor war weder tückisch noch gefährlich, und das Ende sahen wir bereits in greifbarer Nähe.

Mein Blick traf sich mit Martins. Seine Miene war wie versteinert. Von oben bis unten naß sank seine Laune rapide in den Keller. Nur ein seltenes Zucken um seine Mundwinkel oder seine Augen verriet die große Spannung, unter der er stand. Sabine war zum Glück noch zu einem halbherzigen Lächeln fähig.

So gingen wir wortlos weiter - Schritt für Schritt mit schmerzenden Schultern; die Füße in aufgeweichten Schuhen und den Blick unablässig auf das Strauchwerk gerichtet, um nicht zu stolpern.

Nur langsam näherten wir uns dem Rand des Sumpfes. Doch jedes Moor ist begrenzt und so spürte ich nach schier endloser Stolperei endlich festeren Boden unter den Füßen. Ich stand im trockenen Birkenwald. Auch meine Kameraden hatten das Ziel kurz darauf erreicht. Erleichtert warfen wir die Rucksäcke von den Schultern.

Wir waren noch cirka einen Kilometer vom geplanten Etappenziel entfernt, aber das erschien uns zu diesem Zeitpunkt völlig bedeutungslos. Ohne daß wir uns gegenseitig absprechen mußten, war uns allen klar, daß der heutige Tag hier enden würde!

Die Suche nach einem Zeltplatz bereitete uns zum Glück keine Sorgen. Schnell war ein halbwegs geeigneter Ort im Wald gefunden. Die Vorbereitung des Untergrundes ging mir nur schwer von der Hand. Die ungewohnte Anstrengung forderte ihren Preis.

Zu diesem Zeitpunkt waren wir alle völlig erschöpft und in einer miserablen Stimmung. Selten fiel ein Wort. Vor allem Martins Laune war an ihrem Tiefpunkt angelangt. So mürrisch hatten wir unseren Freund noch nie erlebt. In einem Nebel düsterer Gedanken setzte ich das Zelt auf, während Sabine sich um das Essen kümmerte und Martin in seinem Gepäck stöberte.

»Ich brauche Wasser für die Tortellini!« rief Sabine nach einer Weile und durchbrach mit diesem Satz die dunkle Mauer des Schweigens. Ich wollte gerade den letzten Pflock in den Boden stoßen, da sah ich auch schon Martin mit den Töpfen in den Händen vorbeigehen.

Sabine rief noch: »Bleib doch. Der Frank kann…,« aber Martin war wild entschlossen.

»Ich habe sowieso nasse Füße. Darauf kommt es jetzt auch nicht mehr an!« rief er nüchtern zurück.

Sabine blickte mich ratlos an und zuckte mit den Schultern.

»Ob seine Laune sich gebessert hat?«

»Kann ich mir nicht vorstellen. Er gibt sich nur alle Mühe, uns die Tour nicht zu verderben.«

»Ach was! Der Regen könnte uns die Tour verderben, aber doch nicht Martins miese Laune.«

»Wird sich wohl wieder legen,« antwortet ich optimistisch.

Doch auch die warme Mahlzeit änderte nichts an unserer Stimmung. Zusammengekauert und fröstelnd saßen wir auf den Regenhüllen am Boden und löffelten wortlos unsere Tomatennudeln. Unsere Blicke waren krampfhaft nach unten gerichtet, um Martin nicht zu begegnen. Er war jetzt wieder genauso in sich gekehrt wie vor dem Wasserholen. Die völlig durchweichten Füße schmerzten, die Wirbelsäule knackte in allen Bereichen und es nieselte immer noch. Im Normalfall ist es ein herrliches Gefühl, so ohne Rucksack bei einem vollen Napf mit Essen im Moos sitzen zu dürfen - aber heute gab es nichts mehr, was uns richtig hätte aufheitern können. Auch ich hatte zu diesem Zeitpunkt endgültig meinen Enthusiasmus verloren.

Mir kam an diesem Abend die Aufgabe zu, unser »Schlafzimmer« auszupacken. Sabine schnürte die Packrollen von den Rucksäcken los und warf sie mir ins Zelt, während ich die angenehmste Lage der Isomatten ausprobierte.

»Hoffentlich haben wir den Untergrund ausreichend von Stöcken und Steinen befreit?«, sagte ich zu mir, »ein harter Knubbel im Kreuz würde mir jetzt noch fehlen!«

Doch der Boden schien recht eben zu sein. Ob es wirklich ein guter Platz gewesen war, würde sich allerdings erst am nächsten Morgen herausstellen!

Nachdem ich fertig war, zog ich mich rasch um, kroch in die »Penntüte« und rief den Nächsten herein. Normalerweise herrschte durch die Enge im Zelt immer eine heitere Atmosphäre. Fast immer fehlt irgendjemandem irgendetwas, und er muß sich zum zweiten- und dritten Mal zur Belustigung aller umständlich aus seinem Schlafsack schälen.

Nicht so an diesem Abend! Bedrückt und wortlos verrichteten wir diese Tätigkeiten und jeder rang mit seinen düsteren Gedanken. Der Abend war noch jung, aber es gab wohl keine bessere Alternative, als schlafen zu gehen! Je schneller wir diesen tristen Abend beendeten, desto besser!

Erst als ich mich schön trocken und warm in meinem Schlafsack befand, zugeschnürt bis zum Kinn und lang ausgestreckt auf der weichen Isomatte lag, konnte ich mich endlich entspannen: Ein schönes Gefühl!

Ich dachte über die heutigen Erlebnisse nach. Bald kam mir der Unfall mit meinem Fotoapparat in den Sinn. Was mir als kleine Katastrophe erschienen war, sollte sich schon kurze Zeit später als unbedeutendes Fragment in einer Kette von Problemen herausstellen. Aber mit dieser Sache begann gleichzeitig eine parallele Geistesreise, die eines der bedeutendsten Ereignisse in meinem Leben werden sollte!. Erstmals auf dieser Wanderung stieß ich auf die Relativität des Seins und die Bedeutungslosigkeit solch materieller Dinge. Die Reise begann:

Fotos, Bilder? Was ist denn nun wirklich realer? Das flüchtige, vierdimensionale Gedankenbild im Kopf oder das reproduzierbare, zweidimensionale Foto auf Papier? Oder nichts von beiden? War der Eindruck der Welt, den ich in diesem Augenblick wahrnahm, nicht auch nur ein Bild? Ein Bild - produziert von meinen Sinnen und meinem Gehirn - aus Licht, Schall und Geruch?

Für einen kurzen Moment lang schloß ich die Augen. Es war dunkel, doch ich wußte, welche Landschaft draußen vor dem Zelt lag. Nein - halt! Es muß heißen: Ich wußte, wie es dort *aussah*, wie das *Bild* dieser Landschaft war…

Jedem Menschen kommen dann und wann solche Gedanken. Sie verschwinden jedoch meist schnell wieder im Unbewußten, überdeckt vom permanenten Rauschen der menschlichen Großhirnrinde. Von tiefgehender Erkenntnis konnte zu diesem Zeitpunkt auch bei mir noch keine Rede sein. Doch den ersten Schritt dazu hatte ich getan. Ich beschloß, daß es auf jeden Fall falsch war, materiellen Dingen den Vorrang vor natürlichen Phänomenen zu geben. Dinge sind nützlich und notwendig, doch sie dürfen uns nicht beherrschen, nicht zu Fetischen werden. Es gibt Leute, die lieben ihr Auto mehr als ihre Frau. Andere fürchten permanent um ihre wertvolle Wohnungseinrichtung und drangsalieren aus diesem Grund ständig ihre Kinder. Paß auf! Mach das nicht kaputt! Wenn das verkratzt, bekommst du sechs Wochen lang kein Taschengeld mehr! Ist das denn so wichtig? Haben Autos oder Möbel oder andere Besitztümer einen wirklichen Wert im Leben? Wohl kaum! Glück, Gesundheit oder Freundschaft, das sind die *Dinge*, um die es sich zu hoffen lohnt!

Doch ich wußte in diesem Moment, daß auch ich an Dingen hing - zum Beispiel an meiner Kamera und den Urlaubsfotos. Ich nahm mir vor, es damit zukünftig nicht mehr so wichtig zu nehmen…

Meine Gedanken schweiften weiter durch Zeit und Raum. Im Banne der Wildnis… Wildromantische Natur… Illusionen… Erlebnisse… Gedanken…

Solch einen Tag hatten Sabine und ich nicht das erste Mal in Lappland erlebt. Zur Sorge bestand nach unserer Meinung noch kein Anlaß, zumal wir noch nicht tief in die Wildnis vorgedrungen waren. Dennoch hatte ich ein ungutes Gefühl im Bauch. Mein Blick fiel auf Martin. Richtig! Es war seine schlechte Stimmung, die mich bedrückte.

Sabine lag auch noch wach. Ob sie ähnliche Gedanken hegte wie ich? …Was ging jetzt wohl in Martin vor? … Wenn doch der Regen endlich aufhören würde.

Doch das an- und abschwellende Geräusch auf dem Zeltstoff verhieß alles andere als trockene Aussichten für den kommenden Tag. Meine Augenlider wurden schwer wie Blei. Ich wagte als letzten Satz in die Stille hinein die Behauptung:

»Morgen früh haben wir strahlenden Sonnenschein!?«

Dann schlief ich ein.

Traumpfade

...Riesige, bizarre Kalkfelsen ragten wie Dome schneeweiß aus dem üppigen, grünen Dschungel. Im Hintergrund des Panoramas lagen himmelhohe Berge, bedeckt mit bläulich schimmerndem, ewigen Eis. Eingestreut in den grünen Teppich waren unzählige silbrig-grüne Seen und Sümpfe, gesäumt von knorrigen Mangroven, deren Wurzeln ein undurchdringliches Dickicht bildeten. Alles war in das gelbrote Licht einer übergroßen Sonne getaucht, die das Land in Flammen zu tauchen schien. Sie spiegelte sich wieder im ultramarinblauen Wasser des Meeres, das direkt bis an die Kalkfelsen reichte.

Nur an einer einzigen Stelle zwischen zwei senkrechten Felswänden gab es einen kleinen, paradiesischen Strand mit wogenden Palmen und rötlichem Sand. Leise plätschernd rollten kleine Wellen über den Sand. Eine schwache Spur im Wasser durchzog die Bucht: Ein Mensch, der auf die Pforte zuschwamm. Bald hatte er das Ufer erreicht, entstieg dem Meer, hielt einen Moment inne und rannte dann unvermittelt laut lachend durch den Sand. Er grub sich im Sand ein, warf ihn in die Luft und jauchzte vor kindischem Vergnügen.

Dann stand er plötzlich mitten im Mangrovensumpf, zusammen mit zwei weiteren Menschen. Alle drei trugen schwere, hölzerne Kisten auf den Schultern und versuchten verbissen, einen gangbaren Weg durch das Wurzelwerk zu finden. Doch wie sie sich auch mühten, wie sie stiegen und sprangen, sie kamen keinen Schritt voran. Ihre Füße versanken im Morast. Ein kaltes, erdrückendes Gefühl kroch langsam die Beine hoch. Wut und Verzweiflung packte den Menschen, der nun wieder völlig allein um sein Leben kämpfte. Die Wurzeln schienen zu wachsen, sich zu verknoten und zu kriechen. Gleich hunderten von braunen Schlangen wanden sie sich um den Körper des Menschen und drohten ihn zu erdrücken...

Hoch über dem Wald stand der Mensch auf einem kahlen Berg, stand tief gebeugt über einen bewegungslosen Körper. Er schützte ihn vor dem peitschenden Regen, der sich unentwegt aus den Wolken ergoß. Der Liegende atmete schwer. Er murmelte undeutlich etwas und schrie dem Menschen dann wütend entgegen. Eine Frau kam hinzu und beschwich-

tigte den Wütenden.

Dann erhob sich der Mensch, ging zum Rand eines jähen, unendlichen Abgrundes und sprang lachend über die Felskante. Er fiel jedoch nicht in die Tiefe, sondern erhob sich mit ausgebreiteten Armen hoch in die Luft. Er wand sich den beiden Anderen zu und gab ihnen ein Zeichen, zu folgen. Sie folgten und flogen mit ihm über das weite Land...

Der Mensch sah unter sich die ganze Welt - Berge, Flüsse, Wälder und Seen, Pflanzen, Tiere und Menschen. Plötzlich war es, als söge er die Welt in sich auf. Alles kam hoch und fiel in sein Bewußtsein. Er nahm die Welt in sich auf, es wurde dunkel, er sah nichts mehr außerhalb von sich und doch war es hell und klar. Die Welt war in ihm. Gleichzeitig war ihm, als würde er selbst zu den Bergen, Flüssen und Wäldern, nähme ihre Gestalt an und war alles zugleich. Er verschmolz mit der Welt zu einem Wesen, er ward die Welt - die Welt ward er selbst...

Der Mensch saß auf einem Drehstuhl in einem grauen, raucherfüllten Raum ohne Fenster und Türen. Er stand auf und stieß die Wände um. Dahinter lag ein lichtdurchfluteter Garten voller bunter Blumen und singender Vögel. Der Mensch schritt über einen schmalen Pfad.

Plötzlich tauchte vor ihm eine riesige Statue aus dem Boden auf, die ein Buch in den Händen hielt. Der Mensch schaute irritiert in eine andere Richtung. Dort stand mit einem Mal ein Fernseher, der gerade einen Western zeigt. Herrlich geschmückte Indianer ritten über die Prärie. Der Mensch lächelte und wollte das Bild berühren, doch der Fernseher erlosch jäh. Viele andere Dinge erschienen nun in dem Garten: Autos, Häuser, Straßen - der Garten wurde zur Heimat des Menschen, bekannt und beruhigend. Doch die Statue stand immer noch da und erstrahlte in hellem Glanz. Der Mensch zürnte ihr, ging hin und stieß sie um, unwillkürlich, getrieben von einer inneren Macht. Sie stürzte und fiel in sich zusammen, und mit ihr all die anderen Dinge. Übrig blieb eine freundliche Wildnis, die letzte Wahrheit hinter den Visionen des Seins.

Der Mensch atmete tief ein - die Luft der Wildnis - , atmete sich selbst und wurde geatmet - schwebte im Raum, war der Raum selbst...

Ein Ganzes, losgelöst von der erlebten Vielheit, von den Worten und Begriffen, von dem Oben und Unten. Aufgegangen in dem Einen, das der Stoff von allem ist...

Plötzlich wandelte sich der gesichtslose Mensch und bekam meine ei-

genen Züge. Ich erkannte mich selbst. Ich saß nun neben hunderten von anderen Menschen in einem großen Saal, der mir wie das ganze Firmament erschien. Um mich herum saßen Indianer, Samen, Schwarze und Weiße, Männer und Frauen, Kinder und Erwachsene, Chinesen und Inder. Ich erkannte nicht weit von mir meine Eltern, Sabine, Inga und Martin, einige Freunde, die Kinder von meiner Jugendgruppe und meine Kollegen.

Dann betrat ein alter indianischer Häuptling den Saal und ging zu einem Pult. Er erhob die Hand zum Gruß.

Das Gemurmel im Universum verstummte. Die Sinne richteten sich gespannt auf den Mann, der seine Hand langsam senkte und begann:

»Die Menschwerdung zu einem Dasein voll bewußten Erlebens ist ein Sprung auf eine höhere Daseinsebene, vergleichbar mit der Entstehung des reproduzierbaren Lebens aus unbelebter Materie.

Bei jedem Sprung dieser Art entsteht ein neues, großes Potential von Entwicklungsmöglichkeiten. Kraft den Gesetzen der Mutter Erde wird dieses Potential zur Optimierung der materiellen Überlebenschancen genutzt.

Doch wir müssen bedenken, daß diese materielle Nutzung unserer Fähigkeiten nur eine Auswirkung von Vielen ist, - nicht aber der eigentliche Sinn der Höherentwicklung! Im Gegenteil! Darin liegt eine Gefahr, die wir erkennen müssen, wenn wir weiterhin die Spitze der Evolution bleiben wollen!

Sollen wir das wegwerfen, was uns von Mutter Erde geschenkt wurde?«

Langsam und fließend verwandelte sich der Häuptling in einen Adler. Er schwebte majästetisch über dem Hörsaal, der nun ganz leer war und sich wie die Erdkugel wölbte.

Der Adler hatte Muskeln, Organe und viele Federn, die ihm das Fliegen ermöglichten. Sein Flug in die höchsten Höhen des Himmels war das Ergebnis einer perfekten Gemeinschaft seiner organischen Vielheit.

Ich fragte mich: Kann e i n e Feder, die sich aufstellt, den Flug des Adlers verbessern? Nein, sie würde am Wind zerbrechen!

Der Flug des Adlers ist nicht allein das Werk einer Feder!

Leben

Die Nebel der Vergangenheit
Das Licht der Gegenwart
Das Dunkel der Zukunft
- Leben

Träume aus uralten Zeiten
Luftblasen gleich
Treibende Sphären im Raum
- Leben

Die Erde, die Sonne, das All
Sinn und Unsinn
Sein und Vergehen
- Leben

Rund wie die Sonne
Tief wie das Meer
Ein Wort unter vielen
- Leben

Montag, 6. September 1993

Samisches Piktogramm:
Njalla - Das Vorratshaus auf einem
Pfahl als Schutz vor Tieren

Aufbruch ins Ungewisse

Verschlafen reckte ich meine Glieder und rieb mir die wirren Träume aus den Augen. Bevor ich den Blick ins Freie wagen konnte, wurde auch Sabine wach.

Wir hatten beide gut geschlafen. Ich hatte lediglich in den frühen Morgenstunden ein wenig gefroren. Der Untergrund dagegen war wirklich passabel gewesen. Natürlich war er nie völlig eben - meistens gab es flache Mulden und mehr oder weniger spürbare Erhöhungen, selbst wenn das Zelt auf weichem Moos stand. Manchmal hatten wir versucht, solche Mulden noch mit Reisern von Zwergsträuchern aufzufüllen, aber irgendwo blieben immer ein paar Löcher übrig. Wir versuchten uns dann einfach so zu legen, daß der Po, die Füße oder der Kopf in den Vertiefungen lagen. Das führte in den meisten Fällen zu recht seltsamen Schlafstellungen. Die Hauptsache war, daß das Gelände nicht abschüssig war. Sonst kam man sich am Morgen wie ein Hund vor, der die Nacht zusammengekauert vor den Füßen seines Herrchens verbracht hat.

Gestern war gestern, die Nacht war vorbei, und mein Tatendrang hatte sich wieder eingestellt. Ich war guter Laune und hatte allen Grund zur Fröhlichkeit, als ich Sabine neben mir liegen sah. Unter der Kapuze ihres Mumienschlafsackes lugte nur ihr Gesicht hervor. Ich sah zunächst nur ihre Nase, die vorwitzig in die Höhe stand und den Rand ihrer Bundeswehrmütze, die sie auch während der Nacht getragen hatte! Ihre Augen blickten noch schläfrig drein, ihre Nase war kalt und rot, aber ihr Grinsen war breit und ansteckend, als sie aus den Tiefen hervorkroch!

Leise flüsternd unterhielten wir uns über den weiteren Tourenverlauf. Da sich Martin nicht regte, schlief er anscheinend noch und so sprachen wir über ihn und seine Motivation zum Weiterwandern. Diese Unterhaltung war keinesfalls für seine Ohren bestimmt!

Wir hatten beide den Eindruck gewonnen, daß solche Strapazen wohl nicht das Richtige für unseren Freund waren. Wir rechneten durchaus damit, daß er genug von der Wildnis hatte. Konsens des Gespräches war, daß *wir* die Wanderung äußerst ungern abbrechen wollten, doch Martin sollte auf jeden Fall die Entscheidung treffen, wie es weiterging. Wir versicherten uns gegenseitig, nur äußerst vorsichtige und diplomatische Fragen an den Freund zu richten, um eine ehrliche Meinung zu bekommen und keine »Euch zuliebe - Antwort«!

Immer wenn wir in Lappland wanderten, genoß ich es besonders, morgens eine Weile herumzuschlendern, um die Natur mit allen Sinnen in mich aufnehmen zu können. So auch heute. Ich schälte mich aus dem Schlafsack heraus, schlüpfte in die Schuhe, die immer noch triefnaß waren und trat ins Freie.

Ich traute meinen Augen nicht, denn ich blickte in einen fast blauen, lappländischen Himmel! Welch ein Unterschied zum deprimierenden Wetter von Gestern: Verschwunden waren die drohenden Regenwolken, freundlich und von der Morgensonne leicht rot überhaucht lag das Land vor mir. Nur die Tropfen an den Birken und der vollgesogene Boden erinnerten noch an den gestrigen Regen. Unwillkürlich mußte ich jauchzen.

Ich ging die fünfzig Schritte zum Moor zurück. Über den flachen Bergkuppen im Westen lagen weiße Wolkenbänke wie dicke Wattebäusche. Das Land war in ein sanftes, diffuses Licht ohne Schatten getaucht. Die Berge in der Ferne wirkten graublau, wie bloßliegendes Gestein. Die höheren Berge im Süden trugen eine glitzernde Haube aus Puderzucker. Der nächtliche Regen war dort oben bereits als Schnee gefallen, bis zu einer Linie hinunter, die wie mit dem Lineal gezogen schien. Zu den Füßen der Berge wuchs grüner Wald, der nach oben hin lückiger wurde und dort mit den offenen Flächen um die Vorherrschaft zu kämpfen schien. Die moorige Ebene lag wie ein See direkt vor mir, umgeben von vielen Birken und ein paar vereinzelten Fichten, die wie dunkle Nadeln aus dem gelber werdenden Blätterwald herausragten.

Am Ufer des ehemaligen Sees - denn nichts anderes war dieses Moor einmal gewesen, befand sich ein Gürtel aus Zwergbirken und Polarweiden. Das blaugrüne Laub der Weiden hob sich deutlich von den dominierenden Rottönen ab. Der »See« selbst bestand aus hellbraunen bis schmutziggelben Grasflächen mit schmalen, dunkleren Inseln und Landzungen dazwischen.

Eine Landschaft ohne Extreme, ohne grandiose Szenen, ohne steile Gipfel und tiefe Schluchten - aber trotzdem so fantastisch in ihrer Ursprünglichkeit!

Gestern Abend hatten wir noch eine zeitlang das schnarrende Geräusch eines Hubschraubers gehört, der mit Hilfe einer Sirene die Rentiere nach Ruokto getrieben hatte. Immer wieder war das auf- und abschwellende Jammern zu hören gewesen, das an eine amerikanische Polizeisirene erinnert hatte. Heute Morgen dagegen - bei diesem beruhigenden Anblick - konnte ich sie endlich wieder *hören*:

Die Stille des Nordens!

Als ich zum Zelt zurückkam, waren die Beiden gerade damit beschäftigt, sich anzuziehen. Martin kam heraus, und unsere Blicke trafen sich. Sofort ahnte ich unangenehme Neuigkeiten. Mein Gefühl sollte mich nicht täuschen, denn kurz darauf erfuhr ich von Sabine, daß er während unseres Gespräches doch schon halbwegs wach gewesen war und alles mit angehört hatte, was wir über ihn gesagt hatten. Wie peinlich für uns!

Hinzu kam jedoch ein Phänomen, womit wohl niemand gerechnet hatte: Martin hatte in dem engen Zelt Platzangst bekommen, obwohl direkt hinter der dünnen Stoffbahn die schier unendliche Weite der nordischen Landschaft lag.

So hatte er sich die ganze Nacht rastlos hin- und hergewälzt und erst ein wenig Ruhe gefunden, als er sich umgedreht hatte und mit dem Kopf an unserem Fußende lag. Dementsprechend war nun seine Verfassung: Trotz des guten Wetters war Martin ernst und tief in sich gekehrt. Von seiner sonst so ansteckend guten Laune war auch heute morgen nichts zu spüren.

Bei unserem wortkargen Frühstück - Martin gab kaum mehr als »Hmm´s« und »Ach´s« von sich -, überlegte ich fieberhaft, wie unsere Tour zu retten wäre. Ich war maßlos enttäuscht. Einerseits wollte ich nichts lieber als weitergehen. Andererseits lag es mir fern, Martin etwas aufzuzwingen, das ihn permanent belasten würde. Vielleicht gab es eine Möglichkeit, in ganz kurzen Etappen eine kleinere Runde zu gehen? ... Nein, unmöglich - beziehungsweise sinnlos. Es gab ja keine Wege hier und ringsherum lagen sumpfige Wälder und weitgestreckte Moore!

Es war eine vertrackte Sache: Er würde sich nach der morgendlichen »Abhör-Affäre« mit Sicherheit für das Weitergehen entscheiden - uns zuliebe. All unsere Bemühungen, herauszubekommen, ob das der Wahrheit entsprach, würden vergeblich sein.

Genauso war es! Martin beharrte auf der Fortsetzung der Wanderung.

Ich seufzte einmal tief und zuckte unwillkürlich mit den Schultern.

»Na, so gehen wir halt weiter, es kann ja nur besser werden,« waren Sabines letzte Worte zu diesem Thema.

Nach dem Frühstück begannen wir zu packen. Wie üblich lagen unsere *Siebensachen* bald überall verstreut auf dem Zeltplatz herum.

Selbst die Bäume um uns herum blieben von unserem Tun nicht verschont. An einer Birke hing eine Regenjacke, an einer anderen ein Pullover und auf einer Astgabel steckten Handschuhe. Die Zweige waren dekoriert mit diversen farbigen Nylonbeuteln: Unser Erste-Hilfe-Set, die Diafilme und andere kleine Dinge, die leicht verlorengehen konnten. Doch auf diese chaotische Weise wird ein Stückchen Wildnis heimisch!

Als wir begannen, das Zelt zusammenzulegen, sah ich, wie Martin wortlos im Gebüsch verschwand. In einer Hand hielt er den Geologenhammer, an dessen Stiel eine flache Aluschaufel befestigt war. Im letzten Moment fiel mir auf, daß der grüne Nylonbeutel mit der plattgedrückten Rolle Toilettenpapier noch an einem Zweig baumelte. Ich griff danach und lief hinter ihm her. Er quittierte es mit einem gezwungenen, aber wohlwollenden Lächeln.

Die kleine Schaufel erfüllte eine wichtige Aufgabe im praktizierten Umweltschutz: Man kann damit Erdsoden abheben, um eine flache Mulde für ein Feuer oder eben fürs *große Geschäft* auszuheben. Legt man die Soden später wieder auf die Mulde, können sie relativ schnell wieder anwachsen.

Ohne diese Maßnahme würde es in dem wachstumsarmen, subarktischen Klima Jahrzehnte dauern, bis sich die Narbe wieder geschlossen hätte. Leider beachten das nur wenige Wanderer und statt alte Feuerstellen zu benutzen, werden ständig neue angelegt!

Die Landschaft rechts und links des Kungsleden* soll aus der Luft bereits wie ein löchriger Schweizer Käse aussehen; so habe ich einmal gelesen.

Ich ging zurück zum Zelt, um Sabine weiter beim Abbau zu helfen. Unser

*) Kungsleden = Der »Königspfad« ist der längste schwedische Gebirgswanderweg

neues Tunnelzelt war Spitzenklasse, denn es reichten theoretisch drei Häringe, um es aufzustellen. Abspannleinen brauchten nur gespannt zu werden, wenn mit starkem Wind zu rechnen war.

Nachdem der drittletzte Pflock aus der Erde gezogen wurde, fiel das Zelt in sich zusammen. In wenigen Minuten hatten wir die beiden Segmentstangen auf das Packmaß verkleinert, den textilen Teil mehrmals gefaltet, die Pflöcke grob gereinigt und schließlich alles in die entsprechenden Beutel gepackt. Kaum zu glauben, daß solch eine Behausung dann kleiner als ein Schulranzen ist!

Als alles wieder an seinem Ort in den Rucksäcken war, und nur noch ein paar flachgedrückte Sträucher an unseren Schlafplatz erinnerten, begann der neue Wandertag. Besonders Sabine empfand jedesmal Trauer, wenn wir einen liebgewonnenen Platz wieder verlassen mußten. Der Kontakt zur Natur war für sie nirgends so intensiv wie an unseren Lagerstätten. Nach einer Nacht auf weichem Moos in einem schützenden Birkenhain kam sich Sabine so dazugehörig vor, daß sie jedesmal das Gefühl hatte, ein Stück von sich dort zu lassen.

Ziemlich wortkarg trotteten wir eine Weile später bei herrlichem Sonnenschein los. Die nassen Zweige würden jetzt schnell trocknen und so war die Regenhose, die gestern sehr nützlich gewesen wäre, heute nicht mehr notwendig.

Vor uns lag ein wegloses Teilstück, das jedoch unproblematisch von einem lichtem Birkenwald auf das offene Fjäll hinaufführte. Kurz bevor wir das Fjäll erreichten, scheuchten wir ein paar Schneehühner auf. Völlig unerwartet flogen die drei Vögel auf, als wir ihnen zu nahe kamen. Diese Tiere sind sehr gut der Umgebung angepaßt und verharren bewegungslos auf dem Boden, wenn sich ihnen eine Gefahr nähert. Daher hatten wir sie vorher nicht bemerkt. Ich war wohl nur wenige Meter neben den Vögeln vorbeigegangen, als sie aufflogen.

Ich erschrak. Dann sah ich, wie Sabine uns mit einem Handzeichen zu verstehen gab, ruhig und bewegungslos zu bleiben. Erfahrungsgemäß saßen noch mehrere Vögel im Gebüsch und würden bei der leisesten Bewegung fliehen.

Wie in Zeitlupe lockerte ich den Klettverschluß an meinem Kamerahalter. Für solche Fälle hatte ich dieses Gürtelfutteral konzipiert, den Fotoapparat immer griffbereit! Auch nach dem Mißgeschick am ersten Tag wollte ich darauf nicht verzichten. Ich nahm den Apparat heraus, hielt den Atem an und führte ihn unendlich langsam zum Gesicht. So behutsam ich auch war, die Hühner bemerkten die Bewegung und erhoben sich ringsherum mit lautem Flügelklatschen in die Luft.

Ohne noch durch den Sucher schauen zu können, drückte ich auf den Auslöser. Doch leider vergeblich: Später auf dem Dia sah man zwar etwas hellbraun-weiß Geflecktes in der Luft (die Federn nahmen bereits wieder ihre weiße Winterfarbe an), aber der Schnappschuß hatte den Vogel in einer solch ungünstigen Haltung seiner Flügel getroffen, daß es wie eine fliegende Kugel aussah. Schade, bis jetzt war mir noch auf keiner Tour ein Foto dieser scheuen Vögel gelungen. Sabine strafte mich für meinen Fotoversuch mit einem vorwurfsvollen:

»Wer sonst! Du mußtest sie natürlich wieder verjagen mit deiner Fotografiererei«.

Dann blickte ich in Martins Gesicht und sah, daß der lustige Zwischenfall ihn ein wenig aus seiner destruktiven Stimmung gerissen hatte! In diesem Moment war mir das weitaus wichtiger als ein gutes Foto.

In den ersten anderthalb Stunden nach dem Aufbruch sah unsere Welt wahrhaft rosig aus! Wir gingen durch einen Mini-Dschungel dicker Polster von dunkelrotem Hartriegel und grünen Heidelbeersträuchern. Dazwischen - Bergen gleich, die aus dem Wald herausragten - einzelne Felsen, deren ursprüngliches, graues Gestein von prächtigen gelben, grünen, weißen und orangeroten Flechten bedeckt wurde. Seit Jahrzehntausenden besiedelten sie selbst den härtesten Stein. Sie waren so fest mit ihrem Untergrund verbunden, daß Versuche, sie mit einem anderen Stein abzukratzen, kläglich scheiterten. Die Sonne gab den Flechtenkrusten ein bizzarres Aussehen und hier und da glitzerten eingelagerte, winzige Kristalle im Fels.

Oberhalb der Baumgrenze wurde es uns so warm, daß wir die Sweater auszogen. Die Landschaft wandelte sich, denn die Vegetation wurde deutlich spärlicher. Nur Krähenbeeren und andere subarktische Zwergsträucher krochen noch mit ihren Ausläufern über die dünne Bodenkrume und trotzten dem frischen Wind, der hier unablässig wehte. An vielen Stellen trat der blanke Fels in mächtigen Platten zutage, die das Eis der letzten

Eiszeit glatt geschmirgelt hatte. Dazwischen lagen viele ungezählte Jahrtausende, doch die Felsplatten sahen so makellos aus, völlig ohne Risse und Spalten, als wären seitdem erst wenige Jahre vergangen. Das Gehen darauf war angenehm einfach.

»Wenn es euch nichts ausmacht, würde ich hier gern eine kleine Pause einlegen?« kam es unerwartet aus Martins Mund.

Freudestrahlend stimmte Sabine zu: »Natürlich! Wir könnten eine Kleinigkeit essen und den warmen Sonnenschein genießen.«

Sie setzte sich auf einen Stein, streckte die Beine lang aus und ließ den Blick nun zufrieden über die Landschaft schweifen.

Man sah hier weit zurück in die Richtung, aus der wir gekommen waren. Wie ein lückiger Teppich breitete sich der Birkenwald zwischen den braunen Bergen aus, unterbrochen von kleineren Mooren und schimmernden Rinnsalen. Wir konnten gut unsere Route verfolgen. Weit hinten lag die hochliegende Saivaa-Senke. Die Rentierzäune dort waren von hier aus nur noch zu erahnen.

Wie scharf gezogen doch die Linie zwischen dem Steilhang des Talvatisåive und den Feuchtgebieten der Senke war! Genau an dieser Linie entlang verlief der Pfad, der uns gestern geleitet hatte.

Weiter vorn folgten die feuchten Bruchwälder und das anschließende Strauchmoor, das wir durchquert hatten. Es lag an der tiefsten Stelle. Im hellen Sonnenlicht und aus der Ferne betrachtet wirkte es geradezu einladend romantisch. Weder in meinen Gedanken noch in der Landschaft hatte die gestrige Strapaze Spuren hinterlassen.

Zuletzt folgten wir mit unseren Blicken dem langsamen Anstieg ins Fjäll, vorbei an der Bergwand des Låmetjåkkå, die durch die dunklen Schatten in ihren Spalten und Klüften mächtiger wirkte, als sie in Wirklichkeit war.

Gestern war der Himmel noch konturlos grau gewesen, die Landschaft darunter blaß und ohne Schatten. Heute dagegen erschien das Land greifbar und tief. Geisterhaft eilten große, dunkle Wolkenschatten lautlos über Wald und Fjäll. Ich blickte in den Himmel und sah eine ganz andere Landschaft dort oben!

Wie mächtige Eisberge, die aus einem blauen Ozean ragten, schwebten die Wolken über Lappland. Es gab steile Zinnen, tiefe Täler und weite Ebenen. Dunkle Höhleneingänge entstanden und vergingen. Gleißende, weiße Flächen hoben sich von bläulich schimmernden Hügeln ab. Nirgendwo habe ich die Wolken je so plastisch gesehen, ist die Luft so glasklar wie hier oben in der Nordkalotte! Nirgendwo sonst habe ich mich dem Ursprung der Dinge je näher gefühlt!

»Irgendetwas stimmt mit dem Rucksack nicht. Bei jedem Schritt scheuert es an den Hüften und das Ding hängt schwer wie Blei an den Schultern. Ich glaube, der »Kunstspeck« hat sich gelockert und gibt keinen Halt mehr.«

Bereits in Stockholm hatte es mit Martins Rucksack Schwierigkeiten gegeben: Der Hüftgurt saß nicht so, daß er das Gewicht auf den Rücken und das Becken verteilen konnte. Zum Glück hatte Martin im letzten Moment noch ein dünnes Sitzkissen kaufen können. Er hatte es zu einer schmalen Form zusammengefaltet und so ein zusätzliches Polster geschaffen, das innen am Hüftgurt befestigt wurde. Nun hatte sich herausgestellt, daß die Befestigung nicht optimal funktionierte. Das mußte geändert werden, um unangenehmen Beschwerden vorzubeugen.

»Wißt Ihr was! Wir lassen es uns jetzt einmal richtig gutgehen. Ich glaube, das haben wir verdient. Wir knabbern ein paar Nüsse und Sabine hat sicher eine Idee, wie man das Sitzkissen besser am Hüftgurt befestigen kann!«

»Das ist eine gute Idee, die hätte von mir sein können. Mal sehen, was sich da machen läßt…«

Als die Reparatur an Martins Rucksack erfolgreich beendet war, genoß auch er eine Zeitlang das freundliche Wetter. Er legte sich lang ausgestreckt auf den Rücken, die Kapuze auf dem Kopf, die Hände auf dem Bauch. Man konnte richtig fühlen, wie die Sonnenstrahlen in seine Seele drangen! Sabine und ich wechselten fragende Blicke. Hoffentlich hatte er das Rucksackproblem endgültig lösen können, denn wir hatten alle kein Interesse an neuen Schwierigkeiten!

Nach einer guten halben Stunde erhob Martin sich mit einem vielversprechenden Lächeln aus der Waagerechten:

»Wollt Ihr wandern oder sollen wir das Zelt doch wieder auspacken?«

Das ließen wir uns nicht zweimal sagen! Die Sonne hatte das Eis geschmolzen und Martins seelisches Gleichgewicht wiederhergestellt. Nun konnten Sabine und ich die Tour mit einem ruhigeren Gewissen fortsetzen. Gestern war endgültig vorbei und vergessen.

Ich schickte mich an, Sabine beim Aufsetzen des Gepäcks zu helfen. Kaum hatte ich losgelassen, zog sie die Brauen zusammen und stöhnte gequält.

Ich erfuhr die Ursache sofort, als auch mir die Last wieder an den Schultern zerrte. Ähnlich druckempfindlich waren die beiden Hüftknochen. Doch es half alles nichts, der Gurt mußte so fest wie möglich gezurrt werden, damit das Gepäck nicht schaukeln konnte. In den ersten zwei bis drei Tagen bleiben schmerzende Druckstellen an Schultern und Hüften nicht aus, wenn man solch ein Gewicht mit sich herumschleppt.

Ich zog den Bauch ein und hielt den Atem an; welch schönes Gefühl, als der Schmerz nachließ!

Als wir weitergingen, verwöhnten die herrlichen Herbstfarben der Bodenvegetation unsere Sinne, und bald wurden wir mit einem fantastischen Panoramablick über die ganze Sjaunja-Ebene für unsere Mühsal belohnt.

Sabine lächelte unbeschwert und mein Herz jubelte vor Begeisterung. Der Anblick, der sich uns bot, war überwältigend! Wir mußten einfach eine Weile innehalten.

Vor uns lag hinter dem schimmernden Saivaajaure die Kette der Seen von Råurejaureh und Riteljaure in einer völlig unberührten Natur, eingerahmt von den sanft gerundeten Bergen von Kuorpavarto und Tjakel -

- diese Weite, dieser endlose Ozean wilder Harmonie!

Man bekam das Gefühl, leicht wie ein Adler fliegen zu können, höher und immer höher zu schweben und hinunterzuschauen auf ganz Lappland.

Ich lenkte meinen Blick zurück von den unbekannten Fernen auf die greifbare Nähe. Direkt vor meinen Füßen begann die Glut des Herbstes in einem unglaublichen Purpurrot. Ich erkannte, daß es die Alpenbeerentraube war. Kaum eine andere Pflanze wird so intensiv rot! Ich nahm mir einen Moment lang die Zeit, mich hinzuknien und den kleinen Strauch näher zu betrachten.

Mit einer Unzahl weitverzweigter Wurzeln, die stellenweise zu Tage traten, schien die Beerentraube das bißchen Erde, das sich hier in vielen tausend Jahren aus dem Urgestein gebildet hatte, krampfhaft festhalten zu wollen. Darüber lag ein dichtes Geflecht aus verkahlten Zweigen. Doch das schönste waren die kleinen, ovalen Blättchen, deren Adern wie ein Netz aussahen.

Lateinisch heißt der Zwergstrauch Arctostaphylos alpina, kam mir in den Sinn. Doch was sagte das schon über die Schönheit der Pflanze aus?

Kein Zurück

Es begann ein Abstieg ins Tal, wie wir ihn noch nie zuvor erlebt hatten. Zum Anfang war die Strecke sehr angenehm, denn jeder Schritt wurde von kniehohem Bärenmoos, üppigem Heidekraut und anderen Zwergsträuchern abgefedert. Es war ein Gefühl, als ginge man über dicke, weiche Matrazen. Eine Zeitlang blickten wir noch auf den langgestreckten Saivaajaure unter uns. Doch je tiefer wir kamen, desto mehr verschwand der silberne Streifen hinter den schmalen, arktischen Fichten, die nun immer häufiger wurden.

Kurz darauf änderten sich die Verhältnisse radikal. Wir traten aus dem Wald und vor uns lag ein ausgedehntes Blockmarkfeld mit riesigen Felsen, die so chaotisch aufeinanderlagen, daß tiefe Spalten und Klüfte, hohe Felswände und scharfe Grate in einer unglaublichen Vielfalt entstanden waren. An ein »Vorankommen« im Sinne des Wortes war jetzt nicht mehr zu denken. Doch da wir zu diesem Zeitpunkt nicht umkehren wollten, hatten wir keine andere Wahl.

»Oh Mann! Sieht verdammt rutschig aus, diese Angelegenheit.«

»Ich würde eher sagen mörderisch! Solch ein Blockfeld habe ich noch auf keiner Bergwanderung gesehen. Das ist ja unglaublich!«

»Kann man wohl sagen, ich auch nicht!«

Mit behutsamen, fast ängstlichen Schritten betraten wir das Felsenlabyrinth. Skepsis lag in unseren Gesichtern, als wir den ersten Felsen erklommen.

»Wenn die Strecke hier länger wäre, würde ich sofort für eine Umkehr plädieren. Das ist ja halsbrecherischer Wahnsinn, von Wackermann zu Wackermann zu hüpfen, und das mit den schweren Rucksäcken.«

Wir kamen uns vor wie die Ameisen in einer Kiesgrube, denn die Steinblöcke maßen zwei bis drei Meter -, manche bis zu fünf Meter im Durchmesser.

»Na kommt! Da hinten sieht man schon das Ende des Steinfeldes.«

»Bei einer herkömmlichen Blockmark wäre ich auch deiner Meinung. Aber solche Steine habe ich noch nie gesehen. Für die paar Meter brauchen wir bestimmt eine halbe Stunde!«

»Laßt es uns halt versuchen, oder wollt ihr lieber hierbleiben?«

Das Balancieren mit den schweren Rucksäcken machte die Überquerung sehr riskant und wir mußten ständig alle fünf Sinne beisammen haben, um nicht abzurutschen.

Wie lange mochten diese Felsen schon hier liegen? Am Grunde der tiefen Klüfte hatte sich die Krume angesammelt, die seit Urzeiten von dem glatten Granit heruntergerutscht war. Dort fristeten ein paar kümmerliche Pflanzen ein ewiges Schattendasein. Nur ganz vereinzelt hatte es eine Birke geschafft, mitten zwischen den Steinen Wurzeln zu schlagen und das Licht zu erreichen. Ansonsten lebten in dieser Ödnis nur die Algen, Flechten und flache Moose, die die Felsen in großer Zahl besiedelten und phantastische Muster bildeten.

Diese lebenden Krusten sind in der Lage, für lange Trockenzeiten Wasser zu speichern. Für uns barg diese Fähigkeit die dauernde Gefahr, darauf auszurutschen.

Unsere Blicke waren fast nur nach unten gerichtet. Wir blieben dicht beisammen und hatten dennoch oftmals keinen Blickkontakt, wenn wir uns orientierten. Die Felsen waren so riesig, daß ein Mensch dahinter nicht mehr zu sehen war. Zu allem Übel hatte Martin auch noch recht glatte Schuhsohlen.

»Paß bloß auf, wohin du trittst! Ich kann das nicht mit ansehen, wie du über die Steine hüpfst. Geh doch besser durch die Spalten!«

»Mach dir keine Sorgen um mich. Ich paß schon auf - versprochen!«

»Martin! Alles klar?«

»Na ja, geht so. Wir sollten extrem vorsichtig sein. Ein Fehltritt und wir klemmen in solch einer Spalte fest… Wo ist Sabine denn jetzt?«

»Hier bin ich!«

Sie tauchte hinter einem riesigen Findling auf, die Füße seitwärts in einer schmalen Ritze und mit den Händen am Felsen tastend. In dieser Lage war nichts mehr zu sehen von ihrem sonst so ansteckenden Lächeln.

»Wie weit ist es noch?«

»Ich würde sagen, etwa 20 Meter, dann haben wir es geschafft.«

Nur durch gegenseitige Hilfe konnten wir die Situation bestehen, ständig auf der Suche nach ungefährlicheren Passagen. Mehr als einmal gerieten wir in eine Sackgasse und mußten uns einen besseren Weg suchen. Wir zogen uns regelrecht gegenseitig von Stein zu Stein!

»Endlich sind wir drüber weg! Das war ja noch viel schlimmer, als ich es mir vorgestellt hatte.«

Sabine und ich konnten Martin nur zustimmen.

»Wirklich unglaublich! Hoffentlich kommen nicht noch weitere Felsstrecken dieser Art!?«

Doch diese Hoffnung wurde schon nach wenigen Metern herb enttäuscht. Vor uns lag das nächste Blockfeld. Es war zwar ein wenig kleiner, aber genauso chaotisch wie das erste.

»Das darf doch nicht wahr sein!« entfuhr es Martin, »womit haben wir das nur verdient?«

Ich seufzte, doch ich war irgendwie auch froh, daß er das sagte. Diese Reaktion war mir lieber als die gedrückte Stimmung von heute morgen.

»Frank, bist du dir denn ganz sicher, daß wir hierher müssen?«

»Glaub´ schon! Ein Weg erwartet uns erst wieder nach der Brücke über den Amasjåkkå und wie ihr seht, ist es links von uns zu steil und da liegen noch mehr Felsen rum...«

»Und wenn wir uns etwas weiter rechts halten? Zeig doch mal die Karte.«

Ich reichte sie Martin.

»Hm, sieht alles gleich aus. Man kann nicht sagen, ob dort auch solche Blockfelder sind. Und der kürzeste Weg ist sicherlich unsere jetzige Route. Na gut, pack´mer´s halt, gell!«

Wir meisterten auch diese Hürde.

Aber kaum, daß wir wieder im Wald standen, schimmerten erneut Felsen durch die Bäume. Unsere Blicke gingen zur Bergwand. Wir versuchten daran abzulesen, wo die Steinlawinen hinuntergerutscht sein mochten. Nur sehr langsam entfernten wir uns von der Wand. Das nährte die Überzeugung von einem baldigen Ende der Blockmarkfelder.

Doch jedesmal, wenn wir wieder ein Blockfeld hinter uns gelassen hatten und im Birkenwald standen, wurden wir enttäuscht und neue Felsen türmten sich vor uns auf. Neue Felsen, neue Felsen, neue Felsen, das Geklettere hörte nicht auf.

So kamen wir immer tiefer in den Schuttkegel des Passetjåkkås, der einfach nicht zu enden schien! Unsere Vorhersagen waren alle für die Katz gewesen.

Jetzt, in dieser mißlichen Lage, dachten wir alle ans Umkehren. Doch irgendwie drang mir ins Unterbewußtsein, daß es dafür bereits zu spät war. Bergauf würde die Felskletterei noch viel länger dauern und so wäre es unmöglich gewesen, noch vor Einbruch der Dunkelheit wieder oben auf der Fjällheide zu stehen.

Die einzige Hoffnung auf einen Schlafplatz für die Nacht lag also trotz aller Unsicherheiten vor uns im Ungewissen.

Doch selbst als wir in die tiefer gelegene Waldregion kamen, hörte das Felsklettern nicht auf. Im Gegenteil: Hier erschwerten umgestürzte Bäume und glitschige Moospolster noch mehr das Fortkommen. Wir wechselten immer wieder mutlose Blicke, redeten ein paar belanglose Worte miteinander und nahmen die Route unverrichteter Dinge wieder auf.

Ich bemerkte nicht, daß Sabine äußerst verzweifelt war und große Angst hatte - so beschäftigt war ich mit der eigenen Sicherheit. Sie hatte heimlich geweint - vor allem, weil sie sich Vorwürfe machte, sich auf dieses Abenteuer eingelassen zu haben, ohne an die Verantwortung für unsere kleine Tochter zu denken. Sabine hielt es durchaus für möglich, daß sich hier einer von uns über kurz oder lang den Hals brechen würde.

Gedanken einer Mutter? Nein, denn unmöglich war das leider nicht! Meine Versuche, sie zu trösten, waren ziemlich vergebens. Wie konnte ich ihr auch Mut machen, wenn ich den Mut beinahe selbst schon verloren hatte?

Himmeldonnerwetter, dachte ich, wenn doch endlich Schluß wäre mit diesem Wahnsinn! Es muß doch irgendwann einmal aufhören mit den Felsen. Ich halte es nicht mehr lange aus... Ich will hier raus! Raus, raus, raus!

...Ob es Tieren in solch einer Situation auch so dreckig gehen kann, oder ob sie das einfach so hinnehmen? Ein reiches Gefühlsleben und ein geistiges Erleben haben höhere Tiere sicher auch. Allerdings kennen sie keinen Zeitdruck und sie begeben sich wahrscheinlich nicht aus so nutzlosen Erwägungen wie wir in solch gefährliche Regionen. Mir kam der Gedanke, daß es möglicherweise mehr Nachteile als Vorteile haben könnte, ein Mensch zu sein. Worüber zerbricht man sich nicht alles den Kopf!? Krankheiten, Ärger, Liebeskummer, Sorgen aller Art und dazu kommt noch, daß die meisten Probleme nicht einmal fremdbestimmt sind, sondern selbstgemacht! Man *muß ja nicht* so einen teuren Wagen fahren wie der Vorgesetzte. Man *braucht ja nicht* unbedingt den Dingen nachjagen, die man gerade nicht haben kann und schließlich hat auch uns niemand gezwungen, diese Reise zu unternehmen. Tja, und doch halten sich die Menschen für die Krone der Schöpfung. Irgendetwas kann doch da nicht stimmen?! Ich fühlte mich im Moment jedenfalls eher wie ein winziger Wurm denn wie ein Homo sapiens.

- Mist! Schon wieder gestolpert. - Ich sollte mich mal mehr auf den Boden vor mir konzentrieren.

Es ist schon seltsam, das Leben als Mensch - sehr seltsam. Wo ist da der Sinn des Ganzen? Leben wir nur als zufälliges Produkt der Evolution auf diesem Planeten oder gibt es einen Grund, ein Ziel für unsere Existenz, ...für die Existenz des ganzen Universums?

Ich war mir zu diesem Zeitpunkt nicht sicher, ob es sich lohnt, sich überhaupt Gedanken über so etwas zu machen... - Beinahe wäre ich schon wieder gestolpert.

Stunde um Stunde verging, ohne daß sich die Verhältnisse änderten. Ein Fels türmte sich auf dem anderen, ein Wäldchen löste die nächste Blockmarkstrecke ab. Unsere Nerven waren bis auf das Äußerste gespannt, unsere Muskeln zitterten von der ungewohnten Verkrampfung, die das Klettern mit sich brachte. Jeder Schritt konnte zuviel sein, konnte zu einem Unfall führen. Immer wieder glitt ein Fuß ab, immer wieder bewegten wir uns gefährlich nah an jähen Abgründen. Das Gewicht der Rucksäcke schien unaufhörlich zuzunehmen, wenn wir in die Knie gehen mußten oder auf allen Vieren über einer Kluft hingen.

Wir tasteten uns voran und prüften mit den Blicken, erfühlten den nächsten Stein, der hinter einem gigantischen Felsen verborgen sein mochte und suchten Halt, wo kein Halt war. Sabine krallte sich an einer winzigen Birke fest, Martin zwängte sich durch einen schmalen Spalt und ich taumelte über ein paar lose Steine.

Ein Alptraum konnte nicht schlimmer sein. Doch hier gab es kein Erwachen, kein Aufatmen, keine Erleichterung - nur die nackte Realität einer Urzeitlandschaft, die uns gefangen hielt. Eine Laune der Natur, unbeweglich und unangreifbar. Zeugen der Vergangenheit, die unsere Gegenwart verhöhnten.

Endlich, endlich - nach vielen Stunden mühsamen und kräfteraubenden

Balancierens hörte der Spuk jäh auf und ein jungfräulicher Wald, der fast frei von Steinen war, gab uns die verlorene Hoffnung langsam wieder. In den bangen Stunden vorher hatten wir nicht einmal 300 Meter pro Stunde zurückgelegt! Das änderte sich nun schlagartig.

Es war ein unglaublich befreiendes Gefühl, wieder normal ausschreiten zu können!

Ich fühlte wieder Freude im Herzen und meine Phantasie kehrte zurück. Ich blickte auf meine Füße und sah Krähenbeeren über Krähenbeeren, die hier den gesamten Boden bedeckten. Ich stellte mir vor, ein Riese zu sein, der mit seinen Siebenmeilenstiefeln über das Land ging, denn aus der Nähe sahen die kleinen Sträucher aus wie dichter, grüner Nadelwald. Schritt für Schritt traten wir Schneisen in diesen Wald, hinterließen unsere Füße deutliche Spuren. Mit gutem Tempo näherten wir uns dem See.

Aber unser Glück war nur von recht kurzer Dauer. Schon nach wenigen hundert Metern standen wir vor dem nächsten Hindernis: Urwald - Urwald - Urwald! Kaum zu durchdringen! Dazwischen Winterbruch mit kreuz und quer liegenden Stämmen, wirrem Geäst und Wurzeln, über die wir stolperten.

Wieder waren wir gezwungen, uns im Schneckentempo fortzubewegen. Der vorderste von uns blieb ständig stehen, weil er sich einen Weg bahnen mußte. Die Rucksäcke blieben an den Zweigen hängen und diese schlugen dann rückwärts dem nächsten von uns entgegen. Wir litten unter der permanenten Anstrengung und waren bald erneut dem Verzweifeln nahe. Die Blockfelder spukten wieder in unseren Gehirnen herum und gesellten sich zu dem wirren Dickicht. Die existentielle* Angst, die wir vor kurzem erfahren hatten, kehrte unbarmherzig zurück, der Alptraum war noch nicht zu Ende. Nichts, aber auch gar nichts Positives konnten wir der Natur mehr abgewinnen. Wo war ihre Schönheit? Verborgen in unserem Unterbewußtsein, verdeckt von Angst und Erschöpfung. Doch was blieb uns anderes übrig, als weiterzugehen?

Die Welt um uns herum war grün und grün und grün. Kaum ein Sonnenstrahl erreichte den Erdboden. Keine Landmarke verriet uns, wo wir uns befanden. Wir folgten der Kompaßnadel so gut es ging und kämpften

*) existentiell = unmittelbar zum Dasein notwendig

gegen tausend grüne Schwerter, gegen Fußangeln und Rammböcke, gegen Speere und Peitschen. Unser Durchhaltevermögen stand kurz vor dem Aus, als wir plötzlich und gänzlich unerwartet auf einem gut sichtbaren Pfad standen, der genau mit unserer Marschrichtung übereinstimmte. Wir begrüßten ihn wie einen alten Freund, den man jahrelang nicht mehr gesehen hat. Befreiendes Lachen! Doch die Angst vor weiteren Schwierigkeiten saß bereits tief. Sie blieben auch jetzt nicht aus, aber im Vergleich zu den vorhergegangenen Unbilden waren es Kleinigkeiten!

Da wir den Berghang hinter uns gelassen hatten und nun durch die Senke des Saivaajaures marschierten, machten uns vor allem wieder kleinere Moore das Leben schwer. Aber die gut sichtbaren Fährten menschlicher Füße im sumpfigen Boden gaben uns neue Hoffnung. Auch wenn weit und breit kein Mensch zu sehen war, gaben uns die Spuren das Gefühl, nicht mehr allein in der Wildnis zu sein. Unsere »Vorgänger« hatten sicherlich Gummistiefel getragen, denn jedesmal wies die Fährte mitten durch die Moorflächen hindurch. Da die Ränder dieser Flächen mit kaum zu durchdringendem Polarweidengebüsch bestanden waren, blieb auch uns nichts anderes übrig, als den Weg mitten durch den Matsch zu wählen. Zum zweiten Mal verfluchte ich meine Entscheidung, die Stiefel zu Hause gelassen zu haben. Immerhin waren diese Moore nicht sehr tief, das tröstete etwas darüber hinweg.

Um die Nässe vom gestrigen Tag aus den Schuhen heraus zu bekommen, hatten wir versucht, das Wasser mit den Seiten einer Illustrierten aufzusaugen, die wir als Zuglektüre von zu Hause mitgenommen hatten. Zum Glück hatten wir sie in Gällivare nicht wie den anderen Ballast weggeworfen. Es hatte ausgezeichnet funktioniert. Nachdem wir das Papier ein paar Mal gewechselt hatten, war die Feuchtigkeit auf ein erträgliches Maß zurückgegangen! Welch ein Schlag, als wir das Moorwasser nun schon wieder unter den Fußsohlen spürten!

Es war gegen Abend, als endlich der erwartete Fluß in Sicht kam. Recht deutlich folgte der Pfad dem Ufer. Es war eine Freude, wie leichtfüßig wir nun gingen und wie schnell wir vorankamen. Bloßliegende Wurzeln und einige alte Feuerstellen mit Abfällen von Anglern deuteten auf seine regelmäßige Benutzung hin. Wir waren fast dankbar für den Unrat, denn er nährte weiter unsere Hoffnung, daß ab jetzt alles besser werden würde. Allerdings war dieser Weg auf der Karte nicht eingezeichnet. Er folgte streng dem Lauf des Flusses, der sich hier in vielen Mäandern seinen Weg durch den Urwald bahnte. Die Strecke wurde dadurch sicherlich deutlich länger, doch keiner von uns kam auf den Gedanken, querfeldein zu gehen. Voller Ungeduld erwarteten wir den Blick auf die Brücke. Es dauerte und dauerte. Der Fluß wand sich von links nach rechts und von rechts nach links, doch keine Brücke weit und breit.

Nach unserem Zeitgefühl waren wir schon etliche Kilometer auf dem Weg gelaufen und hätten längst an der Brücke sein müssen. Was hatte das zu bedeuten? Gab es vielleicht gar keine Brücke? Dann wäre unsere Wanderung hier unweigerlich zu Ende gewesen, da der Fluß viel zu tief für eine Wat war. Unsere Zweifel gediehen.

Aber sie war *doch* da und unsere Freude darüber war unbeschreiblich!

Trügerische Ruhe

Der Gedanke, daß wir an diesem Tag nur ganze 7,5 km vorangekommen waren und damit gerade erst die Hälfte unserer geplanten Strecke geschafft hatten, erschien uns in diesem Moment völlig bedeutungslos. Die Hauptsache war, daß uns die Brücke über den kurzen Amasjåkkå, der die beiden Seen Saivaajaure und Satihaure miteinander verband, die Fortsetzung unserer Tour ermöglichte. Eine Wat durch diesen Fluß wäre unmöglich gewesen und hätte uns zur Umkehr gezwungen! Jetzt hatten wir alle drei wieder Lust auf neue Abenteuer - auf einem Samenpfad, der auf der anderen Seite des Flusses irgendwo beginnen sollte. Diese Aussicht erschien uns sehr verlockend. Unsere Hoffnung war endgültig zurückgekehrt.

Doch vorerst hatten wir endgültig genug gekämpft. Fast freuten wir uns über den einsetzenden Regen, weil er uns die Entscheidung leicht machte, die Wanderung schon hier zu beenden. So erklärten wir den wunderschönen Platz an der Brücke kurzerhand zum Ziel des Tages.

Es war kaum zu glauben, aber nachdem das Zelt stand, schienen die Folgen der physischen und psychischen Anstrengungen mit einem Schlag von uns abzufallen. Der Regen hörte auf und trotz der Ungewißheit, ob wir den Rückstand wieder aufholen würden, schwelgten wir in betriebsamer Euphorie.

Wir gingen alle nacheinander zum Waschen an den breiten Fluß. Das kalte Wasser auf der Haut weckte unsere Lebensgeister. Wie wir es hier in der Wildnis schon oft erfahren hatten, machte uns die Kälte kaum etwas aus. Wenn man Tag und Nacht an der frischen Luft verbringt, gewöhnt man sich schnell auch an kalte Temperaturen!

Es ist ein ungemein erfrischendes Gefühl auf der nackten Haut, wenn man sich kurz zuvor im eisigen Wasser gewaschen hat und dann wie selbstverständlich bei minus 3° C zum gemütlichen Plausch im Moos sitzt. Würde man in Deutschland im Januar draußen zu Abend essen?

Natürlich ist es genauso herrlich, die strahlende Wärme eines Lagerfeuers zu genießen. Wenn das Feuer den Körper auch nur an wenigen Stellen wirklich wärmen kann, so ist es doch äußerst behaglich, den züngelnden Flammen zuzuschauen und auf das Knistern zu lauschen. Das vermag keine noch so gute Zentralheizung zu ersetzen!

Auch an diesem Abend wollten wir uns ein Feuer gönnen, zumal wir die Schuhe und Socken abermals trocknen mußten. Wir freuten uns auf eine gemütlichen und sorglosen Abend!

Zuerst mußten wir jedoch Holz sammeln und die alte Feuerstelle vorbereiten, die sich an unserem Lagerplatz befand.

Hier im Fjällbirkenwald mangelte es nicht an Brennmaterial. Trotzdem braucht man einige Kenntnisse, um ein Feuer ohne Esbit und Zeitung in Gang zu bringen. Es verstand sich von selbst, daß wir dazu keine Bäume fällten. Das frische Holz hätte ohnehin nicht gut gebrannt. Ebenso vermieden wir es, Totholz vom Boden aufzulesen, das schon seit langem im Moos gelegen hatte und voller Wasser war. Bestenfalls die oben befindlichen, trockenen Teile noch nicht vermoderten Holzes oder erst vor kurzem gefallene Bäume kann man verwenden.

Am besten geeignet sind jedoch dürre Äste, die sich noch an den Bäumen befinden. Sie sind auch nach längerem Regen schnell wieder trocken und in jedem Birkenwald in ausreichenden Mengen zu finden.

Sabine schleppte soviel davon an, daß es für ein Osterfeuer gereicht hätte. Woher nahm sie nur die Energie nach diesem irrwitzigen Tag?

Wichtiger noch als das Holz ist der Zunder, um das Feuer in Gang zu bringen, besonders bei Feuchtigkeit.

Was macht der Waldläufer in diesem Fall? Er geht zur nächstbesten Birke und schält etwas von den unteren Schichten der papierdünnen Rinde ab. Selbst wenn es tagelang geregnet hat, bleibt diese Schicht trocken. Dieser Zunder brennt sehr heiß und lange genug, so daß auch feuchtes Holz in der Brandstätte Feuer fangen kann. Anschließend muß man noch ein paarmal kräftig in die Glut blasen, damit die Flammen genügend Sauerstoff bekommen.

Die Prozedur gelang und schnell hatten wir ein heimeliges Lagerfeuer. Recht vergeblich stellten wir die feuchten Schuhe auf die Steine am Rand des Feuers, drehten und wendeten sie alle paar Minuten und mußten ständig darauf achten, daß die Flammen das Leder nicht verbrannten. Für die Trocknung der Schuhe und Kleidungsstücke wäre eine Heizung viel effektiver gewesen. Doch es war urgemütlich.

Wir saßen auf Steinen und Baumstämmen um das Feuer herum und machten es uns so bequem wie möglich. Wir waren geschafft - aber glücklich. Die Flammen loderten hell und gaben der Dunkelheit ein magisches Zentrum. Lange Zeit starrten wir wortlos in die Glut und wandelten in Gedanken.

»Was riecht denn hier so komisch«, unterbrach Sabine nach einiger Zeit das Schweigen?

Wir untersuchten die Wanderschuhe, konnten die Ursache jedoch nicht finden, bis ich die Hitze an den Zehen spürte und erschrocken aufsprang!

Die Sohlen meiner Turnschuhe waren angesengt und schon leicht braun. Ich hatte die ganze Zeit die Füße auf den Steinen abgestützt und gar nicht an diese Möglichkeit gedacht. Dieser kleine Zwischenfall riß uns aus der Lethargie und der Abend brachte uns noch eine Menge Spaß, trotz kalter Hinterteile und dampfender Socken!

Eine gute Portion Nudeln mit einer Instant-Jägersauce machte uns heute satt. So waren alle unsere Grundbedürfnisse befriedigt und wir konnten bald wieder über all das lachen, was wir heute erlebt hatten.

Jetzt, da unsere innere Harmonie wiederhergestellt war, zog es uns noch nicht so schnell in die Schlafsäcke. Wir wollten die Wärme des Feuers an diesem Abend, die Ruhe und Beschaulichkeit so lange wie möglich genießen.

Vorsorglich hatten wir fast alles angezogen, was wir bei uns hatten, denn die Flammen wärmten nur eine Seite des Körpers. Ich warf mich in meine komplette Schlafmontur von den Bettsocken über die Jogginghose bis zur langen Unterwäsche. Darüber kamen anschließend zwei Pullover, Hose und Jacke. Mit drei Paar Strümpfen paßten meine Füße kaum noch in die Wanderschuhe. Ich durfte mich jetzt nicht mehr viel bewegen, um nicht ins Schwitzen zu geraten. Meine beiden Freunde machten es nicht anders.

Das Thermometer sank unter den Gefrierpunkt, doch wir saßen immer noch rundherum wohlig warm, dick eingemummt um das Lagerfeuer herum.

Es ist ein schönes Geräusch, wenn es in der Glut zischt und knistert. Manchmal entstand ein heller Pfeifton oder es knallte laut und die Funken stoben in die Luft. Da einige unserer Kleidungsstücke aus dem unvermeidlichen Nylon waren, mußten wir uns davor sehr in Acht nehmen. Nichts gibt so schöne Brandwunden wie glühendheiße Nylonschmelze!

Es wurde immer später und wir unterhielten uns angeregt. Wir sprachen von Martins neuer Wohnung, diskutierten die Vor- und Nachteile verschiedener Bodenbeläge, schwelgten in alten Lappland-Erinnerungen, tauschten Kummer und Freude mit den Eltern aus und lachten über die jüngsten *Leistungen* unserer kleinen Tochter. Würde sie wohl gerade jetzt an uns denken, oder gab es nur Oma und Opa für sie? Wir vermißten die Kleine, doch im Moment waren wir trotzdem froh, hier oben zu sein.

Wir unterhielten uns über die Ansprüche, die ein Wildniswanderer an seinen Schlafplatz stellt. Der Untergrund sollte trocken, fest und mit Moosen, Gras oder Zwergsträuchern bewachsen sein. Verborgene Steine, dicke Wurzeln und ähnliches konnten einen erholsamen Schlaf genauso verhindern wie die Kälte!

Auf dieser Tour konnten wir den Untergrund erstmals ein wenig vernachlässigen, da unsere neuen, aufblasbaren Matten erstaunlich gut Unebenheiten ausgleichen können. Doch vor allen Dingen verhinderten sie, daß die Kälte von unten durchdringen konnte! Dieses Problem hatten wir bisher noch nie so richtig in den Griff bekommen.

Anschließend fachsimpelten wir über Schlafsäcke, die auch arktische Nächte ohne eine zusätzliche Heizquelle überstehen lassen, über das beste Schuhwerk, über gute und schlechte Trekkinghosen und was sonst noch so alles einen Wildniswanderer bewegt.

Zwischendurch blickten wir gedankenverloren in die Flammen und versuchten, davon etwas Wärme für unsere Hände und Füße zu erhaschen. Das war es wohl, was Martin zu folgender Erkenntnis inspirierte:

»Isolation ist alles, nicht etwa die Entwicklung sparsamerer Beheizungstechniken! Unser kleines Feuerchen hier im Vergleich zu unseren Schlafsäcken oder zu unserer Kleidung ist der beste Beweis dafür! Die erzeugte Wärme festhalten, so gut es geht - das ist der richtige Weg zum Energiesparen!«

Mit messerscharfem Ingenieursverstand begann er zu rechnen. Er warf einige Zahlen in den Raum und fügte daraus im Kopf eine einfache, aber einleuchtende Aussage zusammen:

»Dieses Feuer hat uns vier Stunden lang vielleicht fünf Prozent unserer Körpers hinlänglich gewärmt. Wenn man die Energie, die wir dafür freigesetzt haben, in Form von Nahrung aufnehmen würde, so könnten wir 20 bis 30 Tage lang ohne Unterbrechung bei diesen kalten Außentemperaturen im Schlafsack verbringen ohne zu frieren. - Und das völlig ohne irgendeinen Luftschadstoff freizusetzen!«

Ich war beeindruckt. Martin fuhr fort:

»Könnten wir den Energiegehalt dieses Feuers nutzen, um 100 Quadratmeter eines modernen Niedrigenergiehauses im Jahresmittel zu beheizen, so würde es für ganze fünf Tage reichen!«

»Kaum zu glauben! Es ist so einfach und trotzdem wird dieses Wissen nur quälend langsam umgesetzt. Eher werden ein paar neue Kraftwerke in die Landschaft gesetzt.«

»Ja, ja! Laßt uns jetzt von etwas anderem reden, ja?« bemerkte Sabine ärgerlich.

Erst spät am Abend richteten wir unsere Gedanken wieder auf das, was uns noch bevorstand. Zur Umkehr wäre es noch nicht zu spät gewesen und bestimmt hätten wir in Ruokto am Ausgangspunkt unserer Wanderung irgendwann auch einen Bus bekommen. Aber die Aussicht, die Blockmark und den dichten, weglosen Urwald noch einmal durchqueren zu müssen, war alles andere als verlockend! Zudem wäre der Rückweg zum großen Teil bergauf verlaufen, was die Sache noch abschreckender machte.

Es erschien uns einfacher, den Blick nach vorn ins Unbekannte zu richten. Sicher war da noch ein Stück wegloser Wald vor uns, aber nach einigen Kilometern würden wir wieder auf einen Samenpfad stoßen, der von da ab einen Großteil unserer Strecke ausmachen sollte. Der Einwand, daß auf halber Strecke noch eine riesige Moorebene lag, wurde kaum gehört, denn der Weg führte laut unserer topographischen Karte zumeist über trockene Freiflächen zwischen den Mooren hindurch. Über die Flüsse, von denen etliche auf der Route lagen, waren Brücken eingezeichnet! Von daher erwarteten wir keine größeren Probleme.

So stand unser Entschluß also fest: Früh aufstehen und weiter gen Norden! Wir hatten einen nicht unerheblichen Rückstand aufzuholen.

Trotz aller isolierender Kleidungsstücke wurde uns langsam kalt, das Feuer brannte herunter und wir schickten uns an, im Zelt zu verschwinden. Einer nach dem Anderen zogen wir uns aus und krochen in die Schlafsäcke. Den Reißverschluß hoch, die Kapuze fest zugezogen - so daß nur noch ein kleiner Teil des Gesichtes herausschaute, dann durfte der Nächste hereinkommen. Der Platz im Zelt reichte nicht aus, daß sich alle gleichzeitig umziehen konnten. Selbst wenn einer von uns schon im *Bett* lag, machte er ständig Bekanntschaft mit den Armen und Beinen eines Anderen. Gelächter und scherzhaftes Fluchen waren die Folge. Ich mußte unwillkürlich an unsere Mongolischen Rennmäuse denken, die stapelweise in ihrem Kobel schlafen. Welch ein lebensfroher Abend, schoß es mir durch den Kopf, im Gegensatz zu dem gestrigen Desaster.

Als sich die Unruhe gelegt hatte, überfiel Sabine und mich bleierne Müdigkeit. Wie üblich lag meine Frau auf der Seite und hatte ein Knie fast bis an das Kinn gezogen. Ich rekelte mich lang ausgestreckt im warmen Schlafsack. Martin dagegen war noch putzmunter und hätte sich sehr gern noch länger unterhalten, doch schon wenige Minuten später hatte er keinen Gesprächspartner mehr!

Wohl oder übel schloß auch Martin die Augen. Jetzt, wo es ganz ruhig im Zelt war, überkam ihn wieder seine Platzangst. Das zerstörte seine Hoffnung auf eine lange und erholsame Nacht.

Bei mir persönlich hatte heute endgültig die *Gedankenwanderung* begonnen, die mein gesamtes Weltbild später noch entscheidend beeinflussen sollte. Ganz langsam und noch unbemerkt vom Bewußtsein hinterließen die durchlebten Höhen und Tiefen ihre Spuren in meiner Seele. Sie waren so existentiell und doch so primitiv im Vergleich zu den Sorgen und Nöten zu Hause. Je mehr wir in Schwierigkeiten gerieten, desto klarer wurde mein Empfinden der Welt gegenüber, desto mehr traten die Erinnerungen an den Alltag zurück und es entstand Raum für neue Ideen. Anfangs waren es nur fragmentarische Gedankenspiele. Doch wo Raum ist für Spiele und wo keine Zielgerichtetheit den kreativen Akt stört, dort kann wahre Schöpfung entstehen. So ähnlich hat es Konrad Lorenz* ausgedrückt.

*) Konrad Lorenz = 1903 - 1989, Mitbegründer der Verhaltensforschung (Ethologie)

Das Erkennen

Mutter Erde, wir sind deine Kinder
Wir haben den freien Willen, deine Welt zu verändern
Geschaffen eine zweite Welt
die Welt der Technik und des Geldes

Doch Dich
Benutzt und ausgebeutet
wie es uns beliebt.

Vergessen der Ursprung
Die künstliche Welt
braucht alle Kraft und Zeit

Mutter Erde, wir sind deine Kinder,

Die Veränderung

Mutter Erde, wir sind deine Kinder,

Noch sind wir Gefangene
Der künstlichen Welt
Und wollen nur überleben

Wir haben erkannt
Kinder sind die Zukunft!
Der Beginn eines besseren Weges!

Harmonie mit deiner Welt
Der Wille im Bann der Vernunft
Verantwortung für all unser Tun

Wir sind deine Kinder!

Dienstag, 7. September 1993

Samisches Piktogramm:
Raubtier auf dem Fjäll

Morgentau

Mit einem herzhaften Gähnen erwachte ich aus einem tiefen und traumlosen Schlaf. Wie am ersten Tag war es ein leichtes Frösteln, das mich geweckt hatte. Es war unbehaglich, aber ansonsten nicht weiter tragisch.

Sabine neben mir befand sich noch tief im Reich der Träume.
Ich hob meinen Kopf so hoch wie möglich, um auch Martin sehen zu können. Seltsam, ich glaubte mich zu erinnern, daß er am Abend zuvor noch andersherum gelegen hatte?! Seine Platzangst, die er bereits in der ersten Nacht kennengelernt hatte, war also nicht durch die Strapazen des ersten Tages hervorgerufen worden, sondern hatte seine Ursache in der Enge des Zeltes. Ich wagte noch nicht, ihn anzusprechen, denn er brauchte in dieser Situation sicherlich jede Minute Schlaf, die er bekommen konnte.

Da lagen wir nun mitten in der Wildnis in unserer synthetischen Unterkunft. Wie ein blaßgelber Baldachin wölbte sich das Zeltdach über mir. Es mußte sehr kalt sein, denn die Feuchtigkeit unseres Atems war am Zeltstoff kondensiert. Hier und dort entdeckte ich einen dunklen Fleck auf den Schlafsäcken. Sie stammten wohl von Wassertropfen, die sich im Laufe der Nacht aus den mikroskopisch kleinen Kondenströpfchen gebildet hatten, die dann herabgefallen waren.

Bei den modernen Kunstfaserschlafsäcken war das jedoch in diesem Maße nicht schlimm. Im Gegensatz zu Daunen, die bei Nässe leicht verklumpen und einen Großteil ihrer Isolationswirkung einbüßen, verlieren diese Fasern von ihrer Wärmerückhaltefähigkeit nur sehr wenig.

Ich sah zu Sabine hinüber. Sie machte der Bezeichnung »Mumienschlafsack« wieder einmal alle Ehre, denn nur ihre Nase, die Oberlippe und ein paar Strähnen ihrer Haare schauten aus dem dunklen Blau des Nylonstoffes hervor.

Dann hielt ich es nicht mehr aus im Bett, ich wollte aufstehen und Lappland einen Guten Morgen wünschen. Vorsichtig schälte ich mich aus meinem Schlafsack, immer darauf bedacht, die Zeltwände nicht zu berühren. Es ließ sich jedoch kaum vermeiden und prompt entstand ein naßkalter Fleck auf meinem Rücken. Bei jeder Berührung des Zeltes lösten sich einige Tropfen und fielen auf uns herab.

Den kurzen Moment, den ich mit nacktem Oberkörper im Zelt saß, fand ich nicht unbedingt erfrischend. Ein Bad im kalten Fluß wäre mir lieber gewesen als der unangenehme, klatschnasse Nylonstoff auf der Haut.

Auch an diesem Dienstagmorgen war der Himmel wieder blau. Das gute Wetter war so ziemlich das einzige, was uns nicht im Stich ließ! Abgesehen von den knackigen Nachtfrösten bis - 10° C blieb es heiter bis wolkig und durchweg trocken.

Ich griff nach meinen Wanderschuhen. Ein Seufzer entfuhr mir, denn trotz der gestrigen Trockenaktion waren alle Schuhe bretthart gefroren und zur Zeit noch nicht verwendbar. So blieb mir nichts anderes übrig, als vorerst mit den leichten Turnschuhen Vorlieb zu nehmen.

Ächzend beugte ich mich zum Boden, um den Reißverschluß an der Apside zu öffnen und mühsam nach draußen zu kriechen.

Als ich endlich im Freien stand, glaubte ich mich in ein Wunderland versetzt. Sämtliche Blätter an den Birken, alle Sträucher, Gräser und Moosbulten* waren von Myriaden kleiner und kleinster Eiskristalle bedeckt und glitzerten im Licht der Morgensonne wie Juwelen und Edelsteine. Es war immer noch weit unter Null Grad Celsius.

Ich setzte meine ersten Schritte äußerst zaghaft, um diese winzigen Wunderwerke nicht zu zerstören - der Anblick dieser gezuckerten Wildnis machte mich rundherum zufrieden.

Eine Weile ging ich durch den Wald, um die beruhigende Stimmung dieses goldenen Herbstmorgens zu genießen. So lange die Sonne den Reif noch nicht aufgetaut hatte, wurden die Turnschuhe nicht naß und es reichte aus, in Bewegung zu bleiben, um keine kalten Füße zu bekommen. Ich schlenderte ziellos umher und versuchte, soviel mit den Augen zu stehlen wie möglich.

Unweit des Zeltplatzes entdeckte ich kurze Zeit später einen Anblick, der traumhafter kaum sein konnte: Vor mir lag eine Nebelbank über dem Rand eines Moores, die Umrisse der Fichten verschwanden nach hinten schemenhaft im Dunst, während die nasse Moorfläche davor bereits im Morgenlicht glitzerte. Die blendend weißen Stämme der wenigen Fjällbirken standen im deutlichen Kontrast zum dominierenden Dunkelgrün der

*) Moosbulten = Moosbuckel, die sich ein wenig über die Mooroberfläche erheben

Fichten. Die Besenheide, die hier überall reichlich vorkam, erschien rosarot, obwohl die Blüte längst vorüber war. Flache Wolkenbänke schwammen leicht auf dem grenzenlosen Himmel, abwechselnd weiß und graublau. Ihre Form erinnerte mich an die Dünung des Meeres. Welch eine königliche Belohnung für die bestandenen Mühen! Lappland lächelte uns entgegen!

Ich ergötzte mich lange an dem berauschenden Bild und vergaß die Kälte und die Zeit. Alles um mich herum war unwirklich - geisterhafte Konturen und unbestimmbare Farben. Farben - kam es mir in den Sinn - Farben sind nichts weiter als eine Illusion, oder besser, eine Fiktion unseres Gehirnes. Farben existieren nicht wirklich da draußen, sie existieren nur in unserem Inneren und stimmen uns froh oder lustig, traurig oder aggressiv.

Welch ein verrückter Gedanke! Alles, was man hier sah, entsprang natürlich der Realität. Dennoch waren diese Sinneseindrücke nur äußerst unvollkommen - ein winzigkleiner Ausschnitt von einem weitaus vielfältigeren Ganzen auf der Mattscheibe unseres Inneren. Ich mußte schmunzeln bei dieser Erkenntnis. So war diese wunderbare Landschaft eigentlich gar nicht wirklich da draußen, sondern vielmehr in mir drinnen: Als verzerrtes, vereinfachtes und angepaßtes Trugbild meines …? Ich stutzte, …meines Gehirnes oder meines Geistes oder meiner Seele? Ich wußte keine Antwort darauf.

Mir wurde wieder einmal klar, wie gering doch unser Wissen ist und wie »menschengemacht« die wenigen Antworten sind, die wir zu kennen glauben.

Alles scheint sich um uns zu drehen, wir fühlen uns als Mittelpunkt des Geschehens und als Maßstab aller Dinge. Eine Maus ist klein, ein Wal ist groß - ein Jahr ist kurz, 100 Jahre sind lang. Ist nicht die Maus ein Gigant für ein Bakterium und sind nicht 100.000 Jahre im Universum eine verdammt kurze Zeit?

Ich nahm mit dem Zeigefinger einen Wassertropfen von einem Blatt und sah darin die Sonne und den Himmel. Das ganze Firmament auf den Rillen meiner Fingerkuppe! Ich betrachtete noch eine Weile diesen Tropfen und schwelgte weiter in meinen Gedanken.

Was war das, was ich dort auf meinem Finger trug? War es Wasser - ein flüssiger Stoff, durchsichtig und lebensnotwendig? Oder war es eine seltsame Verbindung von zwei Gasen? Oder war es vielmehr eine unglaubliche Ansammlung von Atomen und Elektronen - umgeben von einer anderen Ansammlung von Atomen und Elektronen, getragen von wieder einer anderen Ansammlung von Atomen und Elektronen? Oder war es gar ein Stoff, der in seiner Grundsubstanz aus den gleichen kleinsten Bausteinen bestand wie mein Finger auch? Aus demselben Urstoff wie das Blatt, auf dem er zuvor gesessen hatte oder wie der Stein, auf dem ich stand?

Was hatte ich noch über Quantenphysik gelesen? Die kleinsten Bausteine der Materie sind nach heutigem Wissenstand die Quarks. Und egal, welches Material man analysiert, diese Quarks sind überall absolut identisch - *eine Handvoll Urmaterie oder vielleicht nur ein einziger Stoff!*

Ist nicht insofern alles aus demselben Material? Der Stein wie das Fleisch, im Innersten identisch? Gibt nur unser Bewußtsein den Dingen ihre unterschiedlichen Eigenschaften, damit wir den Stein vom Fleisch unterscheiden können und uns in dieser Welt zurechtfinden und überleben? Welch eine faszinierende Vorstellung überkam mich mit einem Mal... War am Ende all die grenzenlos erscheinende Vielfalt in Wirklichkeit ein und dasselbe Phänomen?

Ich richtete meinen Blick wieder auf das nebelverschleierte Moor und langsam verloren sich meine Gedanken in der berauschend schönen Szene meines »Seh-Bewußtseins«...

Im Urwald

Ich kehrte zum Zelt zurück. Gerade war Martin aufgestanden. Ich begrüßte ihn euphorisch und ich drängte ihn, mir zu folgen. Er sollte unbedingt auch in den Genuß dieser Aussicht kommen.

»Ist Sabine auch wach?«

»Ja, sie hat mich schon ganz frech aus ihrer Koje angegrinst.«

»Biene! Kommst du auch raus?« rief ich ins Zelt hinein.

Doch es ertönte nur ein leises Grummeln. Ich versuchte sie mit Engelszungen herauszulocken, aber sie zog es vor, den warmen Schlafsack noch nicht zu verlassen.

Nach einem zweiten Spaziergang mit Martin wandten wir uns den eingefrorenen Schuhen zu. Langsam bekam ich kalte Füße in den Turnschuhen. Doch es war nahezu unmöglich, die Wanderschuhe anzuziehen. Vor allem Sabine kam einfach nicht in ihre hohen Lederstiefel hinein. Eisige Kälte schien die Füße augenblicklich zu lähmen und das Leder drohte zu brechen, wenn man es zu hart anfaßte. Wir wußten uns schließlich keinen anderen Rat, als erneut ein Feuer anzuzünden. Es kostete zusätzliche Zeit, aber es war unvermeidlich! In den harten Schuhen hätten wir ansonsten in kürzester Zeit Blasen bekommen. So wurde ein kleines Feuer angezündet und jeder ging seinen morgendlichen Beschäftigungen nach.

Die Apside am Zelteingang, die uns als *Nachtschrank* für das Gepäck diente, sah am Morgen immer völlig chaotisch aus. Ich suchte verzweifelt nach der Butter und meinem Messer.

»Dein Messer liegt noch hier neben deinem Schlafsack,« drang eine mir wohlbekannte, weibliche Stimme aus dem Innern des Zeltes.

Im Schatten der Brücke schöpfte ich anschließend mit meinem Trinkbecher etwas Wasser aus dem Fluß und putzte mir die Zähne. Selbst diese Nebensächlichkeit des alltäglichen Lebens ist hier oben etwas Besonders, das ich mit diebischer Freude genoß!

Einige Zeit später saßen wir neben den gepackten Rucksäcken und löffelten unser Morgenmüsli aus Haferflocken, Cornflakes, Trockenmilchpulver und anderen staubtrockenen, denaturierten Nahrungsmitteln.

Sabine kam auf den Gedanken, die Knäckebrote für die Mittagsrast bereits jetzt zu schmieren, damit sie ein bißchen Feuchtigkeit ziehen konnten und dadurch weicher wurden. Das erwies sich jedoch als ausgesprochen schwierig, weil die Butter durch die Kälte steinhart geworden war und sich absolut nicht mehr verstreichen ließ. Im Gegenteil: Einige der knackigen Brote zerbrachen dabei. Mit gemischten Gefühlen sahen wir den »Soft-Knäcke-Häppchen« entgegen, die es nun zu Mittag geben würde.

...Es dauerte einige Stunden, bis wir alle Notwendigkeiten erledigt, alle Dinge eingepackt und in den Rucksäcken verstaut hatten. Ein letzter Blick zurück zur Schlafstelle und frisch gestärkt brach ein neuer Wandertag an.

Unsere heutige Etappe begann bei bester Laune. Wir überquerten die Holzbrücke über den Fluß. Diese Brücke erweckte allerdings nicht gerade unser Vertrauen. Sie mochte schon sehr alt sein und erinnerte mit ihrem flechtenübersäten, teilweise morsch wirkenden Holz nicht im geringsten an die kühnen und strotzenden Hängebrückenkonstruktionen aus Metallrosten und Stahlseilen, die in den *Trekkingrevieren* des Schwedischen Touristenvereines allenthalben anzutreffen sind.

Hinter der Brücke konnten wir ohne Probleme auf einem nicht eingezeichneten Weg weitergehen, der genau unserer Route entsprach. Insgeheim hatten wir auf diesen Weg gehofft, denn wo eine Brücke ist, sollte man auch auf beiden Seiten Pfade annehmen können. Doch schon nach wenigen Minuten mußten wir feststellen, daß diese Logik hier nur bedingt zutrifft, denn der Weg verlor sich im Wald und wir standen wieder einmal im »Nichts«.

Der Blick auf die Karte zeigte uns das östliche Ende des Satihaure, genannt Patatj, das sich in drei schmale Arme aufteilte. Dort mußten wir zuerst entlang. Auch ohne Weg gelangten wir recht bald zur ersten Bucht. Vorbei an den letzten Kiefern vor dem Ufer, auf einen Hügel hinauf und der Blick auf den See lag frei.

»Könnte das vielleicht rein zufällig ein Moor sein, was sich da vor dem See ausbreitet?«

»Sieht ganz danach aus. Aber es regnet schließlich nicht, es ist noch früh und wir brauchen doch auch ein wenig Abwechslung, oder?!«

»Hmmm,« brummte Martin nur.

Das Moor war sicherlich durch die zunehmende Verlandung des Sees in Jahrtausenden entstanden.

Trotz der mühsamen Durchquerung war das Moor an dieser Stelle unser kleinstes Problem. Zu diesem Zeitpunkt war uns das jedoch nicht klar. Weitaus folgenschwerer war ein Orientierungsfehler, den wir hier begingen. Wir hielten diesen Arm des Sees für die erste der insgesamt drei Buchten, obwohl es tatsächlich bereits die zweite war!

Solch ein Trugschluß kann in unübersichtlichem Gelände durchaus ab und zu passieren. Die regelmäßige »Erfolgskontrolle« mit Karte und Kompaß deckt normalerweise solche Irrtümer schnell auf.

Doch ein erneuter Fehler verschlimmerte später diesen Patzer noch und wurde uns zum Verhängnis!

Vorerst merkten wir nichts davon und die Durchquerung des Sumpfes nahm unsere ganze Aufmerksamkeit in Anspruch.

Vom Charakter her hatten wir es mit einem Durchströmungsmoor zu tun; mit üppigem Buschbewuchs, stark wasserführend und mit tiefen Rinnen dazwischen. Dazu kamen die bis zu 50 Zentimeter hohen, aber kaum »fußbreiten« Bulten der Wundersegge. Sie ragten zwar deutlich aus dem Wasser heraus, man erkannte aber nie, ob die Bulten uns tragen würden oder nicht. Manche kippten seitwärts um, andere sackten in sich zusammen und einige schwankten unkontrollierbar hin und her. Irgendjemand prägte für diese Gebilde den Begriff »*Ikea-Hocker*«, den wir von da an noch des öfteren benutzten.

Die Polarweiden mit ihrem samtig blaugrünen Laub, das auf rötlichbraunen Ästen saß, boten einen wunderschönen Anblick, wie sie so im leichten Wind hin- und herwiegten. Uns blieb jedoch keine Zeit und Ruhe, die Schönheiten dieses Moores zu genießen. Wir mußten uns auf unseren »ungewollten Kampf« konzentrieren! Wieder einmal kamen wir nur Meter für Meter voran. Den Blick zu Boden gerichtet und ständig auf der Hut vor einer bösen Überraschung unter den Füßen.

Als wir endlich drüben angekommen waren, kam Martin auf den Gedanken, für die weitere Tour Wanderstöcke zu verwenden. Ich nahm den Vorschlag dankbar an. Nur bei Sabine war der Stecken verpönt und sie verzichtete darauf. Sie war ohnehin die geschickteste von uns Dreien im Durchqueren von Mooren. Die Stöcke waren schnell geschnitten und leisteten uns fortan ausgezeichnete Dienste.

Unsere Füße hatten bald wieder ihren gewohnten Aggregatzustand, lauwarm und tropfnaß. Ich konnte mich nicht damit abfinden und beschloß, die Zeitung in den Schuhen zu erneuern. Das war leichter gesagt als getan, denn ich mußte feststellen, daß unzählige kleine Reste der letzten *Packung* noch an den Strümpfen klebten. In mühevoller Kleinarbeit begann ich das Papier abzuzupfen. Nicht lange, da sah ich, wie Sabine das Problem einfach ignorierte und im Nu die Schuhe wieder angezogen hatte. Was soll´s, dachte ich mir, und tat es ihr schließlich gleich.

Hier oben lernt man schnell, kleine Probleme einfach zu ignorieren.

Die Durchquerung des Moores hatte uns einige Kraft gekostet, wir waren hungrig geworden. Zur Deckung des Energiebedarfs auf der Tour befanden sich allerhand nahrhafte Kleinigkeiten im Gepäck: Eine Tafel Schokolade pro Person und Tag, Erdnüsse, Mandeln, Trockenobst und Pistazienkerne (ein besonderer Leckerbissen!). Dazu eine Unzahl süßer Riegel.

Von unserer heimischen Vollwertkost war nichts zu sehen. Kein frisches Obst und Gemüse, kein Joghurt und kein Vollkornbrot. Die paar Waldbeeren, die wir hier und da im Laufschritt pflückten, boten leider auch keinen ausreichenden Ersatz.

Stattdessen frönten wir dem größten Feind der Vollwerternährung - dem Zucker: Ernährungsphysiologisch völlig wertlos - nichts als pure Kalorien.

Es ist paradox, aber genau das braucht man auf einer Trekkingtour: Energiereiche Nahrung, die schon in kleinen Mengen satt macht und die nicht schlecht werden kann.

In dieser einen Woche aßen wir mehr Süßigkeiten als zu Hause in einem ganzen Jahr.

Meine beiden Freunde machten sich nach diesem Imbiss noch einen Spaß mit mir, der uns später wie eine Ironie des Schicksals erscheinen sollte. Damit ich niemals die Orientierung verlöre, schenkten sie mir einen verschlossenen Briefumschlag mit geheimnisvollem Inhalt. Ich öffnete ihn gespannt und fand darin die Kopie einer Broschüre der Lufthansa. Die Broschüre trug den Titel »*Lufthansa-Bordbuch*« und enthielt eine Weltkarte mit den Linien dieser Fluggesellschaft. Ich lachte laut los und schimpfte die beiden eine nachtragende Saubande!

Um den Spaß zu verstehen, muß man wissen, daß ich einmal auf einem Besuch bei Martin genau diese Broschüre in die Finger bekommen hatte und nach einigem Herumblättern etwas voreilig und allen Ernstes gefragt hatte, ob die Flugkapitäne tatsächlich dieses *Handbuch* zur »ersten, allgemeinen Groborientierung« benutzen. Das war natürlich ein gefundenes Fressen für Sabine und Martin, die sich vor lauter Freude kaum noch beherrschen konnten und noch tagelang über mich lachten. Der Gag war wirklich gelungen, als sie nun hier in der Wildnis das besagte Bordbuch hervorzauberten und mir unter die Nase hielten.

Aber es mutet schon seltsam an, daß dieser Spaß zufällig genau zu dem Zeitpunkt kam, an dem uns soeben tatsächlich der größte Orientierungsfehler passiert war!

Nach einem trockenen, bewaldeten Hügel trafen wir auf das nächste Moor. Es war wieder der Ausläufer einer Seebucht. Nach unserer Meinung war das (folgerichtig) der mittlere Arm, in Wirklichkeit aber war es bereits der dritte!

Nach der Überquerung dieses Moores gingen wir zügig nach Norden und rechneten jeden Moment damit, auf die letzte Bucht zu stoßen. Zuerst machte es uns stutzig, das sie nicht schon nach kurzer Zeit zu sehen war. Als wir jedoch plötzlich die Andreaskreuze des eingezeichneten Schneescooterweges im Gelände sahen, zerstreuten sich unsere Bedenken. Ohne einen prüfenden Blick auf die Karte verließen wir uns auf diesen Weg und folgten ihm eine Zeitlang in Sichtweite. Winterwege führen häufig durch Sümpfe und Seen mitten hindurch, so daß es für uns leichter war, parallel dazu auf trockenerem Terrain zu gehen.

Obwohl wir bereits früher die Erfahrung gemacht hatten, niemals einem eingezeichneten Weg gänzlich zu trauen, zweifelten wir auch dann nicht an der Richtigkeit der Wegführung, als er deutlich zu stark nach Westen abwich und die vermißte Bucht immer noch nicht aufgetaucht war…

Hier lag unser zweiter Fehler, denn der See hätte schon längst wieder vor uns liegen müssen.

Wir gingen ein flottes Tempo und freuten uns über das schöne Wetter und das unschwierige Gelände, das von lichtem Kiefernwald zu grasbewachsenen Freiflächen wechselte. Bevor erneute Zweifel uns zur Vorsicht mahnen konnten, tauchte der See schließlich vor unseren Augen auf. Kein Gedanke an einen Orientierungsfehler, denn der Scooterweg endete an dieser Bucht - so wie es auch auf der Karte eingezeichnet war.

Spätestens an dieser Stelle hätten bei uns die Alarmglocken schlagen müssen! Eine Winkelpeilung zu zwei markanten Bergen hätte uns gezeigt, daß wir bereits zwei Kilometer weiter westlich an einer völlig anderen Bucht standen als vermutet. Sofort wäre uns dann klar geworden, daß der Scooterweg auf der Karte nicht richtig eingezeichnet war. Weil wir mit so etwas natürlich absolut nicht rechneten, nahm das Schicksal seinen Lauf!

Da wir uns in Sicherheit wägten, wählten wir den traumhaft schönen Platz am See für eine Pause aus. Sie war wirklich verdient. Wir warfen die Rucksäcke von den Schultern, stellten sie im Dreieck aufrecht aneinander und machten es uns im Gras bequem.

Beim Anblick des grandiosen See-Panoramas durchströmte mich einmal mehr ein überschwengliches Glücksgefühl. Ich genoß die grenzenlose Freiheit und fühlte mich in die entlegendste Wildnis Alaskas versetzt. Diese Landschaft hier erinnerte mich an die fantastischen Bilder, die ich in teuren Bildbänden gesehen hatte.

Ich räkelte mich auf dem Boden und lehnte mich genüßlich zurück. In diesem Moment drang der Fetzen einer Unterhaltung zwischen Sabine und Martin an mein Ohr:

»...kann ich es gar nicht hoch genug einschätzen, daß bei meiner Arbeit...«

Wenn ich jetzt eines nicht wollte, dann war das über die Arbeit reden! Ich versuchte wegzuhören, aber der Schatten des Arbeitsalltages hatte sich bereits über meine Gedanken gelegt. Jäh endete der Traum vom freien Leben und ich sah mich an meinem Schreibtisch in der Bank sitzen und Listen aushaken.

Es ist ein guter und sicherer Job, um sich den Lebensunterhalt zu verdienen. Immerhin verdanke ich ihm die Möglichkeit, auch neben dem Jahresurlaub noch einen Kurztrip nach Lappland zu unternehmen! Aber in diesem Moment konnte ich mir wahrlich schöneres vorstellen als gerade die Bank.

Seit meiner Kindheit habe ich den Traum vom naturverbundenen Leben geträumt. Mein ganzes Streben spielte sich schon immer draußen ab und nicht in geschlossenen Geschäftsräumen mit Klimaanlage und Neonlicht! Dennoch wurde ich - welche Ironie des Schicksales -, Banker.

War ich heute unzufrieden damit? Ehrlich gesagt, ich weiß es nicht! Es gibt sicher viele Berufe, die wesentlich schlechter sind.

Eines ist jedoch sicher: In meinem Herzen werde ich immer ein *Waldläufer* sein und niemals ein Banker! Und deshalb wollte ich so wenig wie möglich daran erinnert werden, wenn ich mich in Lapplands Wildnis befand!

Nach der Eßpause stellten wir unsere neue Marschrichtung am Kompaß ein und gingen los; in sehr gutem Tempo, immer in nordwestlicher Richtung parallel zum Seeufer. Der grobe Richtungsverlauf des Ufers war hier in etwa so beschaffen wie auch dort, wo wir uns fälschlicherweise vermuteten. Zudem gab es keinerlei Hinweise wie Steigungen, Bäche, Moore oder ähnliche Landmarken, die unsere Desorientierung noch rechtzeitig aufgedeckt hätten - außer... einem gut erkennbaren Pfad, den wir sehr bald kreuzten (!)

Nach unserer Meinung verlief er jedoch in die falsche Richtung und es war schließlich noch viel zu früh, um auf den Pfad zu stoßen, den wir suchten... dachten wir Tölpel! Also verließen wir die Fährte nach kurzer Inspektion wieder und folgten weiter unserem einmal eingeschlagenen Kurs Nordwest. Das Schicksal nahm seinen Lauf.

Seit wir das erste Mal in Skandinavien gewesen sind, wissen wir, was ein richtiger Urwald ist. Was man in Deutschland als naturnahen Wald bezeichnet, ist dagegen eher eine verwilderte Baumpflanzung. Man käme schließlich auch nicht auf den Gedanken, einen streunenden Hauskater mit einem wilden Luchs zu vergleichen - Kater bleibt Kater!

Unsere aufgeräumten Forste müßte man eher *Holzplantagen* nennen denn Wald!
Sicherlich ist die Holzwirtschaft in Schweden weitaus schlimmer in ihren ökologischen Folgen als bei uns. Allein die viel schwereren Fahrzeuge und die riesigen Kahlschläge sprechen eine deutliche Sprache! Nur hier im hohen Norden nahe der Waldgrenze liegen noch einige unberührte Urwaldgebiete, die noch nie ein Holzfäller betreten hat.

Jetzt, nachdem wir uns einige Dutzend Kilometer von der Straße entfernt hatten, gelangten wir an den Rand eines der größten noch zusammenhängenden Urwälder Europas. Da wir uns auf der richtigen Route wähnten und kaum ein Hindernis unsere Schritte verlangsamte, hatten wir endlich einmal die nötige Muße, den Wald um uns herum bewußter zu beobachten.

Martin war zutiefst beeindruckt:

»Ich habe noch nie den allgegenwärtigen Kreislauf von »Leben und Sterben« so deutlich empfunden wie in diesen Wäldern mit ihren kräftigen, jungen Bäumchen, die direkt neben uralten, verwesten Baumleichen stehen. Und dann dieser herrliche, allgegenwärtige Geruch von Birkenholz!«

Vorwiegend Kiefern mit ein paar eingestreuten Birken standen hier. Der trockene Boden ließ nur eine lichte Vegetation zu, kein Gedanke an wirres Dickicht und üppigen »Dschungel«.

Wir kamen gut voran und merkten bald, daß wir uns in einem absolut jungfräulichen Wald befanden. Neben alten, knorrigen Bäumen mit langen Moosbärten an den Zweigen standen mannshohe Jungbäumchen und versuchten, sich an ihrem Platz zu behaupten. Manche wuchsen so dicht neben einem Alten, daß sie nicht senkrecht nach oben streben konnten und nur an einer Seite Zweige besaßen.

Andere wiederrum hatten das Glück, auf einer Lichtung zu stehen, die irgendwann einmal durch Schneebruch oder einen Sturm entstanden war. Niemand hatte die toten Bäume weggeräumt, niemand hatte die neuen Bäume gepflanzt. Sie hatten sich selbst gesetzt. Wo es möglich war, keimten die Samen und wuchsen heran. Kraftstrotzend entfalteten sie sich in alle Richtungen und eroberten so langsam - unendlich langsam -, die Fläche für den Wald zurück. Wo der Boden feuchter war, wuchsen Fichten dicht an dicht.

Wild durcheinander standen Jung und Alt, Dick und Dünn, Krumm und Gerade. Keine Axt oder Säge griff in dieses Gefüge verändernd ein. Niemand sammelte das Totholz, kein Holztransporter hinterließ seine Spuren im Wald.

Hier und da standen die Gerippe toter Bäume. Manche waren noch mit Fetzen abblätternder Rinde bedeckt, andere bereits völlig kahl. Ihr löchriges und rissiges Holz war sicherlich ein Paradies für die Vögel, die dort große Mengen verschiedenster Insekten finden konnten. Nicht wenige Leichen toter Bäume lagen im grünen Waldbeerteppich. Einige mochten erst vor kurzem gefallen sein und boten mit ihrem wirren Geäst dem Wild Deckung. Andere lagen schon viele Jahre am Boden. Vom Geäst war nichts mehr übrig und die niedrigen Kräuter, Pilze, Moose und Farne schlugen ihre feinen Wurzeln bereits in das schwammig-weiche Moderholz.

Von den Stämmen, die schon seit vielen Jahrzehnten an ihrem Ort lagen und die schon vollständig zu neuem Boden geworden waren, zeugten nur noch lange, schmale Hügel auf der Erde, die sich ansonsten nicht von der Umgebung unterschieden. War solch ein Hügel eher hoch als breit, wies das auf einen uralten Stumpf hin und wenn man genauer hinschaute, konnte man in seiner Nähe auch immer die langgestreckte Form des dazugehörigen Stammes entdecken.

Hier waren Leben und Tod, Werden und Vergehen noch in harmonischer Eintracht beieinander. Sabine zeigte jedesmal große Begeisterung, wenn sie wieder irgendwo eine »Babykiefer« fand, die direkt aus dem Holz eines toten Artgenossen hervorwuchs.

»Leben inmitten von Leben, das leben will« (Zitat Albert Schweitzer). Ich bin der festen Überzeugung, unsere deutschen Forste wären nicht so sterbenskrank, wenn sie noch ursprünglich gewachsener Wald wären: Keine ausgenutzten, ausgebeuteten, sortierten, geordneten und aufgeräumten Plantagen, wo Bäume ihr Dasein fristen - aber *der Wald* schon lange nicht mehr lebt!

Ein intaktes Ökosystem ist die erste Grundvoraussetzung für die Widerstandskraft gegenüber allen Schadeinwirkungen. So würde ein funktionierender, natürlicher Wald viel toleranter auf den Sauren Regen, das bodennahe Ozon im Sommer oder auf Schädlingsbefall reagieren. Doch wer weiß das schon? Wer hat jemals einen gesunden Urwald gesehen? Für viele Menschen ist der Wald gesund, wenn er grün ist - allen ermüdenden Schreckensmeldungen vom Waldsterben in den Medien zum Trotz.

Wir liefen und liefen und liefen, und vor allem Sabines Gefühl für die Zeit sträubte sich immer stärker gegen die Unbekümmertheit von Martin und mir. Als etwa anderthalb Stunden vergangen waren, seit wir den Winterweg an der Bucht verlassen hatten, richteten wir unsere ganze Aufmerksamkeit darauf, den Pfad zu finden. Wieder einmal war es eine Bucht des Sees, an der der Weg beginnen sollte, doch sie war weit und breit nicht zu sehen.

(In Wirklichkeit hatten wir sie ja bereits längst hinter uns gelassen. Es war jene Bucht, wo der Winterweg geendet hatte. Den Pfad hatten wir kurz danach überquert und ignoriert)

Wir gingen hier so weit vom Ufer entfernt, daß wir den See nicht sehen konnten (auch das war ein taktischer Fehler) und rechneten damit, bei unserer eingeschlagenen Richtung zwangsläufig auf die gesuchte Bucht zu stoßen. Nichts dergleichen geschah!

Sabine geriet langsam in Panik, je mehr sich der Verdacht mehrte, daß wir die Orientierung verloren hatten. Es tat mir weh, in ihr sorgenvolles Gesicht zu blicken und ich hätte nichts lieber getan, als ihr dieses zermürbende Gefühl zu nehmen. Seit der Blockmarkdurchquerung war uns immer klarer geworden, daß diese Tour mit den vorangegangenen Wanderungen einfach nicht mehr zu vergleichen war. Nichts war sicher, höchstens die Vermutung, daß wir noch viele Überraschungen erleben würden.

Irgendwann obsiegte Sabines Mißtrauen endgültig gegen die Richtigkeit der Route.

»Martin! Frank! Ihr lauft so unbekümmert immer weiter. Müßten wir nicht längst den Weg gefunden haben?«

»Na ja, im Grunde…«

»Wir laufen jetzt schon stundenlang nach Westen. Das kann doch nicht stimmen.«

»Frank hat die Karte. Er wird wohl wissen, wo wir sind.«

»Der kann sich auch irren. Ich habe Angst, das wir uns verlaufen haben.«

»Ach was! Wir wissen, wo der See liegt und daß der Weg parallel zum Ufer verläuft. Da kann man sich nicht verirren.«

»Gut, aber wir könnten viele Kilometer umsonst gegangen sein und viel kostbare Zeit verloren haben. Ich habe wirklich Angst. Wir haben nicht alle Zeit der Welt, das wißt ihr so gut wie ich. Irgendwann wird es dunkel und wir wissen nicht, wo wir dann sind? Wir können uns so etwas nicht erlauben... Zuhause wartet eine kleine Tochter auf mich, die ihren Papa und mich gesund wiedersehen möchte...«

»Keine Bange, es läuft doch fantastisch...«

»Doch Bange! Ich zittere vor Angst, daß wieder etwas schiefgeht. Ich will jetzt verdammt nochmal wissen, wo wir sind. Vorher gehe ich keinen Schritt weiter!«

»Vielleicht hat Sabine Recht. Es kann nicht schaden, einmal den genauen Standort zu bestimmen. Kannst du das nicht machen, Frank?«

»Das geht hier nicht. Ich müßte dazu am Satihaure stehen.«

»Dann gehst du eben zum Satihaure, du blöder Kerl!« stieß Sabine ärgerlich und zitternd hervor.

»Ich weiß doch gar nicht, wie weit das ist...«

»Hast du nicht eben noch großspurig behauptet, du wüßtest, wo der See liegt? Also hör endlich auf zu reden und geh hin! Sag uns, wo wir tatsächlich sind.«

»Das dauert...«

»Nein, nein, nein! Bitte, geh hin und tue es, sonst - sonst - sonst... Was soll ich denn bloß tun gegen so viel Sturheit. Ich habe solche Angst. Martin? Bitte, Frank!...«

»Ja, ist ja schon gut. Ich gehe..«

Ich warf den Rucksack ab und machte mich allein auf den Weg zum Ufer. Sabine reagierte über, war meine feste Überzeugung. Doch ich war nicht wütend auf sie, denn schaden konnte eine Ortsbestimmung sicher nicht.

Nach ungefähr zweihundert Metern erreichte ich den See. Wir hatten Rufsignale vereinbart - ein Schrei alle paar Meter -, um den Kontakt aufrecht zu halten. Hier am See konnte ich die Rufe von Martin und Sabine aber bereits nicht mehr hören.

Ich peilte zwei Berge, den Ruoktovaratj und unseren Blockmarkberg Passetjåkkå an, die etwa 45° auseinander lagen und die deutlich sichtbare

Gipfel aufwiesen. Unter diesen guten Bedingungen fiel die Peilung auf Anhieb so aus, daß sich die beiden gezeichneten Linien auf der Karte fast exakt am nördlichen Seeufer kreuzten. Doch was war das? Ich konnte kaum glauben, was ich da sah! Der Punkt, der entstanden war, lag wesentlich weiter westlich als unser vermuteter Standort! Ich peilte noch einmal, doch das Ergebnis änderte sich nicht. Sabines Ahnung war also richtig gewesen und mein Widerspruch viel zu voreilig. Vorsicht ist die Mutter der Porzellankiste!

Wir waren fast zweieinhalb Kilometer zu weit gelaufen und der Weg, den wir überquert hatten, war der Weg gewesen, den wir die ganze Zeit vergeblich gesucht hatten! Gut, daß meine Frau so ein feines Gespür für solche Dinge hat!

Als Sabine und Martin bei meiner Rückkehr erzählten, sie hätten das Rauschen eines Flusses gehört, zerstreuten sich auch die letzten Zweifel an meiner Annahme, denn nach der Berechnung mußte unweit westlich von uns ein Bach liegen. Ich bereute meine unbekümmerte Haltung von vorhin und entschuldigte mich bei Sabine.

Einerseits waren wir natürlich ziemlich enttäuscht über die sinnlos verschenkte Zeit, andererseits war insbesondere Sabine nun durch die wiedergewonnene Orientierung beruhigt.

Nun war es unsere Ziel, auf möglichst gerader Linie wieder auf den verpaßten Weg zu stoßen, ohne dabei in die Ausläufer der Råurekielas-Sümpfe zu geraten, die nordöstlich von uns lagen! Diese Aufgabe gelang uns dann mit Bravour!

Alle unsere Uhren befanden sich im Gepäck, denn normalerweise lassen wir sie bei jedem Wildnistrip im Rucksack verschwinden. Auf diese Weise gelingt die gesuchte Distanzierung von unserer Gesellschaft, die uns bedingungslos in ihr Terminkorsett einzwängt, viel einfacher.

Alle, die es einmal ausprobiert haben, berichten von denselben Erfahrungen. Es macht ungemein frei, zu essen wenn man Hunger hat, schlafen zu gehen, wenn man müde ist oder ohne schlechtes Gewissen erst am Mittag loszugehen - weil man den Mittag schlichtweg großzügiger definieren kann! Erst wenn die Uhr einmal nicht an ihrem gewohnten Platz ist, stellt man fest, wie oft man zum Handgelenk schaut; wie abhängig man von der Zeitrechnung ist. Für uns ist Zeitlosigkeit gleich Freiheit!

Normalerweise! In der momentanen Situation jedoch brauchten wir die Uhren als zusätzliches Meßgerät zur Orientierung. Sie leistete uns ausgezeichnete Dienste. Ich gab die Richtung und das Zwischenziel vor und Martin errechnete permanent, wann wir einen bestimmten Punkt erreichen müßten.

Schon bald hatten wir ein recht verläßliches Gefühl für unsere Geschwindigkeit und von da ab gelangen uns manchmal unglaubliche Vorhersagen.

...Jetzt kommt gleich links ein flacher Rücken, ...In zwei Minuten dürften wir rechts ein Moor streifen, ...Der Nadelwald müßte nach etwa 200 Metern den Birken weichen.

So erreichten wir den vermißten Samenpfad auf die berechnete Minute genau!

Von nun an waren wir den Fängen der Zivilisation wieder ein Stück näher gerückt. Die Zeit hatte ihren natürlichen Charakter verloren, weil sie wieder zählbar geworden war. Die Tour wurde zur Terminsache. Jedes Tagesziel war ein Termin, der den Erfolg oder Mißerfolg unserer Wanderung anzeigte. Je eher wir die Wildnis hinter uns ließen, desto eher würden wir wieder in Sicherheit sein!

Martin atmete erleichtert auf, die »Rennstrecke« durch den Wald hatte einige Kraft gekostet.

Auf und Ab

Vor uns lag die große, von Zwergsträuchern und wenigen Birken bestandene Ebene des Råurejaureh. Am Horizont erhob sich ein einzelner Berg, wie er kaum typischer sein konnte für Lappland - der Ritelpakte. Seine Silhouette stieg auf der einen Seite sehr gleichmäßig und sanft in einer fast perfekten Parabel an und fiel dann an der Westseite jäh und nahezu senkrecht wieder ab. Die hobelnden Eismassen der Eiszeiten hatten vor Jahrtausenden sein Gesicht geprägt. Wir entnahmen der Karte, daß es sich um den Ritelpakte handelte. Der Anblick dieses Berges würde uns nun lange Zeit begleiten, denn er thronte wie ein einsamer König über der weiten Ebene.

Einen kurzen Moment gönnten wir uns eine Pause. Wir setzten uns auf einen Baumstamm oder ins Gras und stopften Unmengen von Keksen und Schokolade in uns hinein. Immer wieder wanderten unsere Blicke zu dem faszinierenden Berg, über den hin und wieder die Schatten der Wolken strichen. Wie eine Flotte von Wikingerbooten trieben die weißen Wolken über den blauen Himmel.

Nach diesem Gewaltmarsch zeigten sich bei mir die ersten wunden Stellen an den Füßen. Ich kramte das Leukoplast aus dem Rucksack, zog Schuhe und Strümpfe aus und richtig: An meiner linken, großen Zehe wölbte sich eine dicke, wassergefüllte Blase. Da konnte nur das Messer helfen. Ein kleiner Schnitt behob die Schwellung in Sekunden. Ich hatte die Signale meiner Fußsohlen zu spät beachtet. Um Blasen zu vermeiden, sollte man schon bei den ersten Anzeichen einer Druckstelle mit Leukoplast vorbeugen. Zum Glück war es noch keine Blutblase und ich stellte beruhigt fest, daß meine Füße ansonsten ganz gesund aussahen.

Auch Sabine und Martin klagten über kleinere Wehwehchen. Wie gut, daß es nichts Schlimmes war! Verstauchte Füsse, Sehnenscheidenentzündungen, Zerrungen und Ähnliches konnten wir uns nicht erlauben.

Seit der letzten Bucht am See hatten wir nur lichten und ebenen Kiefernwald durchquert, ohne auf größere Hindernisse zu stoßen. Daher hielt sich unser Zeitverlust von stark einer Stunde für die 4,5 km Umweg in Grenzen. Bei schwierigeren Verhältnissen hätten ohne weiteres drei Stunden daraus werden können. Dennoch schmerzte der Umweg.

Die Zeit war wie eine Zwangsjacke. Obwohl es im Grunde nicht darauf ankam, wann wir am Bahnhaltepunkt ankommen würden, konnten wir uns dem Zeitstreß nicht entziehen. Wer konnte in die Zukunft schauen, ob es nicht morgen Schnee geben würde oder ob irgendetwas uns aufhalten würde? So setzten wir alles daran, so schnell wie möglich voran zu kommen.

Selbst der heutige Tag war noch lange nicht zu Ende und es konnte noch vieles geschehen! Gut, daß wir zu diesem Zeitpunkt noch nicht wußten, was uns noch alles bevorstand! Das Unglück nahm seinen Lauf.

Wir packten die Schokoriegel weg und halfen uns gegenseitig, die schweren Rucksäcke wieder aufzusetzen. Weiter ging es - weiter -, immer weiter.

Über einen kleinen Bach waren wir mit zwei Sätzen hinweg. Wir füllten kurz unsere Wasserflaschen auf, ohne die Rucksäcke abzusetzen und nahmen die Fährte wieder auf.

Gut sichtbar führte uns der Pfad hinunter durch die flache Moorsenke, in deren Mitte der kleiner Fluß Riteljåkkå lag.

Doch wir konnten dem Weg nur wenige hundert Meter folgen, als er sich bereits wieder verlor. Möglicherweise gab es hier mehrere Routen durch das Moor und vielleicht ging der Weg auf der anderen Seite auf trockenem Boden weiter?! Wir hofften es zumindest!

Da wir mittlerweile »moorerprobt« waren, machte uns die feuchte Senke wenig aus; nur der Fluß bereitete uns Kopfzerbrechen. Würde er ohne eine Brücke einfach zu überqueren sein, oder sollte es wieder viel Zeit und Mühe kosten, eine geeignete Watstelle zu finden?

Wir hatten Glück! Zufällig traf Martin ohne Umwege direkt auf die einzige Stelle weit und breit, an der ein paar Findlinge im Wasser die Überquerung ohne eine Wat ermöglichten. Nur ein Sprung vom letzten Stein ans andere Ufer war nötig. Wir meisterten ihn alle. Vielsagend blickten wir uns an, als wir feststellten, daß das Wasser mehr als 80 Zentimeter tief war.

Wir setzten unseren Weg quer durch das Moor fort. Ein paar wirre Polarweiden machten das Vorwärtskommen recht mühsam, doch Bultenhüpfen blieb uns dieses Mal erspart.

Die »Waldinsel«, die vor uns ins Moor hineinragte und der Rentierzaun, auf den wir bald stießen, stimmten genau mit den Angaben aus der Karte überein. Unsere Vermutung, der Weg würde hier weitergehen, war nicht ganz falsch, denn zwei Steinmännchen zeugten davon, daß wir uns wieder genau auf der richtigen Spur befanden. Doch außer diesen Markierungen war nichts anderes von dem Weg zu erkennen! Der nackte Fels, der hier überall zutage trat, war wohl Schuld daran, daß die Füße der Wanderer keine bleibenden Spuren hinterließen. Apropos Wanderer: Wenn überhaupt, dann waren es wahrscheinlich ausschließlich Samen, die hier ab und zu vorbeikamen, um die Zäune instandzuhalten. Die Illusion, daß hier auch andere Menschen *just for fun* wandern gingen, hatten wir längst verloren.

Wir legten die Rucksäcke ab und schoben sie unter dem Zaun hindurch. Man konnte den Draht etwas anheben. Wir selbst machten es nicht anders und robbten auf dem Bauch hindurch.

Auch auf der anderen Seite des Zaunes fanden wir den Pfad nicht wieder. Es gab auch keine steinernen Wegweiser mehr, so sehr wir auch suchten. Unverrichteter Dinge trotteten wir also wieder einmal weglos durch den Wald.

Auf unserer Route über den flachen Berghang des Roavvevárri müssen wir den Pfad vermutlich ein paar Mal gekreuzt haben, ohne es zu bemerken - vorausgesetzt, die Kartenangaben stimmten. Offensichtlich stimmten sie nicht - oder nicht mehr!

Wie fast zu erwarten, führte unsere Querfeldeinwanderung uns erneut mitten hinein in das unberechenbare Abenteuer!

Der Anblick, der sich uns bot, als wir aus dem Wald heraustraten, war wie ein Schlag auf den Hinterkopf. Wir standen zwischen mannshohen Felsen, »Ikeahockern« und nassem Birkenbruchwald. Vor uns lag ein unübersichtlicher und struppiger Birken-Weidensumpf mit tiefen Rinnen und wassergefüllten Senken. Doch wir hielten nur kurz inne, um uns zu beraten. Hatten wir eine andere Wahl?

»Oh nein, es darf nicht wahr sein. Was kommt denn auf dieser verfluchten Tour noch alles auf uns zu?« stieß ich hervor.

Im Moment war Sabine erstaunlich gefaßt:

»Laßt uns dort drüben den Weg über die Felsen nehmen, bis auf den

Hügel hinauf. Der Sumpf sieht tückisch aus. In dieser Senke könnte er sehr tief sein.«

»Sabine hat recht! Und der Birkenbruch da hinten steht links wie rechts. Da gibt es sicher kein Durchkommen.«

Nur mühsam kamen wir voran - stolpernd und balancierend. Mehr als acht Kilometer trennten uns noch von unserem geplanten Lagerplatz und die Sonne stand bereits recht tief.

Im Bruchwald machten hervortretende Wurzeln, die »Fußangeln« der Polarweiden und tiefe Rinnen die Durchquerung zu einer kräftezehrenden Tortour. Nein - wir hatten keine andere Wahl!

Die Situation erforderte hundertprozentigen Einsatz und ich war mit keinem Gedanken zu Hause. Wir konnten uns in diesem Moment keine wehmütigen Phantasien erlauben. Nur für die Hoffnung auf ein baldiges Ende dieser katastrophalen Wegverhältnisse und auf einen erleichterten Jubelschrei, wenn unsere Füße wieder ebenen, trockenen Boden berühren würden, war in einer Ecke unseres Gehirnes ein kleines Plätzchen frei.

Nach der elend langen Sumpfwaldstrecke, die uns sehr viel Kraft kostete - man konnte kaum an einer Stelle mit beiden Füßen nebeneinander stehen - wurde der Wald endlich lichter. Vor allem stockte er hier auf trockenem Boden und wir empfanden es als äußerst angenehm, nun nicht mehr ständig auf die Erde schauen zu müssen, um zu sehen, wo man hintreten konnte und wohin nicht!

Doch schon entstand ein neues Problem!

Eine genaue Ortsbestimmung war hier kaum möglich, da wir keine klar identifizierbaren Berge sehen konnten. Wir konnten den Kompaß drehen und wenden wie wir wollten, es nutzte alles nichts. Selbst das Einnorden der Karte, worauf wir sonst verzichteten, brachte kein Licht ins Dunkel. Es blieb uns keine andere Wahl, als der ursprünglich eingestellten Marschrichtung auch weiterhin zu folgen. Andernfalls war die Gefahr des Verirrens erst recht gegeben. Noch gab es keinen Hinweis darauf, daß wir uns verlaufen hatten. Noch war es nur ein unsicheres Gefühl, das uns quälte.

Wir warteten sehnsüchtig auf den Moment, wo wir den Jårpasåkasjaure sehen würden. Dieser See würde unsere erste eindeutige Landmarke seit vielen Kilometern sein. Es ist schon eine schwierige Aufgabe, zielsicher durch einen Wald zu »tappen«, der überall das gleiche Gesicht hat! Und unerbittlich verrann die Zeit!

Nach einer ganzen Weile, die uns wie viele Stunden vorgekommen war, in denen wir nichts als Bäume gesehen hatten, tauchte der See unvermittelt aus dem Dickicht vor uns auf. Noch nie hatte uns der Anblick eines Sees so erfreut, denn tief im Innern nagten wieder die Zweifel, ob wir uns nicht wieder verlaufen hatten. Nun munterte es uns ein klein wenig auf, daß wir trotz des unübersichtlichen Geländes recht genau navigiert hatten.

Das Ausmaß unserer Misere wurde dadurch jedoch nicht kleiner und das war uns permanent bewußt, denn bei jedem Hindernis rechneten wir erneut unsere Chancen aus, den Zug in die Heimat zu erreichen. Würden wir überhaupt jemals am Ziel ankommen? Oder sollten wir hier irgendwo in der Einsamkeit verrecken? In manchen Situationen erschien uns diese Möglichkeit durchaus real, wenn ich auch im Grunde nicht mit dem Schlimmsten rechnete. Doch welcher tote Autofahrer hat schon damit gerechnet, bevor der Unfall passierte?!

Der Tag ging unweigerlich dem Ende entgegen und so waren wir gezwungen, uns langsam einen geeigneten Zeltplatz zu suchen. Das Etappenziel - oder besser gesagt - das bereits vorverlegte Ziel, rückte damit in unerreichbare Ferne. Und weil der Tag schon so viele Probleme mit sich gebracht hatte, durfte ein abendliches Finale natürlich nicht fehlen.

Kommen wir zum Höhepunkt der Spannung an diesem gewöhnlichen, lappländischen Dienstag:

Durch das Moor

Für einige kurze Teilstrecken fanden wir den vermißten Samenpfad wieder, doch meist verlor er sich nach kurzer Zeit schon wieder im Wald. Möglicherweise wurde der Pfad schon jahrelang nicht mehr begangen. Seit die Samen Hubschrauber und Moto-Cross-Motorräder zum Rentiertrieb benutzen, gehen sie nicht mehr so viel zu Fuß wie ihre Väter. Die Wege wachsen mit der Zeit zu. Außerdem fragten wir uns, wen es beim Lantmäterieverket* wohl interressiert, ob die Karten einer völlig unbesiedelten Wildmark auf dem neuesten Stand sind oder nicht? Hier marschierten ohnehin nur ab und zu ein paar Einheimische durch, die die Gegend auswendig kannten. Wozu also aktuelle und genaue Karten?

Wie ich schon erwähnt habe, war der fehlende Weg der Hauptgrund für unsere Miseren. So auch an diesem Abend!

Am Nordufer des Jårpasåkasjaure stand wirrer, feuchter »Birkendschungel«, der das Vorankommen wieder erheblich erschwerte. An eine Möglichkeit zum Zelten war hier beileibe nicht zu denken. Nach den Kartenangaben erstreckte sich wenige hundert Meter vor uns eine wahrhaft riesige, sumpfige Ebene, die von trockenen Freiflächen durchsetzt sein sollte. Doch den Kartenangaben trauten wir schon lange nicht mehr, da sie uns mehr als einmal belogen hatten!

Aber was blieb uns anderes übrig? Immerhin waren die topografischen Angaben korrekt. Beim weiteren Kartenstudium entdeckten wir in etwa zwei Kilometer Entfernung tatsächlich eine Brücke über einen Moorfluß und wir nahmen uns vor, zumindest diesen Punkt heute noch irgendwie zu erreichen.

Kurz bevor sich die Ebene vor uns auftat, fanden wir zu unserer großen Freude den Pfad wieder. Er führte uns zum Rand eines ausgedehnten Strangmoores**.

Ich kann mich nicht erinnern, jemals eine so große Moorfläche gesehen zu haben. Wie gebannt starrten wir über die endlos erscheinende Weite

*) Lantmäterieverket = Das Landvermessungsamt
**) Strangmoor (Ape) = Moor mit hangparallelen Torfsträngen auf flachem Gefälle

und versuchten im Geiste zu erfassen, was wir dort sahen.

Es war ein klassisches Bultenmoor, jedoch mit vielen kleineren Flächen tückischen Schwingrasens* dazwischen. Diese Areale zu überqueren ist sehr gefährlich, weil man nicht sehen kann, wie dick der schwimmende Grasteppich ist und wie tief das Wasser darunter! Zudem kann sich die Beschaffenheit des Schwingrasens von Meter zu Meter durch Strömungen und andere unbekannte Einflüsse ändern. Der Wanderer sollte sie tunlichst meiden. Ärger noch: Er sollte seine Schritte überhaupt nicht in ein solches Moor lenken, wenn er keinen verläßlichen Weg kennt. Und genau den kannten auch wir nicht!

Wie befürchtet fehlte jede Spur von den trockenen Freiflächen, die auf der Karte verzeichnet waren. Wir sahen nur Moor, Moor, Moor! Doch uns blieb absolut keine andere Wahl. Hier am Rand der Ebene wäre es völlig unmöglich gewesen, das Zelt aufzubauen. Auch hinter uns bestand keine Chance, da wir seit geraumer Zeit kein trockenes oder baumloses Fleckchen Erde mehr gesehen hatten, das unseren Ansprüchen auch nur minimal genügt hätte.

Es blieb uns nicht einmal mehr eine Dreiviertelstunde bis zum Einbruch der Dunkelheit. Spätestens um acht Uhr mußten wir auf trockenem Boden stehen! Deutlich spürbar stieg die Anspannung in uns und der hohe Adrenalinspiegel zeigte schnell seine Wirkung.

Wir fragten uns, was geschehen würde, wenn wir die Durchquerung nicht mehr schaffen würden? Es wäre viel zu riskant, im Dunkeln weiterzugehen, wenn wir nicht Gefahr laufen wollten, irgendwo zu versinken. Ebenso wäre es jedoch töricht, im Moor das Zelt zu setzen (wenn nicht gar undurchführbar), da die Nässe und die eisige Kälte der Nacht wohl ebenso gefährlich gewesen wären.

»Was sollen wir denn jetzt machen?« fragte Sabine angsterfüllt, »wir müssen das Zelt aufbauen, bevor wir nichts mehr sehen können! Vielleicht geht es doch irgendwo hier am Rand dieser Ebene?«

»Nein, das wird nicht gehen. Sieh dir doch die Gegend an: Überall Dschungel oder Blockfelder oder Sumpf, da ist kein Fleckchen trockene Erde zu finden...«

»Aber wir müssen doch einen Platz finden. Sonst kommt die Nacht

*) Schwingrasen = Auf wassergefüllten Hohlräumen im Moor schwimmende Grasschicht

und die Kälte und - und - wir werden erfrieren. Stellt euch das vor: Das Zelt steht auf dem nassen Grund, die Schlafsäcke werden naß, wir werden naß und dann friert es. Martin! Frank! Was machen wir denn nur? Ich habe Angst! Ich will nach Hause! Irgendwie müssen wir hier raus!«

Beklommenes Schweigen ein paar Sekunden lang. Dann wagte Martin zaghaft eine Antwort.

»Wir dürfen jetzt nicht an irgendwelche schlimmen Folgen denken! Wir müssen einen klaren Kopf behalten und alles daran setzen, noch rechtzeitig durch das Moor zu kommen...«

»Aber Martin! Es ist nicht mehr zu schaffen! Ich habe solche Angst...«

»Das weiß jetzt noch niemand von uns, ob wir es schaffen oder nicht. Wir müssen es eben versuchen. Ich sehe keine andere Wahl.«

»Und wenn wir an einer sicheren Stelle im Moor die Nacht im Stehen verbringen? - Nein - Oh Gott! Das ist unmöglich. Neun Stunden bei minus zehn Grad auf der Stelle treten! Das können wir nicht. Wir werden uns den Tod holen!«

Ich zitterte innerlich wie Espenlaub und hatte mörderische Angst vor alledem, was Sabine da sagte. Doch ich zwang mich, den Blick auf die Karte zu richten und doch noch einen Ausweg zu finden.

Die totale Verzweiflung überkam uns - es ging ohne Übertreibung um die *»nackte Existenz«*.

In den Tiefen unseres Unterbewußtseins hatte sich schon der morbide Gedanke Platz gemacht, daß wir es nicht mehr schaffen würden. Er nagte an unserem Inneren und wurde immer stärker, je mehr sich unsere Lage verschlechterte.

Es gab kein Haus weit und breit, wahrscheinlich befand sich außer uns kein Mensch in dieser Wildnis; es gab kein Telefon, keine Straße, keinen Wegweiser - nichts und niemanden, der uns helfen konnte!

Oder doch? ... Denn plötzlich glaubte ich in der beginnenden Dämmerung ein Steinmännchen mitten im Moor zu erkennen, ein *Nunatak*, wie es die Inuit* in Labrador nennen. Der Pfad selbst war allerdings nicht zu sehen. Wir konnten nur hoffen, daß es von Nunatak zu Nunatak durch das Moor ging, vorausgesetzt, wir würden weitere Steinhaufen finden!

*) Inuit = Korrekte Bezeichnung für das Volk der Eskimos

»Ich kann es nicht fassen, das kann nur ein von Menschenhand aufgeschichteter Steinhaufen sein!«

»Hoffentlich hast du recht. Wir haben uns schon so oft geirrt und ein geglaubter Pfad war ein Wildwechsel und endete blind. Was ist, wenn das kein Nunatak ist?«

»Sieh doch richtig hin…«

»Frank hat recht. Das ist ein Steinmännchen. Wie sollen die Steine sonst mitten ins Moor kommen. Nichts wie hin. Wenn es eine Chance für uns gibt, dann ist das dieses Zeichen! Wir dürfen keine Zeit mehr verlieren!«

Tatsächlich war es keine Täuschung, die drei leblosen Steine bezeichneten möglicherweise den Weg durch die Gefahr!

Martin rannte wie von der Tarantel gestochen los. Sicher hatte er recht, doch Sabine hielt ihn zurück und mahnte zur Vorsicht: »Hier, sieh auf die Karte! Da sind große wassergefüllte Flächen vor uns. Wenn wir da hineingeraten… Laßt uns mehr als vorsichtig sein!«

Als wir die ersten Steine erreicht hatten, nahmen wir unsere Ferngläser in die Hand und suchten angestrengt die Ebene nach weiteren Nunataks ab. Die nahe Nacht schluckte bereits das meiste Licht. Sabine entdeckte den nächsten, obwohl er sich kaum von der Umgebung abhob.

Mit Hilfe der steinernen Markierungen kamen wir deutlich schneller voran als ohne sie. Wir mußten uns darauf verlassen, denn man konnte das Mosaik aus begehbaren Bultflächen mit Moosen und Zwergsträuchern, unpassierbaren Schwingrasen und Sumpfpartien unmöglich weit genug überblicken, um eine durchgehend begehbare Möglichkeit bis zum »anderen Ufer« auszumachen.

So staksten wir denn mit schlafwandlerischer (Un)Sicherheit mitten hinein ins Ungewisse.

Nach einiger Zeit, die Sicht wurde immer schlechter, standen wir plötzlich vor einem Moorbach.

»Als wenn es mit dieser Scheiß-Moorebene nicht genug wäre!« entfuhr es mir.

Sabine sah verzweifelt aus, sie rang mit den Tränen: »Wie sollen wir denn da hinüber kommen? Wir müssen doch irgendwie weiter? Ich kann nicht mehr, es ist einfach zuviel für mich. Wir schaffen es nicht…«

»Komm! Wir haben schon andere Bäche überquert als diesen! Und da hinten sieht man Wald, dort muß der Boden trockener sein. Wir dürfen jetzt nicht aufgeben!«

»Ich will ja auch nicht aufgeben, aber - aber...«

Martin unterbrach sie mit einem Fingerzeig: »Seht da vorn!«

Eine Birke, die ihren krummen Stamm zur Hälfte über das Gewässer reckte, ermöglichte uns wider Erwarten eine schnelle (wenn auch haarsträubend riskante) Überquerung des Gewässers. Wir zogen uns auf den Stamm hoch, balancierten zwei Schritte darüber, hangelten uns unter einem Ast durch und... machten einen waghalsigen Sprung zum anderen Ufer. Wieder einmal ein Fall von unverschämtem Glück im Unglück. Es war nicht so, als ob ein Fall in den Bach ein tödliches Risiko gewesen wäre. Das Risiko lag vielmehr in durchnäßtem Gepäck bei den nächtlichen Minusgraden. Das konnte durchaus lebensbedrohlich werden.

Es ging stetig auf und ab mit unserem Glück, denn kaum waren wir über den Bach gesprungen, entdeckten wir in der Dämmerung keinen Nunatak mehr, so sehr wir unsere Augen auch anstrengten. Der Wald, den wir erreichen wollten, war nur als dunkle Linie zu erkennen, er schien noch unendlich weit entfernt zu sein.

Unsere Lage spitzte sich dramatisch zu und das Unterbewußte brach durch. Sabine begann mit einem Mal zu schluchzen, meine Knie wurden weich wie Pudding und Martin preschte eiligen Schrittes vorwärts, ohne sich dabei um die Bodenverhältnisse zu kümmern. Er hatte nur noch blindlings das Ziel »Wald« vor Augen.

Nur mit Mühe konnten wir ihn zurückhalten.

Meine Zuversicht war geschmolzen wie Eis im Sommer, nur die Karte und der Kompaß in meiner Hand gaben mir etwas, woran ich mich noch *festhalten* konnte. Ich wollte und durfte keine Schwäche zeigen, um vor allem Sabine nicht noch mehr zu beunruhigen. Also blieb mir nichts anderes übrig, als noch einmal die Zähne zusammenzubeißen und alle Sinne zu versammeln. Auch in der ausweglos erscheinendsten Situation muß man einen *»kühlen Kopf«* bewahren - bis zum Ende! (Leicht gesagt!)

Ich zwang mich stehenzubleiben, drückte Sabine mit ein paar tröstenden Phrasen kurz an mich und nahm mir wieder einmal die Karte vor. Es war gut, daß ich das gemacht hatte, denn direkt vor uns mußten zwei große, offene Sümpfe liegen, deren Durchquerung völlig unmöglich gewesen wäre! Wir versuchten krampfhaft, uns das Kartenbild dreidimensional und in der Horizontalen vorzustellen. Schließlich hatte ich das Gefühl, eine dieser Sumpfflächen erkennen zu können und sagte fest entschlossen: »Zwischen den beiden hindurch zu dem Wäldchen dahinter!«

Sabine nickte nur kurz und machte sich auf den Weg. Für eine Diskussion war keine Zeit. Der Samenpfad lag wahrscheinlich um einiges weiter links, doch der nahe Wald erschien die einzige Rettung zu sein. Wäre ich gläubig gewesen, hätte ich gebetet, daß man dort zelten konnte. Ich hoffte es aus tiefstem Herzen!

Unendlich langsam, unendlich quälend tasteten wir uns voran. Immer wieder schien eine halbwegs begehbare Bultfläche zu Ende zu sein und ein Schwingrasen trennte sie von der nächsten. Dazwischen lagen viele Meter Ungewißheit. Doch irgendwie fanden wir trotzdem immer eine Möglichkeit: Ein paar vereinzelte Torfknubbel im Schwingrasen - herumstochern mit dem Stock - Atem anhalten - ein waghalsiger Sprung oder ein zaghaftes Auftreten - geschafft! Was würde geschehen, wenn wir in eine Sackgasse gerieten, wenn es einfach nicht mehr weiterging? Voller vager Hoffnung schluckten wir diese Angst hinunter.

Die Zeit dehnte sich unendlich, der Wald rückte kaum näher, nur die Sonne blieb nicht stehen auf ihrem stetigen Weg nach Westen. Es wurde zunehmend dunkler und kälter.

Das gleiche Spielchen wiederholte sich noch einige Male. Schweigend und automatisch kämpften wir mit der Zeit und mit der Angst…

Plötzlich und unerwartet standen wir auf dem trockenem Boden einer winzigkleinen Erhebung mitten im Moor.

Das Unglaubliche war geschehen! Wir hatten es geschafft. Von einem Moment auf den anderen lagen alle lebensbedrohlichen Risiken hinter uns! Vorläufig zumindest.

Erschöpft warfen wir die Rucksäcke von den Schultern. Endlich wieder trockenen Boden unter den Füßen! Doch Ruhe war uns nicht gegönnt, denn die polare Nacht streckte bereits ihre eisigen, schwarzen Finger nach uns aus. Wir mobilisierten unsere letzten Reserven, um so schnell wie möglich das Zelt zu setzen, die »Betten zu bauen« und Wasser zum Kochen zu holen - alles andere war zweitrangig! Zum Glück fanden wir sofort einen halbwegs geeigneten Platz für das Zelt.

Ich machte mich auf den Weg zum Fluß, um Wasser zu holen. Bepackt mit allen verfügbaren Flaschen ging ich los und fand mich sofort beim Bultenhüpfen wieder. Wie es im Moor meistens der Fall ist, war das Ufer des Flusses kaum erreichbar, weil der feuchte Untergrund einfach immer »wässriger« wurde, je näher ich ihm kam. In einer tiefen Schlenke* fand ich schließlich eine Möglichkeit, etwas Oberflächenwasser abzuschöpfen.

Angestrengt hockte ich auf den Knien und ließ meinen Blick dabei den Flußlauf entlang schweifen und erkannte - undeutlich, aber eindeutig -, die gesuchte Brücke in weniger als 50 Meter Entfernung!

Diese Nachricht war genau das, was wir alle im Moment am nötigsten brauchten: Eine neue Hoffnung nach dieser Beinahe-Katastrophe!

Es war uns rätselhaft, wie sich die Menschen früherer Zeiten ohne Kompaß und Karte orientiert hatten? Was hätten sie in unserer Situation gemacht? Möglicherweise waren solche Probleme Teil ihres Alltages? ...

Sie konnten sich noch von dem ernähren, was ihre direkte Umwelt ihnen bot, sie wußten, welche Kräuter Heilkräfte hatten, sie kannten tausende Zeichen der Natur, und sie fühlten sich wahrscheinlich noch als Teil eines Ganzen!

Diese Dinge und vieles mehr sollten wir *Zivilisierten* von den Urvölkern lernen, solange es sie noch auf der Erde gibt. Sie tragen die Weisheit der Wildnis in sich und kennen Lebenskonzepte, die unserer technokratischen Lebensweise völlig abhanden gekommen sind!

*) Schlenken = kleine, wassergefüllte Vertiefungen, meist mit Torfmoosen angefüllt

Phantasie und Wirklichkeit

Nachdem wir etwas gegessen hatten - es war nun völlig dunkel -, ging ich mit schmerzenden Füßen schwankend ein paar Schritte in den Wald, um mich zu erleichtern…

Ich wollte gerade zum Zelt zurückkehren, als mich eine dunkle, unförmige Menschengestalt zu Tode erschreckte! Sie stand direkt vor mir und es fuhr mir wie ein Blitz in die Glieder, meine Knie zitterten unwillkürlich, ich war wie gelähmt und rief mit bebender, angsterfüllter Stimme:

»Da steht Einer …!«

In Sekundenbruchteilen schossen mir glasklare Gedanken durch den Kopf. Sie sind im Nachhinein schwer in Worte zu fassen, weil alles wie im Zeitraffer ablief. Es war in etwa so » Dort steht ein Same vor mir, der uns umbringen will. Er hat sich angeschlichen und wird uns nun ermorden. Was soll ich nur tun, ich kann mich nicht mehr bewegen?«

Eine vertraute, überrascht klingende Stimme holte mich wenige Augenblicke später in die Realität zurück. »Natürlich steht da Einer,« antwortete Sabine auf meinen hektisch gestammelten Satz!

Die Gestalt war niemand anderes gewesen als meine Frau in ihrem weiten Regencape, die Kapuze weit ins Gesicht gezogen. Für die Augen war es einfach schon zu dunkel gewesen. Vielleicht hatte ich heute zuviel durchgemacht und mein Unbewußtes hatte den »Sensenmann« erwartet? Noch Minuten danach steckte mir der Schreck in den Gliedern und ich fand es gar nicht komisch, als sich meine beiden Freunde köstlich darüber amüsierten.

Während ich mich von dem Schreck erholte, keimten wieder einmal Gedanken über die Welt und den Menschen in meinem Kopf.

Das emotionale Chaos und die Dunkelheit hatten in meiner Phantasie vorhin ein Szenario entstehen lassen, daß aus den Tiefen archaischer* Urinstinkte gekommen sein mußte. Völlig klar und real hatte ich etwas wahrgenommen, was nicht der Realität entsprach. Es war eine Projektion meiner Phantasie gewesen, die für mich erschreckend wirklich gewesen war, wenn auch nur für wenige Sekunden. Läßt sich unser Verstand so

*) archaisch = frühzeitlich

leicht täuschen? Mischen sich Phantasie und Realität nur in solchen Extremsituationen oder ist das eher der Normalzustand unseres Geistes?

Kaum hatte ich das gedacht, irritierte mich wieder der Begriff »Geist«. Sind »Bewußtsein« und »Geist« dasselbe Phänomen? Was ist das »Selbstbewußtsein«, das »Ich«?

Sicher ist das menschliche Welterleben genauso im evolutionären Prozeß von Zufall und Auslese entstanden wie unsere körperlichen Merkmale auch. Es hätte für unsere Vorfahren wohl kaum einen Vorteil gehabt, wenn der Mensch mental fähig gewesen wäre, die DNA* zu spüren oder Radiowellen zu empfinden...

Absurder Kram, tausende von Beispielen könnte ich finden, um das zu belegen. Der Verstand war ursprünglich dazu da, um uns das Überleben zu erleichtern und nicht, um die inneren Geheimnisse der Welt zu enträtseln. Also war es wahrscheinlich eine Fähigkeit unseres Gehirnes und kein unabhängiges Phänomen, wie es uns die Religionen weismachen wollten. Ja, was sollte es sonst sein? Aber mir drängte sich die Frage auf, wie denn dieses Bewußtsein beschaffen sein mochte - Hirnwindungen kann man sichtbar machen, aber das geistige Erleben... ? Sind es die energetischen Ströme im Gehirn? Ist es die komplexe Chemie der Nervenzellen? Sind unsere ganzen kognitiven** Leistungen einfach nur Produkte eines hochentwickelten »Denkapparates«? Was würde geschehen, wenn man einen Kopf auf einen anderen Körper implantieren könnte? Würde man mit dem Gehirn auch das individuelle Bewußtsein auf den neuen Körper übertragen?

Oder läßt sich der Geist nicht verpflanzen, weil er *doch* individuell und unabhängig von körperlichen Organen existiert? Weder die biologische Erklärung noch die theologische sind widerlegbar, soweit ich gelesen hatte. Auch der gescheiteste Wissenschaftler kann nicht beweisen, das es keinen unabhängigen »Geist« gibt. Die Vorstellung eines solchen Geistes widerspricht nicht einmal unbedingt den modernen wissenschaftlichen Erkenntnissen.

Geist? Da war er schon wieder, dieser seltsame Begriff, der mich an Geister, Gespenster und Aberglaube erinnerte. Wie jedesmal, wenn meine

*) DNA = Desoxyribonukleinsäure in den Zellkernen, Träger des genetischen Codes
**) kognitiv = die erkennende Wahrnehmung der Umwelt betreffend

Gedanken um solche Themen kreisten, kam ich auch diesmal wieder zum allgegenwärtigen Dualismus* in der Welt. Vielleicht existiert ja doch etwas Geistiges, Unsichtbares, Unmeßbares, Ungebundenes als Gegenstück zum sichtbaren, berechenbaren Körperlichen?

Materie kennt jeder in ihren vielfältigen Formen; aber Energie? Wie sieht sie aus, wie wandelt sie sich, wo ist sie, wenn sie angeblich »verbraucht » wird. Keiner kann sie sehen, wir können nur ihre Wirkungen erfahren und doch zweifelt niemand an ihrer Existenz! Ohne Energie keine Materie, ohne Materie keine Energie!
Obwohl mein Verstand auch jetzt zweifelte, kam ich wieder auf die Analogie zwischen Körper und Materie. Der Körper als die Materie des Lebens und der Geist als die Energie. Beide Phänomene existieren parallel, beide bedingen sich gegenseitig und keines ist die Ursache oder die Wirkung des anderen.

Ist das Bewußtsein vielleicht die Brücke zwischen Körper und Geist - der Geist also doch nicht identisch mit dem »bewußten Erleben«? Ist unser geistiges Erleben gewissermaßen der Schein hinter dem Sein?

Ich ärgerte mich mit einem mal über soviel Spekulation. Ich wollte wieder ein nüchtern denkende Mensch sein, der sich nicht durch wilde Theorien beirren ließ. Immer schön Darwin** und Lorenz folgen und dabeisein, wie die Welt Schritt für Schritt naturwissenschaftlich enträtselt wird. Kann man nicht alles irgendwie berechnen und logisch erklären? Nun ja, wenn ich in diesem Zusammenhang so an die Lichtgeschwindigkeit dachte oder an das Phänomen der relativen Zeit oder an die umstrittene Homöopathie…

Ach was soll´s, ich bin halt auch nur ein Mensch, der sich vor einem Produkt seiner eigenen Phantasie fürchten kann.Wir sind halt immer noch auf dem Weg vom instinktgelenkten Tier zum rationalen… *Menschen*? Mensch klang hier gar nicht überzeugend. Wozu entwickeln wir uns denn wohl? …

Martins Lachen riß mich aus den Gedanken. Ich wendete mich wieder den beiden Anderen zu.

*) Dualismus = Unabhängige Existenz von Stoff und Geist / Polarität als Daseinsprinzip
**) Charles Darwin = 1809 - 1882, Begründer der eigentlichen Evolutionstheorie

Heute Abend zählte nur das Eine: Wir hatten es geschafft! Alles andere war völlig unbedeutend. So merkte ich es nicht einmal, daß ich beim Essen Champignonsuppe auf den Nudeln hatte. Unter normalen Umständen hätte ich sie vehement abgelehnt! Meine beiden Freunde hatten dabei ihren Spaß und sahen ihre Meinung bestätigt, daß ich halt keinen Geschmack hätte und sowieso nicht merken würde, ob ich gerade Pilze oder Nudeln esse.

»Wenn es dunkel ist und der Frank sein Essen nicht mehr sehen kann, ist es völlig egal, was wir ihm unterjubeln!«

Auch ich lachte herzhaft mit. Wir alle waren erleichtert, daß wir unseren Humor nicht verloren hatten.

Die Erlebnisse des Tages zeigten selbst im Schlafsack noch ihre Wirkung. Ich fühlte mich völlig unausgeglichen. Kein Wunder, denn wir hatten heute vom *puren, ungetrübten Überglück* bis hin zum *abgrundtiefen Seelenchaos* alle erdenklichen Emotionen durchlebt. Meine Gefühle schienen sich zu verheddern, ich war verwirrt. War ich nun frustriert oder euphorisch? Ging es mir gut oder schlecht? Wechselten meine Empfindungen sich ab oder standen sie nebeneinander? Konnten zwei völlig entgegengesetzte Emotionen gleichzeitig sein? Wie war das zu erklären? Unweigerlich kam ich zu den allgegenwärtigen Gegensätzen in der Natur: Nord - Süd, Minus - Plus, Schwerkraft - Fliehkraft, Teilchen - Welle, Materie - Energie - alle Teile zweier Gegenspieler, zweier Pole existieren für sich, oder…?

Oder existieren sie vielmehr nur gemeinsam, sind sie zwei Seiten einer Medaille? Gibt es Nord ohne Süd, Minus ohne Plus? Existiert nicht das Eine nur durch das Andere? Ist es nicht wie Gut und Böse, Hell und Dunkel, Jung und Alt? Das Wesen des Einen liegt verborgen im Wesen des Anderen und ohne ein Gegenteil kann es das andere Gegenteil nicht geben! -

Diese Gedankengänge waren mir nicht neu. Ob ich wollte oder nicht, irgendwie und irgendwann kam ich darauf zurück - drängte sich mir die dualistische Natur des Universums ins Gehirn und führte mich immer wieder zu derselben Frage:

Sind diese gegensätzlichen Phänomene, die scheinbar nur gemeinsam existieren können, am Ende ein und dasselbe? Eine Vision* des Geistes?

Waren meine Niedergeschlagenheit und meine Euphorie in Wirklichkeit *ein* Gefühl? ... Waren meine Gefühle und mein Verstand ein Ganzes? War ich gar eins mit der Wildnis, mit meinen Freunden, mit der Welt? Mich überkam ein seltsames Schaudern. Lag vielleicht *mehr* Wahrheit in meinem »Brain-Storm« als mein materialistischer Verstand dulden mochte? ... Gab es einen Weg zu diesem Paradoxon, jenseits von unserem angeborenen, gewohnten Daseinserleben?

Ich war mir sicher, daß die Welt, wie wir sie kennen, nur ein winzigkleiner Ausschnitt der Wirklichkeit an sich darstellt. Doch war diese tiefste Wirklichkeit für uns - für mich - ergründbar? Brachte es überhaupt einen Nutzen, darüber zu philosophieren? Insbesondere in unserer ausweglosen Lage, wo es letztlich um das Überleben *in dieser Welt* ging? Die Unterscheidungen »Warm« und »Kalt« mochten Einbildungen sein, doch diese Erkenntnis wärmte nicht in eiskalter Nacht!

Ich zog die Brauen zusammen und schüttelte unmerklich mit dem Kopf. Was war nur los mit mir? Ich richtete meinen Blick wieder auf das »Draußen«, auf die Welt außerhalb meines Körpers. ... Wildnis, draußen - Ich, drinnen. Wieder ein Gegensatz, oder nicht? ... Absurd, sinnlose Gedanken! ... Seufzen ... Umdrehen ... Einschlafen.

*) Vision = auf die Zukunft gerichtetes Bild vor dem geistigen Auge, Erscheinung

Tödliche Illusionen

*Weit geöffnet die Tore des Fortschritts
am grenzenlosen Horizont
menschlicher Machenschaften!*

*Herausgewachsen aus der Zeit
als Knüppel und Ketten
noch Schranken wiesen!*

*Entkommen den Zwängen
antiquierter Konventionen
vergangener Jahrzehnte!*

*Vorbei der Kampf ums Überleben
als Arbeit der Zweck
des Daseins war!*

*Aufgewacht aus Lethargie
und ineffizientem Tun
zu technischer Perfektion!...*

*Den Schranken entwachsen?
Den Zwängen entkommen?
Der Kampf vorbei?
Erwacht?*

*Wahre Freiheit kann nur
in Köpfen existieren!*

*Weit geöffnet die Tore der Möglichkeiten
am grenzenlosen Horizont
der Natur!*

Mittwoch, 8. September 1993

Samisches Piktogramm:
Siedlung mit Kirche, Häusern und
Haustieren

Dimensionen

Nach einer recht guten Nacht erwachten wir wieder bei froststarrendem, aber gutem Wetter. Selbst Martin hatte trotz seiner Platzangst ausreichend Schlaf gefunden. Das war nach der gestrigen Anspannung jedoch kaum verwunderlich.

Wie üblich war ich als erster auf den Beinen. Beim Licht der Morgensonne betrachtet stellte ich fest, daß wir trotz Hektik und Dunkelheit gestern einen guten Platz für unser Nachtlager gefunden hatten. Ich genoß es wieder, ohne Rucksack und noch frei von allen Zeitzwängen des Tages ein wenig herumzuspazieren. Zum Glück waren die Schuhe heute nicht eingefroren. Da hatten wir vorgesorgt. Ich schlenderte zur höchsten Stelle des Hügels und blickte nach Westen. Während hier im Wald noch ein diffuses Licht herrschte, lagen die völlig schneebedeckten, fernen Gipfel der Skanden schon in der gleißenden, goldenen Morgensonne.

Dort hinten hatte der eisige Zugriff des Winters schon eingesetzt. Der phantastische Anblick ging mir direkt ins Herz und löste in mir einmal mehr ein Gefühl von großer Ehrfurcht aus. Kein menschengemachtes Bauwerk, mochte es noch so hoch, so kühn oder so großartig sein, wäre in der Lage gewesen, solch ein Gefühl hervorzurufen. Die angsterfüllte Stimmung des gestrigen Tages hatte sich in ein »Siegesgefühl« verwandelt und tat ihr übriges, mich euphorisch zu stimmen.

Für einen Augenblick lang waren die Ängste und Strapazen vom Vortag vergessen und das war gut so, um neue Kraft zu schöpfen!

Im Moment war meine Liebe zu Lappland groß und ungetrübt!

Als ich zum Fluß hinunterblickte, stellte ich fest, daß die Brücke, die nur aus ein paar schweren Bohlen bestand und kein Geländer hatte, von *unserem* Hügel aus nicht zu sehen war. Die Vegetation um sie herum verdeckte sie vollends. Welch eine »Vorsehung« es gewesen war, daß wir sie gestern noch entdeckt hatten! Denn wären wir der Richtung des verlorengegangenen Weges gefolgt, hätten wir die Brücke wohl nicht sehen können. Abgesehen davon hätten wir mit Sicherheit vor der Dunkelheit keinen trockenen Platz mehr gefunden und wären jetzt…?! Ich wollte daran lieber nicht denken. So hatte der kleine Umweg unerwartet noch einen großen Nutzen gehabt!

Kräftiger Hunger machte sich bemerkbar und trieb mich zum Zelt zurück. Dort rührten sich meine Freunde auch langsam und so stieg die Hoffnung auf ein gemeinsames Frühstück. Es bestand regelmäßig aus einer Mischung verschiedener Cornflakes-Sorten mit einer wässrigen Milch aus Trockenpulver. Für mich war das die beste Alternative zu pappigem Müsli oder knochentrockenem Knäckebrot.

Als auch Martin und Sabine aufgestanden waren, war das Frühstück schnell bereitet. Während des Essens vermieden wir es, von kommenden Problemen zu reden. Wir wollten uns lieber eine halbe Stunde lang einbilden, alles sei in bester Ordnung.

»Habt Ihr auch schon die fantastischen Schneeberge dort hinten gesehen?« begann ich ein Gespräch. »Das müßten die Gipfel im Stora-Sjöfallet-Nationalpark sein. Kaum zu glauben, daß sie so weit weg sind und doch so nah aussehen.«

»Wieviele Kilometer sind es bis dorthin?« wollte Sabine wissen.

Ich zuckte mit den Schultern. »Weiß nicht genau. Vielleicht 20 - vielleicht aber auch 30 oder 40 Kilometer…«

»Es sieht aus, als wenn sie höchstens fünf Kilometer weit entfernt wären.«

Martin nickte mit dem Kopf und sagte mit einem tiefgründigen Lächeln: »Ob es nun zwei Kilometer sind oder 200, das ist doch total unwichtig angesichts unserer Unbedeutsamkeit in dieser gewaltigen Wildnis! Es scheint, als ob sie unendlich wäre.«

»Ja genau!« stieß ich begeistert hervor, »genau das fühle ich auch jedesmal, wenn ich hier oben bin. Was sind wir doch klein und unscheinbar gegenüber der gesamten Natur.«

»Trotzdem ist es für mich normalerweise ein Gefühl völliger Geborgenheit und überhaupt nicht erdrückend,« sagte Sabine, »vorausgesetzt, man sitzt nicht mitten in Sjaunja fest!«

Ich lachte verhalten. »Na ja, das wird wohl auch nach dieser Tour nie wieder vorkommen.«

Ich wollte darüber jetzt noch nicht weiter nachdenken. Die Gedanken an unsere Unbedeutsamkeit beschäftigten mich zur Zeit. Ich löffelte nachdenklich meine Flakes…

»Wißt Ihr, was kaum zu glauben ist? Ich habe gerade mal ein wenig herumgerechnet und dabei herausgefunden, daß sich der Mount Everest mit seinen 8.900 Metern Höhe auf die Größe eines Fußballes bezogen, gerade mal 0,2 Millimeter über die Balloberfläche erheben würde. Das würde man wahrscheinlich nicht einmal fühlen, wenn man mit den Fingern über den Ball führe!«

»Hast du Dich da nicht um eine Kommastelle verrechnet? 2 Millimeter erscheinen mir zutreffender.«

»Nein, nein! Ich bin ganz sicher. Es sind zwei Zehntel Millimeter, mehr nicht. In der Dimension eines Fußballes würden alle Gebirge dieser Erde, die uns gewaltig groß erscheinen, zur Staubgröße schrumpfen und die Erdoberfläche würde sich nahezu glatt anfühlen. Ist das nicht unglaublich?!«

»Das kann man wohl sagen! Es heißt ja auch, daß alle Astronauten tief ergriffen sind, wenn sie erkennen, wie hauchdünn unsere Atmosphäre im Verhältnis zur Größe unseres Planeten ist.«

»Stimmt, davon habe ich auch schon gehört! Und wenn man in diese Richtung weiterdenkt und die Größe des Sonnensystems oder des ganzen Universums betrachtet, dann ist es kaum noch auszudrücken, wie winzig unsere Erde ist...«

»Oder wie ultraklein der Kern eines Atomes ist! Das ist witzig: Wenn man ein Atom auf einen Meter Durchmesser vergrößern könnte, dann würde der Betrachter im wahrsten Sinne des Wortes im Nichts stehen. Der Atomkern wäre dann nämlich nur ein Hundertstel Millimeter groß; von den Elektronen ganz zu schweigen! So gesehen besteht also nicht nur das Weltall, sondern auch unsere ganze irdische Welt in Wirklichkeit aus 99,99 Prozent Vakuum. Ist das nicht total verrückt?

»In Wirklichkeit? Was ist denn die Wirklichkeit? Wenn wir in den Kosmos schauen, fühlen wir uns so klein wie ein Molekül Wasser im Pazifik. Wenn wir in die Welt der Atome schauen, sind wir so groß wie Sterne. Was sind wir denn nun *wirklich*? Ich habe manchmal das Gefühl, unser Verstand spielt uns da einen gewaltigen Streich, indem er unsere Ausmaße zum Maßstab aller Dinge macht.«

»Das ist sicher richtig. Denkt nur mal, wie groß uns »Eins-Siebzigern« jemand vorkommt, der 1,80 Meter groß ist. Ganze 10 Zentimeter lassen ihn wesentlich größer erscheinen, obwohl es nur rund fünf Prozent mehr sind,« rechnete Martin uns vor, »aber wie sollte es auch anders sein? Wir sind ja für ein Leben auf dieser Erde angepaßt und nicht für ein Leben in kosmischen Maßstäben. Da wundert es nicht, wenn wir uns solche Ausmaße wie Lichtjahre, Nanometer und Billionstel Sekunden absolut nicht vorstellen können. Das sind alles nur noch rechnerische Größen.«

»Du hast völlig Recht! Aber gerade das ist es ja! Unser Weltbegreifen muß so beschaffen sein, damit wir überleben können. Dabei ist es aber vollkommen relativ und willkürlich in den Maßstäben des Universums. Und das, glaube ich, wird von uns in den meisten Fällen völlig verkannt, weil wir uns der Vision hingeben, unser Maßstab sei absolut gültig!«

Sabine schob sich genüßlich die letzten Bissen in den Mund und kaute gedankenverloren darauf herum.

»Aber was würde es für einen Unterschied machen, wenn wir so groß wie Bakterien oder wie Wale wären? Dann wäre die ganze Wahrnehmung um einige Millimeter oder dutzende Meter verschoben und Atome wären immer noch unglaublich klein und Sterne immer noch unglaublich groß für uns.«

»Ja, schon! Aber du sprichst ganz selbstverständlich von klein und groß - genau das ist ja der springende Punkt! Auf Fußballgröße ist der Mount Everest für uns fast nicht mehr sichtbar, in Wirklichkeit aber erscheint er uns gigantisch groß. Ich weiß nicht genau, wie ich es ausdrücken und erklären soll. Ich habe das Gefühl, diese unterscheidenden Begriffe wie klein und groß, alt und jung, Nord und Süd und so weiter sind in der allerletzten Wirklichkeit gar nicht real, sondern lediglich Begriffe - relative Produkte unseres Gehirnes, damit wir uns in dieser Welt zurechtfinden können...«

»Und wie groß ist der Mount Everest dann *in Wirklichkeit*?«

»Ich weiß es nicht. Vielleicht gibt es gar keine »Größe«? Vielleicht ist die Antwort so unvorstellbar wie die Krümmung des Weltraumes, die ihn endlich macht und uns doch keine Möglichkeit bietet, eine räumliche Grenze zu finden. Das ist paradox, aber unbestreitbar bewiesen, soweit ich weiß!«

Martin holte tief Luft und stellte seinen Becher beiseite.

»Galilei hat bewiesen, daß die Erde nicht der Mittelpunkt des Universums ist. Heute brauchen wir wahrscheinlich jemanden, der uns endlich einmal klarmacht, daß *wir nicht* der Maßstab aller Dinge sind! Wenn man einmal darüber nachdenkt, findet man dutzende von Beispielen für den Unterschied zwischen der Wirklichkeit und unserem subjektiven Eindruck davon. Denkt doch zum Beispiel einmal an die Bewegungen von Blüten. Für unser Auge bewegen sie sich höchstens im Wind, aber nicht aktiv. Erst wenn man sich Zeitrafferaufnahmen anschaut, erkennt man ihre eigenen Bewegungen. Nur unser auf das »Menschsein« geeichtes Zeitempfinden gaukelt uns vor, Blüten seien unbeweglich.«

Sabine nickte:

»Genauso ist es mit der irrsinnig schnellen Bewegung der Erde und des ganzen Sonnensystems durch den Weltraum. Wir bewegen uns genau so schnell mit und merken trotzdem nichts davon.«

»Ich glaube, am besten kann man sich solche Dinge am eigenen Körper deutlich machen. Es ist zum Beispiel beeindruckend, wenn man sich einmal vorstellt, daß die Bausteine der eigenen Zellen auch vor zehn Milliarden Jahren schon existierten, vielleicht in irgendwelchen galaktischen Gaswolken oder sonstwo…«

»Ja, stimmt! Das ist kaum vorstellbar.«

»Oder noch näherliegend ist die Tatsache, daß unsere Zellen heute aus völlig anderen Atomen bestehen als zu unserer Kinderzeit. Sie wurden ausgetauscht und wir haben nichts davon bemerkt. Die Milliarden Zellen, aus denen wir bestehen, halten *sich* für einen unteilbaren Menschen, für einen beständigen, ganzen Organismus…«

»Das ist eben die Frage, ob *sich* die Zellen dafür halten oder ob sie eher nur der Baustoff für eine *andere, geistige Instanz* unseres Lebens sind?«

»Das weiß ich nicht, aber eines steht fest: Diese Gedanken stopfen keine hungrigen Mäuler. Das ist das Problem.« Mit dieser Bemerkung holte Martin uns in die das Hier und Heute zurück.

»Aber du bist doch satt, oder?« witzelte ich, »deine Wampe sagt alles!«

Wir lachten und begannen aufzuräumen. Jeder von uns widmete sich seinen Aufgaben und vielleicht dachten auch meine Freunde dabei noch über unser Gespräch nach.

Alles ist relativ!

Im Herzen der Wildnis

Nachdem der Lagerplatz wieder so aussah wie vor unserer Ankunft, nahmen wir uns die Karte zur Hand. Mit gemischten Gefühlen wanderten die Blicke zwischen uns hin und her, denn die Aussichten waren alles andere als vielversprechend. Die Konfrontation mit unserer momentanen Realität war nun nicht mehr aufzuschieben.

Vor uns erstreckten sich immer noch ausgedehnte Moorflächen vom gestrigen Typus. Wir waren auch nicht weit genug gekommen, um unseren Rückstand etwas aufzuholen und so rückte die Hoffnung auf einfachere Verhältnisse im wahrsten Sinne des Wortes in weite Ferne. Eine Umkehr war mittlerweile auch nicht mehr möglich - wir steckten einfach mittendrin! Im Süden rauschte unüberwindlich der mächtige Sjaunja-Älv, im Norden lag nichts als unbesiedelte Wildnis und überall um uns herum waren große Moorebenen, Berge und Urwälder. Ganz abgesehen davon hatten wir für viele Gebiete keine Landkarte. So oder so: Egal, ob wir einen Unfall haben würden oder nicht, uns blieben einzig und allein zwei Möglichkeiten: Zurück oder weiter vorwärts!

Die Erkenntnis, daß ein Unfall für uns in dieser Einsamkeit unabsehbare Folgen haben würde, versuchten wir lange Zeit zu verdrängen. Doch die Frage bohrte! Es würde mindestens drei Tage dauern bis Hilfe käme, falls einer von uns allein mit leichtem Gepäck zur nächsten Siedlung laufen müßte. Auch wenn es sicher nicht gut ist, in einer solchen Extremsituation darüber nachzudenken, was noch alles passieren kann, kam die unvermeidlich Frage dann doch irgendwann:

»Stellt euch einmal vor, jemand von uns bricht sich ein Bein. Was sollen wir dann tun? Kommst du allein mit Kompaß und Karte zurecht, denn einer müßte schließlich Hilfe holen?«

»Selbst wenn wir mit der Orientierung klarkämen, wo sollten wir denn hier Hilfe holen? Welche Siedlung oder welche Straße wäre denn in kurzer Zeit erreichbar? Ich kann mir das beim besten Willen nicht vorstellen.«

»Wenn wirklich etwas passieren würde, würden wir auch eine Möglichkeit finden...«

»Das ist leicht gesagt und sicherlich findet man eher eine Lösung für

Der Abstieg zum Saaivajaure, kurz vor der Blockmark

Blick nach Norden ins Tal des Saaivajaure

Blockmark im Wald am Talvatisåive

Blick nach Südwesten auf das erste Moor der Tour bei Saaiva Sameviste

Am Rande der großen Moorebene in der Nähe des Nujåkkå

Blick vom Salvotjåkka ins östliche Waldland

Sjaunja Ape vom Hang des Tjuolpuk-Massives

Abstieg der "reitenden Götter" vom Tuolpuk mit Blick zu den Skanden

Der Stora Sjöfallet Nationalpark hinter dem Ritelpakte im Westen

Vor dem letzten Aufstieg ins herbstliche Fjäll

"Leben inmitten von Leben, das leben will"

HARRÅ

ein Problem, wenn man bereits in der Klemme steckt. Das haben wir ja bereits hautnah erlebt! Aber in diesem Fall sähe ich trotzdem schwarz. Kannst du dir die enorme psychische Belastung in solch einem Fall vorstellen? Du irrst mutterseelenallein durch die Wildnis, unter dem Zwang, so schnell wie möglich in die Zivilisation zu kommen. Du hast niemanden, mit dem du dein Leid teilen kannst, der dir zuhört und der dir Mut macht. Vor dir nichts und hinter dir nichts, irgendwo die vage Hoffnung auf eine Straße oder ein Haus und irgendwo deine Freunde mitten in der Einöde. Nur noch ein Kreuz auf der Landkarte erinnert dich an die Stelle, wo sie sind und warten. Deine Füße schmerzen, der Regen durchnäßt dich bis auf die Haut und du rechnest dir immer wieder aus, wo du wohl sein wirst, wenn die Nacht hereinbricht und das Thermometer immer tiefer unter Null sinkt. Du hast kein Zelt, das dich vor dem Regen schützen könnte, keine trockene Kleidung, keinen Schlafsack, der dich vor dem Erfrieren bewahrt und nur ein paar Happen zu Essen. ... Ich stelle mir das schrecklich vor. Um nichts in der Welt möchte ich diese Erfahrung machen. Frank, würdest du freiwillig allein durch diese Wildnis laufen?«

»Wenn ich meine Familie nicht hätte, könnte ich mir das vielleicht vorstellen. Aber nur unter normalen Bedingungen, das heißt, ohne für jemanden Hilfe holen zu müssen. Das Risiko für mich selbst würde ich auf mich nehmen, glaube ich. Ich stelle es mir aufregend vor, so ganz allein mit Mutter Natur zu sein. Aber unter diesen Umständen um Nichts in der Welt!«

»Für mich wäre das in keinem Fall etwas, ob mit oder ohne Rettungsaktion. Ich würde mir einsam und verloren vorkommen, auch wenn ich die beste Ausrüstung hätte und mit Kompaß und Karte völlig vertraut wäre. Ich brauche Menschen, mit denen ich meine Erlebnisse teilen kann.«

Einmal mehr wurde uns klar, welch große Sicherheit die Wanderpfade des Schwedischen Touristenvereins bieten - mit ihren Hütten, Not-Telefonen und Verbindungen zu den nächstgelegenen Straßen. Unwillkürlich kam mir ein Ausspruch meines Freundes Dirk in den Sinn, den er letztes Jahr auf einer Trekking-Tour in der ödesten Blockmark zum Besten gegeben hatte:

»Gott sprach: Bete, denn es könnte schlimmer kommen! Und ich betete - und es kam schlimmer!«

Und wie *es* kam! Wenn wir unseren gewaltigen Rückstand aufholen wollten, mußten wir nun endlich los. Wortkarg und fast schon automatisch schulterten wir die Rucksäcke und standen alsbald abmarschbereit nebeneinander. Ein letzter Blick auf das heimelige »Nest«, ein seufzender Atem von irgendwoher, die Rucksackgurte noch einmal festgezurrt und wieder ging es hinein ins Ungewisse.

Als wenn wir nicht schon genug durch das Moor gestapft wären! Kaum waren wir unterwegs, hatte uns der wankende Torfboden wieder. Es war ein absolut niederschmetterndes Gefühl! Bereits auf den ersten hundert Metern nach unserem Aufbruch zwangen uns neue Hindernisse zum Anhalten. Es war nicht möglich, in gerader Richtung zur Brücke zu gelangen, da sich die Bultenstränge immer wieder in nicht begehbarem Terrain verloren. So waren wir gezwungen, diese Sumpfflächen in einem großen Bogen zu umgehen und verloren dabei die Stelle aus den Augen, wo die Brücke sein mußte. Wir standen mitten im Nichts und zuckten mehr als einmal ratlos mit den Schultern.

Irgendwann gelang es uns mit Mühen, endlich in die unmittelbare Nähe des Flusses zu gelangen. Doch an dieser Stelle schien es überhaupt nicht mehr weiter zu gehen, denn vor uns lag ein unüberwindlicher, tückischer Schwingrasen, der überall den Fluß säumte.

Nirgends war der Schwingrasen schmaler als zehn Meter, nirgends trug er unser Gewicht, nirgends war auch nur die Spur von einer Brücke zu sehen. Wir konnten ihre Lage jetzt nur noch vermuten.

Betroffen setzten wir unsere Rucksäcke ab und trennten uns, um einen Hinweis auf den Pfad zu finden, der schließlich irgendwo in der Nähe sein mußte. Keine Brücke ohne Pfad, dachten wir und suchten angestrengt die kleine Bulteninsel, auf der wir standen, nach Spuren ab.

Nach einer Weile entdeckte irgendjemand einen teilweise versunkenen Baumstamm, der auf halbem Wege zum Fluß im Sumpf lag. Sollte es dort zur Brücke gehen? Da wir keine anderen Hinweise fanden, blieb nur die Hoffnung.

»Den muß dort jemand hingelegt haben. Im Wasser können Birken nicht wachsen. Muß schon ziemlich lange her sein, so vermodert, wie der ist.«

»Es wäre schön, wenn du recht behalten würdest. Kannst du den Stamm erreichen?«

»Tja…?« Martin setzte vorsichtig seinen Fuß auf den Moorboden, »sieht schlecht aus! Ich brauche nur leicht mit dem dicken Zeh zu wippen, dann gerät der ganze Boden in Schwingungen. Seht Ihr die Wellen, die sich kreisförmig wie auf dem Wasser fortpflanzen?!«

»Oh verflucht! Jetzt schaut euch diesen blöden Baumstamm an. Ob er nun den richtigen Weg zur Brücke weist oder nicht, er kann uns nicht tragen. Jetzt sind wir genauso schlau wie vorher.«

Wie konnten wir die Brücke bloß erreichen? Und wie sollte es dann weitergehen? Eine Zeitlang waren wir völlig ratlos. Ich versuchte eine mißgestaltete, dünne Birke zu erklimmen, die als einziger Baum hier wuchs. Ich wollte einen besseren Überblick bekommen, doch es mißlang mir kläglich.

»So eine Pleite! Der Baum kann ja selbst kaum noch stehen! - Jetzt hängen wir hier wieder stundenlang herum, nur um schlappe fünfzehn Meter weiter zu kommen. … Es darf nicht wahr sein! Meine Packrolle mit dem Schlafsack ist auch gleich naß. Nicht mal einen trockenen Fleck für die Rucksäcke gibt es hier. Wir bräuchten eine Brücke zu der Brücke! Welcher Idiot mag das wohl hier verzapft haben? Scheiße!« Ich schimpfte wie ein Rohrspatz.

»Mäßige Dich!« zischte Sabine mich an, »deine Flucherei bringt uns auch nicht weiter. Vielleicht hat das hier ganz anders ausgesehen, als die Brücke gebaut wurde. Du weißt doch, wie schnell sich diese Wasserläufe verändern. - Versuchen wir halt, aus den Zweigen der Weiden und Zwergbirken einen provisorischen »Steg« zu bauen.«

Martin nickte zustimmend: »Eine gute Idee. Wir müssen den Druck unseres Körpergewichtes so breitflächig wie möglich verteilen, dann trägt uns der schwimmende Boden vielleicht.«

Damit dieser »Steg« uns auch wirklich tragen konnte, mußte zwangsläufig sehr viel Material verwendet werden. Die dünnen und biegsamen Zweige, die uns zur Verfügung standen, mußten mehrlagig aufgeschichtet werden, damit sie nicht augenblicklich nachgaben, wenn wir den ersten Fuß daraufsetzen würden. Aus diesem Grund war bereits abzusehen, daß die Sträucher niemals ausreichen konnten, selbst wenn wir alles abschnitten, was erreichbar war. Ich suchte nach anderen Alternativen und wagte mich noch einmal mit äußerster Vorsicht und mit dem Stock als drittem Bein auf den Schwingrasen hinaus.

Währenddessen waren Martin und Sabine unermüdlich damit beschäftigt, Strauchzweige zu schneiden und aufzuschichten. Sie bemerkten meinen Alleingang überhaupt nicht.

Schritt für Schritt tastete ich mich voran und sofort wurde mir klar, daß meine 60 Kilogramm schon fast zu viel waren. Martin hatte absolut recht: Mit 20 Kilogramm Gepäck auf dem Rücken würde der Boden uns mit Sicherheit nicht mehr tragen. Doch ich wollte noch nicht aufgeben.

Nach einigen bangen Sekunden stand ich endlich auf dem Birkenstamm, abgestützt auf den Stock und unendlich erleichtert. Ich fühlte mich sicher, wenn auch der Stamm alt und glatt und so tief eingesunken war, daß er kaum noch aus dem Sumpf herausragte. Aber er hatte die fantastische Eigenschaft, mein Gewicht auf die siebenfache Fläche meiner Füße zu verteilen! Das würde selbst für einen Bären genügen! Natürlich konnte ich hier nicht bleiben. Ich mußte wieder den wankenden Boden betreten, um weiterzukommen. Nur Mut, dachte ich mir, obwohl ich wußte, daß das Risiko eigentlich zu groß war! Mein Versuch entbehrte jeder Vernunft.

Es folgten ein paar Meter Schwingrasen von der übelsten Sorte, aber es gelang mir trotzdem, mit zwei waghalsigen Sprüngen ins Ungewisse den Weidengürtel am Fluß zu erreichen. Kaum zehn Sekunden später stand ich auf der ersehnten Brücke. Zum Glück war die Rechnung aufgegangen.

Meine Freude war unbeschreiblich. Wie ein ausgelassenes Kind stampfte ich mit dem Fuß fest auf die Holzdielen. Ich wollte den Beiden meinen unerwarteten Erfolg geräuschvoll signalisieren. Sie waren tatsächlich immer noch so fieberhaft beschäftigt, daß sie erst jetzt aufschauten. Ihre Blicke waren köstlich, spiegelten sie doch ungläubiges Erstaunen wieder. Ich fühlte mich wie ein König.

»Super, Super, Super,« rief Sabine hinüber, »wie hast du das denn geschafft!? Kommst du über den Fluß?«

»Na klar, ich stehe doch auf der Brücke!«

»Kaum zu glauben. Kannst du fliegen? - Hauptsache, wir kommen hier weg, egal wie. Geht es dahinter so weiter wie hier oder kannst du bis in das Wäldchen da hinten kommen und ein paar Äste mitbringen?«

»Ja, es sieht sehr gut aus. Ich glaube, das wird gehen.«

Umgehend machte ich mich auf den Weg. Der lang vermißte Pfad lag vor mir und führte gut sichtbar in den Birkenhain hinüber. Das Moor war hier zum Glück nichts weiter als eine Schicht feuchten Mooses auf ziemlich festem Boden.

Ohne Probleme gelang ich in das Wäldchen und hoffte auf ein paar tragfähige, alte Baumstämme. Ich hatte kaum mit der Suche begonnen, als ich meinen Augen nicht mehr traute: Vor mir lehnte an einer Birke eine lange, nagelneue Holzbohle! Weiß der Teufel, wie die hierher gekommen war? Vielleicht hatten die Samen die Brücke im Frühjahr erneuert und diese Diele war übrig geblieben? Auf jeden Fall war es ein Geschenk des Himmels.

Nach ein paar Minuten Suchen fand ich außerdem noch drei krumme Birkenstämme, die stabil genug waren, um als Baumaterial für den provisorischen »Steg« zu dienen. Ich machte mich ans Werk, das Material zur Brücke zu schleifen.

Martin und Sabine machten wieder ungläubige Gesichter, als sie mich mit dem Holz im Schlepptau ankommen sahen. Schnell hatte ich die Hölzer so auf den Schwingrasen gelegt, daß eine begehbare Passage entstand. Auf diese Weise dürfte es uns gelingen, die Brücke mitsamt den Rucksäcken wohlbehalten zu erreichen. Ich eilte zu meinen Freunden zurück. Mit dem schweren Gepäck war es immer noch eine gefährlich wackelige Angelegenheit. Nur mit der zusätzlichen Hilfe der Stöcke fanden wir genügend Halt.

Unendlich vorsichtig tasteten wir uns über die schwankenden Stämme voran. Der Druck war ausreichend verteilt, aber die Gefahr des Fallens durften wir nicht unterschätzen! Langsam, ganz langsam balancierten wir weiter. Minuten schienen Stunden zu dauern. Die Rucksäcke schwankten hin und her und unsere Blicke hafteten fest an den halb eingesunkenen Stämmen. Einen Fuß setzten wir vor den anderen.

Endlich auf der Brücke angelangt, fiel die ganze Spannung schlagartig von uns ab. Allerdings mußte ich noch eine heftige Kritik von Sabine über mich ergehen lassen, die meinen Übermut schalt. Diese Passage hatte Nerven gekostet!

Der kleine Fluß, den die Brücke überspannte, war gut einen Meter fünfzig tief. Er floß träge durch ein vielfach gewundenes Bett mit fast rechteckigen Querschnitt. Eine ganz typische Erscheinung für Fließgewässer in Mooren.

Selbst hier, inmitten von Problemen und Katastrophen, faszinierte uns das klare Wasser.

Die tiefbraunen Ränder des Untergrundes und der wolkenlose Himmel gaben dem Fluß von weitem eine dunkle, schwarzblaue Farbe. Aus der Nähe betrachtet wirkte das Wasser dagegen glasklar, durchbrochen von den Konturen des kiesigen Bodens, die sich durch das einfallende Sonnenlicht goldgelb im Wasser abzeichnete. Jedes Steinchen, jede Wurzel - alles war deutlich zu erkennen. Kein noch so schwacher Schleier vernebelte die Sicht durch das kühle Naß. Leise gurgelnd floß der Bach in gemächlichem Tempo dahin.

Wir nahmen ein paar kräftige Schlucke, um unseren Durst zu löschen und füllten unsere Feldflaschen auf. Es war faszinierend, die Hände in diesen flüssigen Kristall einzutauchen und das Spiel der Reflexionen zu verfolgen.

Damit wir unsere Pause noch länger rechtfertigen konnten, beschlossen wir, hier unser schmutziges Kochgeschirr zu spülen. Bald standen Töpfe, Pfannen, Becher und anderer Kleinkram auf den Planken der Brücke herum und Martin schrubbte die Gegenstände mit einem Spülschwamm. Die Schaumkrönchen, die auf dem glasklaren Bach dahinschaukelten, waren sicher nicht schlimmer als ein toter Fisch im Bodensee. Dennoch empfanden wir ein schlechtes Gewissen dabei, die Reinheit dieses Gewässers so zu beflecken.

Erst als wir mit dem Spülen fertig waren, wurde uns bewußt, daß uns nur ganze zweihundert Meter Luftlinie vom letzten Zeltplatz trennten. Es war schon fast wieder Mittag. Welch eine niederschmetternde Erkenntnis! Unsere gute Laune war wie weggeblasen. Schweren Herzens packten wir unsere Siebensachen und setzten die Reise fort.

Die Durchquerung des Wäldchens machte keinerlei Schwierigkeiten, bis wir nach ein paar hundert Schritten entdeckten, daß wir uns wieder auf einer Insel im Moor befanden. Gut dreißig Meter lagen zwischen unserem Standpunkt und dem Berghang gegenüber.

Einmal mehr hatten wir Glück! Wir blieben von unpassierbarem Schwingrasen verschont und erreichten nach einigen beherzten Sprüngen den gegenüberliegenden Wald. Damit verließen wir endlich die große Moorebene.

Auf der Insel war der Pfad gut zu sehen gewesen und auch hier am Rand der Ebene fanden wir ihn erstaunlicherweise direkt wieder. Er führte uns schräg bergauf, entlang dem birkenwaldbestandenem, aber trockenem Berghang des Tjållårah. Wie wohltuend es war, endlich wieder festen Boden unter den Füßen zu haben. Eine Weile sah es verdächtig gut für uns aus - kein Moor, keine Blockmark, keine Flüsse - aber dann kehrte das Pech zurück!

Nachdem wir ein struppiges Hangmoor schimpfend und fluchend hinter uns gelassen hatten, war der Weg verschwunden. Es war wie verhext! Unverrichteter Dinge blieb uns wieder einmal nichts anderes übrig, als die Marschrichtung auf dem Kompaß einzustellen und ihr bedingungslos zu folgen - egal was da kommen mochte! Wie zu erwarten stellten sich die Probleme auch bald wieder ein.

Wir gerieten in ein Gebiet, das ausschließlich mit jungen Birken bewachsen war. Die dünnen Bäume standen so dicht, daß es nur mit allergrößter Mühe möglich war, durch den Wald hindurchzukommen. Permanent blieben wir mit den Rucksäcken am wirren Geäst hängen und die Zweige peitschten uns um die Ohren. Dabei blieb es leider nicht. Zu allem Übel wurden die Bäche, die von dem Berg hinunterkamen, von kleinen Sümpfen oder undurchdringlichen Bruchwäldern gesäumt. Und es gab sehr viele Bäche an diesem Hang! Alle paar Minuten kündigte sich die nächste Senke mit dem charakteristischen, blaugrünen Polarweidenlaub an.

Es war schier zum Verzweifeln. Immer wieder schlugen uns die Äste ins Gesicht. Wir klammerten uns an die Bäume und balancierten über die knorrigen Wurzeln um die Stämme herum. Das Wurzelwerk bot uns die einzige Möglichkeit, einigermaßen Halt für unsere Füße zu finden. Drumherum war nichts als Wasser und Schlamm.Wie die Schlangenmenschen mußten wir uns verrenken, um von einer Birke zum nächsten trockenen Fleck zu gelangen, auf dem wieder eine Birke stand. Dabei war es kein Einzelfall, daß wir uns gleichzeitig um eine weitere Birke herumhangeln mußten, die mitten vor uns im knietiefen Sumpf stand.

Wir duckten uns und stiegen, wir sprangen und stolperten über querliegende Baumleichen. Wir klammerten uns an Stämmen fest und schoben uns zwischen ihnen hindurch. Es war der reinste Wahnsinn! Doch wir waren uns ganz sicher, daß diese Strapaze immer noch angenehmer war, als uns 100 Meter tiefer parallel zum Berghang durch das offene Moor zu kämpfen!

Die Uhr lief und lief und Sabine kam der Gedanke, daß ich am Montag nicht rechtzeitig zur Arbeit erscheinen würde. Sie zog es durchaus in Erwägung, daß ich in diesem Fall meinen Job verlieren könnte. Alle Erklärungen und Beschwichtigungen waren sinnlos, sie ließ sich davon nicht abbringen. Nach meiner Überzeugung bestand in dieser Hinsicht kein Risiko. Ich würde mir den Ausfall nachträglich als Urlaubszeit anrechnen lassen und damit basta. Wenn das unser einziges Problem gewesen wäre, dann hätten wir uns glücklich schätzen können!

»Und wenn dein Chef die Story nicht glaubt - was dann?« ließ Sabine nicht locker, »dann stehst du wie ein Lügner da, der ohne Rücksicht auf seine Kollegen den Urlaub eigenmächtig verlängert hat. Oder sagen wir ruhig - der »blau« gemacht hat!«

Selbst in diesem Fall würde ich nicht gleich gefeuert. Aber was sollte ich mit meiner Frau diskutieren, ihre Meinung stand felsenfest und ihre Angst ließ sich durch Worte nicht vertreiben.

Da holen einen die Zwänge des Arbeitslebens sogar in der entlegendsten Wildnis ein. Martin seufzte zustimmend. Ich fragte mich ernsthaft, ob wir in unserer modernen und demokratischen Industriegesellschaft wirklich mehr Freiheiten genießen als die Leibeigenen der vergangenen, absolutistischen Monarchien? Die Antwort darauf ist möglicherweise unbefriedigend...

Was Sabine betraf, so hatte sie sich vorgenommen, nicht mehr darüber zu reden und möglichst wenig zu jammern. Sie wollte jetzt einfach nur brav hinterhergehen. Sie hielt das für das Beste, was sie zum Gelingen der Tour beitragen konnte. Nur nicht die Moral unnötig belasten, Schwierigkeiten gab es bei weitem genug!

So plötzlich wie der Wald begonnen hatte, endete er auch wieder. Mit einem einzigen Schritt traten wir von der Hölle ins Paradies. Vor uns lag eine malerische Bergwiese mit saftigem, grünem Gras. Weit und breit kein Anzeichen für Moor und Sumpf. Es war kaum zu glauben, eine Alm mitten in Lappland. Selbst die Almhütte fehlte nicht, wenn es auch nur die Reste einer längst verfallenen Samenkåta waren, die wir an der schönsten

Stelle der Wiese entdeckten.

Die auf der Karte eingezeichnete trockene Freifläche existierte dieses Mal wirklich. Doch »gebranntes Kind scheut das Feuer!« Denn im Anschluß an die Wiese, auf tieferem Niveau, glaubten wir schon wieder Zwergstrauchheide und Mooshügel zu erkennen. Besorgt blickten wir uns an.

»Wäre auch zu schön gewesen,« bemerkte Martin lakonisch.

Mit gemischten Gefühlen setzten wir unsere Wanderung fort. Die Wiese bot uns endlich einmal wieder die Gelegenheit, weit auszuschreiten. So kamen wir der Talsenke schnell näher.

Langsam bemerkte ich die schmerzenden Druckstellen an Schultern und Hüften, die sicher schon viel früher entstanden waren. Ich verlagerte den Schwerpunkt des Rucksackes etwas mehr zur Körpermitte, indem ich die Tragegurte ganz stramm zog. Für eine Weile gab das gewöhnlich etwas Erleichterung. Auf solche und ähnliche Weise versuchten wir alle von Zeit zu Zeit, das Gewicht auf unserem Rücken erträglicher zu machen. Mit der Zeit wurde diese Bewegung fast automatisch ausgeführt.

Als wir das Gelände im Anschluß an die Wiese erreichten, stellten wir erfreut fest, daß wir uns diesmal getäuscht hatten. Die Mooshügel waren tatsächlich trocken! Besser noch: Wir gingen bald wieder auf dem vermißten Samenpfad, der hier sehr deutlich zu sehen war. Langsam kamen wir immer tiefer ins Tal. Obwohl wir etwas anderes erwartet hatten, blieb das Gelände auch weiterhin verhältnismäßig trocken. Selbst ein paar hundert Meter vor dem Fluß, auf den wir zugingen, änderte sich das nicht. Beschwingt und mit neuem Elan eilten wir darauf zu. Die Orientierung schien dank des Pfades denkbar einfach zu sein. Darüber waren wir heilfroh, denn er würde uns sicher direkt zu der Brücke führen, die auf der Karte verzeichnet war. Im Gänsemarsch eilten wir dem Gebüschstreifen entgegen, der den Flußlauf säumte.

In der Reihenfolge wechselten wir uns häufig ab, jeder von uns war einmal vorn. Sobald jemand vor mir ging, hingen meine Blicke unwillkürlich an dessen Füßen, die sich im ewig gleichen Trott langsam auf und ab bewegten. Es war ungemein beruhigend, fast wie das Pendel eines Hypnotiseurs. Irritiert blickte ich hoch, als Martin abrupt stehenblieb.

»Seht ihr auch, was ich sehe?« sagte er mit erhobener Stimme, »das darf doch alles nicht wahr sein?!«

»Was denn? - Oh nein, schon wieder Sumpf! Sumpf und Polarweidengestrüpp. Und das mannshoch und wieder einmal keine Brücke in Sicht. Weit und breit keine Brücke. Das kann doch gar nicht angehen?! Der Weg ist doch deutlicher als je zuvor!«

Offensichtlich hatten wir uns von einem Rentierwechsel in die Irre führen lassen, den wir für den Pfad gehalten hatten. Dieser verdammte Pfad barg immer neue Überraschungen! Der Sumpf war hier zwar nur ein höchstens 50 Meter breiter Saum am Fluß, aber er war flächendeckend mit dichtem Polarweidengebüsch bestanden. Die Zweige der Sträucher wucherten wie Tausende von Fußangeln über die Erde. Doch damit nicht genug: Je näher wir dem Wasser kamen, desto höher, wackeliger und instabiler wurden die »Ikeahocker«, die hier in großer Zahl das Bild des Flußufers bestimmten.

Man konnte gut erkennen, wo die Rentiere ihre Furt durch den Fluß hatten. Für uns war eine Flußüberquerung ohne Brücke jedoch undenkbar, denn das Gewässer war cirka drei Meter breit und mindestens einen Meter und fünfzig tief! Wir gaben die Hoffnung auf die Brücke jedoch nicht auf, denn wir hatten ja gerade heute früh die Erfahrung gemacht, daß man sie oftmals erst aus nächster Nähe erkennen kann.

»Irgendwo hier wird sie wohl sein. Wir haben uns genau an die Marschrichtung gehalten und müssen demnach ganz nahe bei der Brücke sein.«

»Und wenn die Karte nicht stimmt? Der Weg ist ja auch nicht mehr zu sehen! Wie sollen wir jemals über diesen Fluß kommen?«

Martin versuchte Sabine zu beruhigen: »Bis jetzt haben doch alle anderen Eintragungen auch gestimmt. Warum sollte das gerade hier nicht so sein? Wir wissen ziemlich genau, wo wir sind und haben halt wieder einmal den Weg verloren. Es kann also nur eine Frage der Zeit sein, bis wir die Brücke gefunden haben.«

»Was sagst Du da? Die Karte ist doch keinen Pfifferling wert. Da stimmt doch fast nichts drauf. Da taugt ein Globus mehr als diese topografische Karte.«

»Übertreib doch nicht. Bis hierher sind wir mit Hilfe der Karte gekommen, dann kommen wir auch weiter! Nicht den Kopf hängen lassen, wir werden diese Brücke schon finden.«

Wo kein Weg war, war auch keine Brücke - logisch! Also trennten wir uns und folgten dem Ufer flußauf- und flußabwärts, um irgendwo auf den Übergang zu stoßen. Dabei blieb uns nichts anderes übrig, als mitten durch den wirren Ufersumpf zu stapfen. Der Fluß hatte viele Mäander und es war kaum möglich, mehr als zwanzig Meter der Flußstrecke zu überblicken. Das Gestrüpp erschwerte unser Vorankommen unsäglich.

Die Zeit verstrich - aber weit und breit war keine Brücke zu sehen. Alles Suchen schien vergeblich. Mochte diese Brücke überhaupt noch existieren?

Wir nahmen uns vor, eine genaue Ortsbestimmung durchzuführen, um festzustellen, wo wir standen - beziehungsweise -, wo die Brücke genau liegen mußte. Martin und ich holten unsere Kompasse aus der Tasche, um unabhängig voneinander eine Peilung durchführen zu können. Weil es immer von Vorteil ist, einen Überblick aus einer erhöhten Position zu bekommen, schickte ich mich an, eine kräftige Birke zu erklettern. Es war nicht leicht, dort oben einen einigermaßen stabilen Sitz zu finden.

Nachdem ich mich sicher genug fühlte, konnte die Prozedur beginnen. Zuerst wollten wir anhand der Flußrichtung unseren Standort bestimmen. Das Ergebnis ließ sich jedoch nicht verwerten, da es gleich auf mehrere Stellen des Flusses zutreffen konnte. Wir stellten lediglich fest, daß es sich bei dem Fluß um den gleichen handelte, den wir heute Morgen auf der kleinen Brücke überquert hatten.

Es blieb uns also nichts anderes übrig, als eine genaue Winkelpeilung zu drei Berggipfeln vorzunehmen. Das würde jedoch hier recht schwierig werden, da die Berge keine deutlichen Spitzen aufwiesen und sehr weit voneinander entfernt waren. Dadurch würde das Ergebnis einiges an Genauigkeit einbüßen. Wir gaben unser Bestes!

Wieder verglichen wir unsere Werte. Sie wichen nur um ein Grad voneinander ab. Das war also gelungen. Nun zogen wir auf der Karte drei entsprechende Linien und waren gespannt, wo sie sich schneiden würden. Wie erwartet, entstand dabei kein exakter Punkt, sondern ein kleines Dreieck. Seine Seitenlänge betrug in der Realität etwa 150 Meter. Das deutete auf ein recht genaues Ergebnis hin; trotz der schwierigen Meßbedingungen. Das Dreieck lag auch tatsächlich direkt neben dem Fluß, aber leider stimmte seine Lage nicht mit den Daten überein, die aus unserer bisherigen Marschroute resultierten. Demnach mußten wir hier deutlich weiter nördlich am Fluß stehen als die Brücke… Oder doch nicht? Oder vielleicht doch? Wir waren völlig ratlos!

»Was sollen wir jetzt tun?« stieß Sabine mit zittriger Stimme hervor, »wir müssen die Brücke finden, sonst kommen wir niemals über diesen Fluß. Er ist zu breit und zu tief für eine Wat. Sagt doch was - bitte!«

Viel konnte ich darauf nicht erwidern. Ich zuckte nur hilflos mit den Schultern.

»Aufgeben können wir immer noch,« bemerkte Martin mit auffallender Ruhe! »Laßt uns noch mal gemeinsam alle Daten durchgehen und gegeneinander abwägen. Es läßt sich leichter eine Entscheidung finden, wenn man auf Fakten aufbaut, statt auf einem Gemisch aus Fakten und Gefühlen!«

Ich war erleichtert über Martins Initiative. Er hatte absolut recht! Gewißheit ist immer besser als Ungewißheit. Wir prüften also nochmals alle uns bekannten Daten und diskutierten die möglichen Fehlerquellen. Doch leider kamen wir zu keinem hoffnungsvollen Schluß. Die Erkenntnis traf uns wie ein Schlag!

Mit großer Wahrscheinlichkeit existierte die Brücke nicht mehr... Schlagartig ging uns auf, was wir insgeheim bereits befürchtet hatten: Wir würden einen Fluß ohne Brücke überqueren müssen. Zum Springen war er zu breit und zum Waten zu tief und zu schlammig. Fieberhaft suchten wir nach einer Lösung, aber alle Alternativen, die wir uns krampfhaft aus den Fingern sogen, lösten sich in Luft auf.

An eine Überquerung weiter flußaufwärts war nicht zu denken. Früher hatten wir es oft so gemacht, weil die Flüsse am Oberlauf schmaler sind, doch hier entsprang der Fluß dem größten See der ganzen Gegend, dem Nujaure. Bei der langsamen Fließgeschwindigkeit des Wassers konnten wir uns leicht ausrechnen, daß er weiter oben auch nicht anders aussehen würde als hier.

Flußabwärts sollte der Fluß nach der Karte schnell breiter werden. Vielleicht war er dort etwas flacher, aber was nützte es, wenn sich drumherum überall unpassierbare Sumpfflächen ausbreiteten?

Wir hatten also per Definition nur zwei Möglichkeiten, in die Zivilisation zurückzukehren.

Die eine davon war das Umkehren auf derselben Route, die wir gekommen waren. Bei diesem Gedanken erfaßte uns nackte Panik. Abgesehen von unserer völlig unzureichenden Motivation, alle bisher überstandenen Katastrophen noch einmal durchstehen zu müssen, käme vielleicht Regen oder Schnee dazu - überflutete Moore und eisglatte Felsen? Nicht auszudenken, was uns dabei alles passieren könnte!

Die andere Möglichkeit war eben die besagte Flußüberquerung, von der wir zu diesem Zeitpunkt absolut noch nicht wußten, wie das möglich sein sollte? Ratlose Blicke bei meinen Freunden, Achselzucken bei mir, wieder einmal nagende Ungewißheit. Doch dieses Problem erschien uns viel endgültiger, viel existentieller, viel entscheidender als alle vorhergegangenen! Denn offensichtlich gab es definitiv kein Zurück mehr!

Vorerst versuchten wir diese lähmende Erkenntnis zu verdrängen. Sabine war die erste, die uns aus der Lethargie riß.

»Dann kommt auch, wenn wir keine andere Wahl haben! Laßt uns das Ufer hier Meter für Meter untersuchen. Vielleicht gibt es eine Stelle, wo Steine im Wasser liegen.«

»Biene, wir haben doch eben schon gesehen, daß weit und breit keine einzige... »

Ich unterbrach meinen Satz. Ich durfte ihr nicht den letzten Mut nehmen.

»O.K.! Kämpfen wir uns noch einmal durch das Ufergestrüpp. Ich schlage vor, wir machen das getrennt.«

»Aber wir müssen auf jeden Fall in Sichtweite bleiben,« warnte Martin uns.

»Ja klar! Wir rufen uns dann jede Minute zu, wie es aussieht!«

Schon nach kurzer Zeit mußten wir feststellen, daß sich überall das gleiche Bild bot: Gleiche Breite, gleiche Tiefe - keine Steine - keine Möglichkeit zum Waten weit und breit. Wieder machte sich Ratlosigkeit breit.

Wir legten die Rucksäcke an einer Baumgruppe ab und schlugen uns abermals zum Fluß durch. Vorsichtshalber hängten wir eine rote Nylonjacke in einen Baum. Es war hier nicht auszuschließen, die Rucksäcke zu verlieren. Kaum zehn Meter entfernt waren sie im Gestrüpp wie unsichtbar. Dieses Risiko durften wir auf keinen Fall auch noch eingehen! Wieder trennten wir uns und versuchten einzeln unser Glück. Alle paar Minuten ertönten unsere Rufe. Keine Chance! Unsere Anspannung wuchs ins Unermeßliche. Meine Knie begannen unwillkürlich zu zittern.

»So ein verfluchter Schlamassel! Was sollen wir denn jetzt bloß tun?«

stammelte ich leise vor mich hin,« es kann doch nicht einfach Schluß sein hier?!«

Wirre Gedanken schossen mir durch den Kopf. Was hatte ich noch über den Bau einfacher Notbrücken in Büchern gelesen? Brückenbau-, Bootsbau-, Lianenschwingen-, Fliegen-, Werfen, was mir nicht alles durch den Kopf ging. Fieberhaft dachte ich nach und konzentrierte mich kaum noch auf die Umgebung. Plötzlich strauchelte ich und schlug mir den Fuß um. Ich lief Gefahr, noch vor der eigentlichen Flußüberquerung im Wasser zu landen. Also riß ich mich noch einmal zusammen und machte mich auf den beschwerlichen Weg zu Sabine, die hilflos im Sumpf stand. Während ich von Bult zu Bult sprang, fiel mein Blick auf einige Birken. ...

Ich stutzte. Sollte es nicht möglich sein, aus zwei, drei Baumstämmen tatsächlich eine provisorische Brücke zu bauen? Da ich mich zu Hause in letzter Minute entschieden hatte, das schwere Jagdmesser mitzunehmen, war ein halbwegs geeignetes Werkzeug zum Fällen von Bäumen vorhanden. Und nach meiner Schätzung durften die längsten Birken gerade ausreichen, um das andere Ufer damit zu erreichen. Die Idee erschien mir etwas verrückt! Eher geeignet für eine Stuntszene in einem Abenteuerfilm. Aber besser eine Schnapsidee als gar keine. Woran sollte ich mich sonst klammern?

Als ich bei Sabine ankam, bemerkte ich sofort ihre geröteten Augen. Ich konnte mir denken, wie es um ihr Gefühlsleben stand. Ohne zu Zögern trug ich ihr meine Idee vor. Und tatsächlich faßte sie daraufhin ein wenig neuen Mut - verzweifelten Mut! So recht konnten oder wollten wir uns jedoch nicht vorstellen, wie uns zwei oder drei dieser dünnen Stämmchen tragen sollten? Eine Birke, die am Boden fünfzehn Zentimeter Durchmesser hatte, maß oben gerade noch zwei, drei Zentimeter. Das war uns beiden klar, aber wir sprachen nicht darüber, um die Hoffnung nicht im Keim zu ersticken.

Wir kämpften uns zum Ufer durch und suchten nach einer Stelle, an der einigermaßen feste »Ikeahocker« standen und wo nicht allzuweit entfernt ein paar große Birken wuchsen.

Plötzlich riß uns Martins lauter Ruf aus den mutlosen Überlegungen:

»Ich habe eine Stelle gefunden, wo man vielleicht waten kann. Hier ist ein Felsen im Wasser! Kommt schnell! Hier vorn an der Flußbiegung!

Hier ist sogar das Ufer etwas fester! Schnell!«

Wir konnten kaum glauben, was wir da gehört hatten und versuchten so schnell es ging, zu ihm zu gelangen. Doch kaum standen wir neben unserem Freund, verließ mich der Mut aufs neue, als ich die sogenannte Watstelle sah.

»Aber außer dem festen Ufer sieht es doch hier genauso aus wie überall an diesem verfluchten Fluß!«

Martin deutete auf das Wasser unter einer krummen Birke, die deutlich über das Ufer ragte:

»Dort am Rand liegt eine alte Wurzel als erster Tritt. Und wenn Ihr genau hinschaut, dann seht Ihr mitten in dem sonst ebenen Flußbett einen dicken Felsbrocken liegen - wie für uns geschaffen! Ich habe mit dem Stock eine Tiefe von höchstens 70 Zentimetern auf dem Stein gemessen. Und der Stein birgt keine bösen Überraschungen wie der moorige Grund möglicherweise. Die zwei Schritte auf den Stein und dann ans andere Ufer sind sicher verdammt breit, aber ich denke - wenn man keine andere Wahl hat…?!«

Sabine war wie verwandelt. Voller Zuversicht nahmen wir Martins Gedanken auf und beratschlagten aufgeregt, wie man es am besten anstellen müßte. Die Sache war allerdings äußerst riskant. Wir durften uns auf keinen Fall erlauben, mitsamt dem ganzen Gepäck ins Wasser zu fallen. Die Folgen wären genauso schlimm gewesen wie umzukehren! Was ohne Rucksack machbar war, konnte mit Rucksack unmöglich sein.

Ich prüfte im Geiste Martins Angaben, maß die Breite, taxierte und rechnete, grübelte lange nach und kam doch immer wieder zu demselben Ergebnis: Viel zu gefährlich! Meine Freunde reagierten natürlich wenig erbaut, als ich ihnen meine Meinung mitteilte.

»Frank«, rief Martin im aller eindringlichsten Ton, die Hände zu Fäusten geballt, »wir müssen da hinüber! Und wenn nicht hier, wo dann?«

So gesehen hatte er leider recht - wo dann? Die Stelle war mit Abstand die beste, und doch… Es war einfach zu gefährlich. Ich war sicher, wir würden unweigerlich ins Wasser fallen! Und Nässe bedeutete bei den eisigen Nachttemperaturen höchste Lebensgefahr.

Sabines Augen war die Verzweiflung anzusehen, die sich ihrer bemächtigte. Sie brauchte jetzt eine Lösung und nicht ein Dutzend Fragezeichen!

»Ich mach das jetzt! Ich geh da rüber«, preßte sie gequält heraus und wollte schon beginnen, die Hose auszuziehen. Martin sprang auf sie zu...

»Nein, Sabine! Tu nichts Unüberlegtes! Laß uns noch einmal alle Möglichkeiten abwägen!«

Doch wir konnten sie jetzt nicht mehr lange zurückhalten. Es mußte irgendetwas geschehen! Ich bat noch ein letztes Mal um Gehör. So sachlich und ruhig wie möglich trug ich meine Idee mit der Birkenstammbrücke vor.

Jetzt war es Martin, der maß und schätzte, rechnete und kalkulierte. Er seufzte tief und zuckte schlaff mit den Schultern. Seine Einschätzung war frustrierend, und eigentlich hätte ich das wissen müssen.

»Selbst die größte Birke hier - vorausgesetzt, wir könnten sie irgendwie fällen und zum Ufer schaffen -, ist zu kurz, um eine ausreichend stabile Brücke abzugeben. Mehrere Stämme machen da auch keinen Unterschied, da sich alle nach oben verjüngen. Es sei denn, du willst und kannst hier einen Kahlschlag verursachen!«

Das konnte ich natürlich nicht. In diesem Moment eskalierten Sabines Gefühle. Kaum hatte Martin ausgesprochen, fuhr sie in wilder Entschlossenheit fort, die Kleidung abzulegen. Ich fühlte mich wie ein in die Enge getriebenes Tier, hilflos und allein. Durfte ich es wirklich zulassen, daß Sabine dieses Wagnis einging - in dieser Verfassung von Panik und Verzweiflung? Sollte ich sie jetzt mit Gewalt zurückhalten oder war die Wat wirklich die einzige Chance, die wir hatten? Mir grauste, es gab jetzt kein Zurück mehr!

Wie ohnmächtig suchte ich nach einer anderen Lösung. Ich konnte und wollte mich mit diesem wahnsinnigen Versuch nicht abfinden. Und dann... Ganz plötzlich und unerwartet, aber in der logischen Konsequenz unserer bisherigen Überlegungen sah ich die Lösung vor mir:

Minus mal Minus ergab Plus; zwei undurchführbare Ideen ergaben zusammen eine durchführbare Möglichkeit!

Aufgeregt hielt ich Sabine von ihrem Vorhaben ab.

»Halt! Warte! Ich habe jetzt eine Lösung gefunden! Es ist ganz einfach und kaum zu glauben, daß wir bisher nicht auf diese Idee gekommen sind. Ihr habt natürlich recht, daß die Birkenstämme unser Gewicht nicht tragen können. Aber sie können uns den nötigen Halt geben, wenn wir durch das Wasser gehen! Wir legen sie über den Fluß und benutzen sie wie eine Art Geländer.«

Martin und Sabine schauten mich verdutzt an. Doch schon bald strahlten sie bis über beide Ohren, unsere Erleichterung war unbeschreiblich.

»Nicht zu fassen! Gibt es eigentlich eine andere Lösung, die näher liegt? Ich glaube, wir sollten wieder gelassener mit unseren Problemen umgehen. So panisch verliert man allzu leicht den Kopf und kommt nicht auf die einfachsten Dinge.«

Endlich eine Chance! Sabines Ängste waren aber noch nicht ganz verflogen.

»Wie sollen wir denn ohne Axt eine so dicke Birke fällen? Das geht doch nicht mit dem kleinen Messerchen! Das dauert doch Stunden und dann wird es...«

»Keine Angst! Darüber brauchst du dir nicht den Kopf zu zerbrechen. Das Messer hat eine recht schwere Klinge, man kann damit ganz gut hacken. Ich bin da zuversichtlich. Du weißt doch: Wer nicht wagt, der nicht gewinnt!«

Auch Martin vermutete angesichts einer fehlenden Axt ein recht langwieriges, wenn nicht gar unmögliches Unterfangen. Achselzuckend schlug er Sabine vor, derweil gemeinsam mit ihr die Rucksäcke zu holen.

»Währenddessen kann Frank ja an der Birke »herumbibern«,« sagte Martin hoffnungsvoll.

Seine humorvolle Anspielung auf den Biber löste die Spannung ein wenig und wir mußten alle lachen.

Die beiden Freunde waren noch nicht am Ziel, da hörten sie bereits das Geräusch eines fallenden Baumes. Beide drehten sich um und ich sah in Sabines strahlendes Gesicht!

Ich hackte wie ein Besessener. Schon nach kurzer Zeit hatte ich Blasen an den Händen. Doch darum konnte ich mich jetzt nicht kümmern. Nach wenigen Minuten war der Stamm von den Ästen befreit. Dann schickte ich mich an, den Baum hochzuwuchten und zum Ufer zu zerren. Das war sehr kräfteraubend und immer wieder rutschte ich dabei in die zahllosen Vertiefungen am Boden.

Unter Fluchen und Schimpfen erreichte ich das Ufer. Ich stellte den Stamm senkrecht auf den Boden, und dann kam der große Moment: Fallenlassen...

Es war wie ein Schlag ins Gesicht, als ich sah, wie das dünne Ende des Stammes nur knapp das andere Ufer traf. Nur die obersten Zweige lagen auf festem Boden. So war der Baum selbst als Stütze zum Waten nicht stabil genug. Mir blieb nichts anderes übrig, als eine weitere, noch größere Birke zu fällen. Mein Herz blutete, als der zweite Baum fiel -, und ich wünschte mir in diesem Moment, es würde den Holzfällern am Amazonas nicht anders gehen als mir!

Aber für die zählt auch nur das Geld, wie für die meisten Menschen dieser Erde. Geld bedeutet Überleben und Maßstab. Der Regenwaldbaum zählt nicht als Lebewesen, sondern sein Wert wird ausschließlich in Dollar pro Festmeter bemessen. Dollar, die man braucht, um Essen zu kaufen für die Familie.

So geht es immer weiter, von Baum zu Baum. Und was für den schwarzen Holzfäller am Kongo gilt, gilt im Prinzip auch für den russischen am Jenissei und den schwedischen am Luleälv. Baum gleich Holz, Holz gleich Geld und Geld gleich Leben. So ist das nun mal. Kein Platz für einen Gedanken an das Mitwesen, das auch der Baum ist. Gut, daß ich kein Holzfäller bin! Ich handelte hier aus anderen Motiven. Oder nicht? Auch wir brauchten den Baum gewissermaßen für unser Überleben!

Ich war heilfroh, als ich sah, daß der Stamm diesmal lang genug war.

Als Sabine und Martin zurückgekehrt waren, luden sie die Rucksäcke ab und betrachteten wohlgefällig unsere »Kneippanlage«. Seit wir die Lösung für unser Flußproblem gefunden hatten, war Sabine wie verwandelt. Von einem Moment auf den anderen schien ihre Panik verschwunden zu sein. Sie trieb uns zur Eile an, als Martin mit einem skeptischen Blick auf die drohenden, grauen Regenwolken wies.

»Mir reicht es, von unten naß zu werden. Laßt uns endlich dieses Moor hinter uns bringen. Vielleicht schaffen wir es doch noch, vor dem Regen im Zelt zu sitzen!«

Sie hatte noch nicht ganz ausgesprochen, als sie bereits wieder halbnackt dastand und ohne zu Zögern ins kalte Wasser stieg. Mir wurde mulmig bei dem Anblick und ich wechselte mit Martin einen skeptischen Blick. Kaum stand sie im Bach, war sie auch schon darüber hinweg. Es war einfach fantastisch, als sie uns vergnügt vom jenseitigen Ufer zuwinkte. Die Rechnung war aufgegangen und das Wasser war nach ihrer

Meinung gar nicht so kalt. Nun denn, so konnte ich jetzt ohne Sorgen auch meinen Rucksack holen.

Gut, daß wir eine rote Regenjacke in eine Birke gehängt hatten! Der Sumpfwald sah hier überall gleich aus und selbst dieser rote Fleck war auf die 50 Meter Entfernung nur noch schlecht auszumachen. Auf dem Hinweg kam ich in dem Gestrüppsumpf recht schnell voran, doch der Rückweg erwies sich als grauenvoll. Immer wieder stand ich vor tiefen Wasserlöchern, verhedderte mich in den Polarweiden und knickte mit den verdammten »Ikeahockern« um. Ein Indiz für die unglaubliche Vielfalt der Moorlandschaft: An einer Stelle fast unpassierbar und nur zehn Meter daneben ein freier Durchgang. Ob die Samen eine siebten Sinn dafür hatten? Den hätten wir auf dieser Tour auch dringend nötig gehabt!

Als ich an unserer »Geländer-Brücke« ankam, stand Sabine bereits wieder angezogen und mit ihrem gesamten Gepäck am anderen Ufer. Zur Zeit war Martin dabei, sich auf die Wat vorzubereiten. Es war nur gut, daß die Mücken-Saison vorbei war, sonst hätte er mit Sicherheit nicht so ruhig dagestanden - nur mit der Unterhose bekleidet. Nun konnte ich beobachten, wie unser Freund behutsam mit den Füßen nach Wurzeln tastete, die ins Wasser ragten, und kurz darauf bis zum Po im Fluß stand. Die Birkenstämme erwiesen sich tatsächlich als unverzichtbar. Sabine berichtete später, daß sie auf dem großen Stein in der Mitte des Flusses ausgerutscht war und ohne die Stämme unweigerlich ins Wasser gefallen wäre. Welch eine Vorsehung!

Martin wagte die beiden großen Schritte und auch er kam wohlbehalten drüben an. Ich war der letzte, der den Gang ins Wasser wagen mußte. Wie meine Vorgänger versuchte auch ich, alle abgelegten Kleidungsstücke, sowie den Gürtel mit der Kamera, dem Messer und dem Fernglas und »ich weiß nicht mehr was noch«, oben auf dem Rucksack zu befestigen. Die Packrollen mit den Schlafsäcken, die wir alle unten am Gestell befestigt hatten, mußten auf jeden Fall trocken ans andere Ufer gelangen. Ein nasses Nachtlager wäre das Schlimmste gewesen, was uns hätte passieren können! Um dieses Risiko auszuschalten, hatten wir die Packrollen kurzentschlossen mit einem beherzten Wurf über das Flüßchen befördert. Doch alles Andere ließ sich nur auf dem Rücken transportieren. Ich hatte ein ganz und gar ungutes Gefühl dabei.

Die Schuhe baumelten mir an den Schnürsenkeln um den Hals und das heillose Chaos der notdürftig befestigten Gegenstände wackelte bedenklich. Die kopflastige Gewichtsverteilung gab dem Ganzen einen viel zu hohen Schwerpunkt, so daß ich mir wie ein Gewichtheber mit Gleichgewichtsstörungen vorkam.

Ob das Wasser sehr kalt war, kann ich im Nachhinein nicht mehr beurteilen, denn ich war viel zu angespannt, um darauf zu achten.

Die Durchquerung des Baches dauerte nicht einmal zwei Minuten, aber sie war ein ziemlich akrobatisches Unternehmen und daher war ich sehr erleichtert, als auch ich endlich am jenseitigen Ufer stand.

Sabine und Martin halfen mir aus dem Wasser und sie empfingen mich mit einem aufmunternden Lachen.

Wieder einmal hatten wir das scheinbar Unmögliche geschafft. Wir sind alle drei keine abergläubischen Menschen und keiner von uns glaubt an eine schicksalhaft vorbestimmte Zukunft. Dennoch gab es uns zu denken, daß es wieder einmal purer Zufall gewesen war, daß wir diese einzige passierbare Stelle weit und breit gefunden hatten.

Wie dem auch sei, wir blickten uns nachdenklich an - was stand uns noch alles bevor?

Freiheit

Nachdem wir alle Ausrüstungsgegenstände wieder an Ort und Stelle verstaut hatten, brach der letzte Abschnitt des Tages an. Es war bereits wieder später Nachmittag und wir hatten noch nicht einmal den geplanten Zeltplatz für den gestrigen Tag erreicht. Wenn unser Pech anhielt, würden wir heute an jenem Platz übernachten. Laut Karte wartete dort eine große Watstelle auf uns: Nujåkkå, der Fluß, der den Nujaure entwässerte. Würde dort unsere Ostwärtswanderung endgültig enden? Oder gab es dort 30 Meter lange Birken, aus denen man ein Watgeländer bauen konnte?

Doch zu diesem Zeitpunkt waren wir einfach nur froh, weitergehen zu können und verdrängten diese Frage vorläufig. Uns blieb nur eine Wahl: Ohne größere Pausen weiter, weiter, weiter!

So schnell der Spuk vor der Wat begonnen hatte, so schnell endete er auch wieder, denn schon wenige Meter hinter dem Fluß wich das Moor trockenerem Terrain und wir kamen ausnahmsweise einmal gut voran.

Martins Verfassung war übrigens wie verwandelt. Immer häufiger sorgte er mit witzigen »Randbemerkungen« für Lacher. Ich weiß nicht, wieviel davon Galgenhumor war, wenn er von »Durchtauchen« sprach statt von »Waten« oder wenn er sein Geld vom Reiseveranstalter »Baldus Survival-Tours« zurückfordern wollte. Jedenfalls wirkten seine Späße auf Sabine und mich sehr beruhigend.

So schnell die Füße trugen, ob der Rücken schmerzte oder Blasen drückten - wieder marschierten wir weiter, weiter, weiter!

Es wäre so schön gewesen, die fantastische Landschaft einmal in aller Ruhe zu genießen, träumend in die unendliche Weite zu blicken und sich den Stimmungen Lapplands einfach hinzugeben. Aber wir hatten keine Zeit dazu, keine fünf Minuten - oder doch?

War es nicht trotz aller Widrigkeiten ein berauschendes Abenteuer hier zu sein? Frei von allen Alltagszwängen und faszinierend ursprünglich? Waren vielleicht alle unsere Probleme eher Aufgaben, die wir bestehen mußten, um ein wenig mehr ein Teil dieser grandiosen Urnatur zu werden?

Wenn ich auch unsere mißliche Lage mehr als hundertmal verflucht habe, so huschten diese Fragen doch ab und zu wie ein Lichtblitz durch mein Inneres, besonders dann, wenn ich mich am Schreibtisch in der Bank sitzen sah. Es war doch genau diese Art von Freiheit, wonach ich mich seit meiner Kindheit gesehnt hatte! Das Land der Mitternachtssonne war meine Berufung!

Auch bei meinen Freunden gewann ich den Eindruck, daß sie sich trotz aller Rückschläge und Strapazen von Tag zu Tag mehr in die Wildnis verliebten, wenn es auch keiner von ihnen so ausdrückte. Die Art, wie sie ihre Blicke in die Ferne richteten und wie sie auf die vielen tausend Kleinigkeiten um uns herum sahen, sprach eine deutliche Sprache.

Ich fühlte mich wohl in der Gesellschaft von Martin und Sabine! Diese Tour würde bestimmt nicht unser letzter Besuch in Lappland sein, auch wenn meine Frau das hier manchmal behauptete!

Und was empfand Martin? Würde auch er noch einmal wiederkommen? Ich war mir ziemlich sicher.

Wir lachten wieder mehr, wir atmeten 24 Stunden am Tag den Duft des Nordens und niemand schrieb uns vor, was wir wann und wo zu tun hatten. Allein der Schatten unserer zeitlich begrenzten Möglichkeiten verdunkelte die Freiheit unseres Seins.

Ohne weitere Schwierigkeiten kamen wir vorwärts. Meter um Meter näherten wir uns dem Fjäll.

So kam es für meine Begleiter völlig unerwartet, als ich plötzlich lautstark: »So ein Mist!« in die Weite hinein schrie.

»Sag schon, was ist passiert?« fragte Sabine und blickte mich besorgt an. »Ist etwas nicht in Ordnung? Nun sag´ schon!«

Im gleichen Moment bereute ich meinen spontanen Ausbruch schon wieder.

»Ach, keine Angst! Ich habe nur meine Kappe an einem Baum hängen gelassen, bevor wir den Fluß überquert haben.«

Sabine verdrehte die Augen und schüttelte lachend mit dem Kopf.

»Du hast vielleicht Probleme!«

Kurz bevor wir den Wald erreichten, gingen wir über eine Fläche mit großen, flachen Felsplatten, auf denen wir schnell voran kamen. Hier mitten in der unbewohnten Wildmark fanden wir ein untrügliches Zeichen der

Zivilisation: Ein kleines, rotes Plastikbändchen an einem Birkenzweig: Wir standen wieder auf dem Samenpfad!

Ohne langes Zögern und Nachdenken bogen wir auf den Weg ein und folgten seinem ungewissen Verlauf. Erst vorsichtig, dann immer schneller. Wir achteten kaum noch auf den Kompaß. Etwas Seltsames geschah in diesem Moment mit uns - eine Verwandlung fast: Wir erkannten jetzt den Weg auch dann, wenn weder Markierungen noch eine deutliche Trittfährte zu sehen waren. Mit einem Mal hatten wir den Bogen heraus, hatten gelernt, den Pfad von den unzähligen Wildwechseln zu unterscheiden, ihn schnell und sicher nach wenigen Metern wiederzufinden, wenn er sich im Gebüsch verloren hatte. Es war ein befreiendes Gefühl, wie wir nun unglaublich zielstrebig und voller Motivation durch die Wildnis marschierten, den Pfad als kaum sichtbare Leitlinie immer vor den Füßen.

Aus dem verschütteten Archiv archaischer Fähigkeiten war es uns ins Bewußtsein gedrungen: Das geübte Auge unserer steinzeitlichen Vorfahren! Sicher war dies auch den Samen zu eigen, die vielleicht schon seit Jahrtausenden diese Wege durch die lappländische Wildnis benutzten, völlig ohne technische Hilfsmittel!

Wir waren uns sicher, daß der Weg hier auch nicht besser zu sehen war als an den vorhergegangenen Tagen, als wir ihn wieder und wieder verloren hatten. Sicher nicht! Nein, es hatte einfach »Klick« gemacht!

Es war schier unglaublich, mit welcher traumwandlerischen Sicherheit wir jetzt durch die Landschaft wanderten. Sobald der Wegverlauf unklar war, gingen wir ohne lange Diskussionen bis zum letzten bekannten Punkt zurück, teilten uns dort und suchten parallel zueinander das Dickicht ab. Früher oder später rief dann einer von uns:

»Ich hab´ ihn wieder! Kommt hier her,« und weiter ging es ohne Pause.

Auf diese Weise kamen wir sehr schnell voran; die Sonne schien und Sàpmi meinte es gut mit uns.

Der Pfad leitete uns nun sicher zwischen neuen Sümpfen und Mooren hindurch. Immer wieder blickten wir uns vielsagend an.

»Stellt euch nur einmal vor, wie lange das gedauert hätte, wenn wir hier irgendwo abseits des Weges durch die Pampa stapfen müßten!«

»Ich will gar nicht daran denken. Wir würden wieder und wieder in eine Sackgasse stolpern und im Zickzack durch die Gegend irren.«

»Verfluchter Dreck! Bulte rauf, Matsch runter - Stolpern und Balancieren - und nicht mal halb so schnell wie jetzt. Schaut doch nur nach rechts! Ein Schwingrasenmoor neben dem anderen. Wie das Wasser auf der Erde glänzt. Eine verdammt tückische Gegend hier! Ich kann kaum beschreiben, wie dankbar ich für diese Trittspur bin.«

»Wollen hoffen, daß es so bleibt und wir endlich aus dieser Ebene herauskommen. Ich kann bald kein Moor mehr sehen!«

Tatsächlich setzte sich der Pfad gut sichtbar fort und unsere Füße schienen ganz von selbst zu laufen. So hatten wir Muße, uns in die Landschaft zu vertiefen, die hier an einen romantischen, verwilderten Park erinnerte. Die Sonne schien von einem leicht bewölkten Himmel herab und ich hatte wieder dieses kaum zu beschreibende Glücksgefühl, das meine Seele untrennbar mit der Wildnis zu verschmelzen schien.

Zum Aufstieg

Bald vernahmen wir ein immer deutlicher werdendes Rauschen in der Waldtundra. Es konnte nur der Nujåkkå sein, der kurz vor uns liegen mußte. Wir tauschten skeptische Blicke aus. Martins und Sabines Gesicht verrieten Unsicherheit; ein gezwungenes Lächeln, ein verbissener Blick, die Stirn in Falten! Die Niagarafälle konnten sich nicht schlimmer anhören! Langsam näherten wir uns dem Geräusch.

Plötzlich und unerwartet standen wir am Ufer des Flusses, und was wir da sahen entlockte uns einen spontanen Jubelschrei: Eine etwa 30 Meter breite, aber einfache Watstelle mit flachem Wasser, das nicht einmal bis zum Knie reichen würde, lag vor uns.

Und es war erst später Nachmittag - kaum zu glauben nach all den vielen Schwierigkeiten, die wir heute schon hinter uns gelassen hatten. Noch vielleicht zwei Kilometer und die Moorebene würde endlich und endgültig enden - diese Aussicht verlieh uns Flügel!

So weit es ging, rollten wir die Hosenbeine hoch. Als ich am Knie anlangte, war die Stoff-Wulst dick und unförmig. Die aufgerollte Hose drückte und scheuerte in den Kniekehlen. Ich hatte als erster die Watschuhe an und stand kurz darauf im Fluß.

Drei Viertel der Strecke ging das Wasser kaum bis über die Knöchel. Trotzdem war Vorsicht geboten, denn die Felsen im Flußbett waren rund und sehr glitschig. Am meisten machte mir jedoch die eisige Kälte des Wassers zu schaffen. Ich hätte schreien können. Gegen kaltes Wasser an den Füßen bin ich unheimlich empfindlich.

Nur auf den letzten Metern der Wat war das Wasser etwa knietief. Es sauste an dieser Stelle mit einem guten Tempo talwärts. Trotzdem und obwohl wir im Fluß einen großen Bogen schlagen mußten, um die flachsten Stellen auszunutzen, war es nur ein Spaziergang im Vergleich zu den Strapazen der letzten Stunden und Tage.

»So, das wäre geschafft. Rucksack runter, Füße abtrocknen und Schuhe anziehen… Mal sehen, wie es bei den Beiden aussieht?«

Martins Hauptproblem waren die glatten Steine und die Strömung. Man sah ihm seine Anspannung an. Äußerst vorsichtig tastete er sich Meter für Meter vorwärts, gestützt auf seinen Stock. Nur Sabine schien keine Sorgen bei dieser Wat zu haben. Fröhlich grinsend entstieg sie dem Fluß und amüsierte sich über meine Empfindlichkeit:

»Ja, Ja, mein Mann aus den Bergen!«

Nachdem wir unsere Wanderschuhe wieder angezogen hatten, gingen wir ohne Pause weiter. Oben auf den Rucksäcken befestigten wir die nassen Handtücher, damit sie in Wind und Sonne schneller trocknen konnten.

Der Weg verlor sich auch weiterhin ab und zu im Gelände, doch wir fanden ihn immer in kürzester Zeit wieder. Da wir ständig unsere Marschgeschwindigkeit errechneten, seit wir uns am Satihaure verlaufen hatten, stellten wir nun erstaunt fest, daß wir trotz der Sucherei im Schnitt cirka fünf Kilometer in der Stunde schafften. Mit schwerem Gepäck und auf unebenem Boden ist das sicher eine beachtliche Leistung. Auf diese Weise näherten wir uns recht schnell dem heißersehnten Ende der großen Ebene.

Unsere Laune hatte sich nach der Wat noch weiter verbessert, wir lachten wieder oft und es kamen uns alle möglichen Späße in den Sinn. Dennoch war es immer noch ungewiß, ob wir unser Endziel nun problemlos erreichen würden. Wahrscheinlicher war eher das Gegenteil, denn weitere unbekannte Hindernisse waren nicht auszuschließen! Wer gab uns die Garantie dafür, daß der nächste Samenpfad auch wirklich existierte? Wer konnte vorhersehen, wie es hinter der nächsten Biegung aussah? Wer wußte, welche unliebsamen Überraschungen das Fjäll bereithalten würde? Niemand! Trotzdem fühlten wir uns zu diesem Zeitpunkt ausgezeichnet.

Wir gingen und gingen, kamen gut voran und scherzten und alberten und… standen plötzlich wieder vor einem Moor.

»Oh Schitt, das darf nicht wahr sein. Ein einziger, ununterbrochener Schwingrasen, völlig flach und patschnaß. Ich will es nicht wahrhaben, ich ignoriere es einfach.«

»Quatsch nicht so dummes Zeug! Ich will heute noch auf den Berg da drüben. Diese Pfütze da hält mich nicht auf, jetzt nicht mehr!«

»Bevor du so große Töne spuckst, schau dir den Boden einmal genauer an. Da bist du versunken, noch bevor du zwei Meter weit gegangen bist. Wir sollten uns durch das Dickicht am Rand außen herum schlagen.«

»Bitte nicht,« flüsterte Sabine, »ich kann das jetzt nicht mehr. Das würde viel zu lange dauern...«

»Aber wir haben doch gar keine andere Wahl.«

Während Martin und ich beratschlagten, wieviel Zeit der Umweg wohl kosten würde und die Ausdehnung des Moores taxierten, rief Sabine mit einem Mal zu uns herüber:

»Kommt schnell! Hier liegen Baumstämme im Moor, die mitten hindurch führen. Man kann sie zwar kaum noch sehen, aber wenn man sich langsam vorantastet, spürt man sie unter den Füßen. Wir müssen nur ganz vorsichtig und behutsam sein, dann kommen wir bestimmt herüber!«

Martin ließ sich das nicht zweimal sagen und stand Sekunden später auf wackeligen Beinen im Sumpf. Auch ich tat es meinen Freunden gleich. Tatsächlich lagen immer zwei Stämme parallel nebeneinander, gerade so, daß auf jedem Stamm ein Fuß Platz finden konnte. Die Konstruktion erinnerte mich entfernt an Eisenbahnschienen. Sehen konnte man den »Steg« im Moorwasser allerdings fast gar nicht, so daß ich kein rechtes Vertrauen dazu fassen konnte. Es war weder möglich, das jeweilige Ende eines Stammes zu erkennen, noch seine Dicke oder den Zustand des Holzes. Die ganze Orientierung verlief fast ausschließlich über das Gefühl in den Fußsohlen. Ohne den alten Holzweg wäre eine Überquerung des Schwingrasens allerdings völlig ausgeschlossen gewesen!

Ich hatte schon mehr schlecht als recht ein gutes Drittel der Strecke zurückgelegt, als mir plötzlich ein Gedanke durch den Kopf schoß. Wir befanden uns im wahrsten Sinne des Wortes auf dem »Holzweg«, wenn die Stämme nun mitten im Moor enden würden. Der Gedanke erfüllte mich mit Schaudern. Doch bisher kamen von vorn nur ermutigende Rufe von Sabine, die ihre Pionierarbeit ausgezeichnet meisterte.

»Hier liegen sie ganz dicht nebeneinander!« --- »Achtung! Am Ende des dicken Stammes mit dem Knick fehlt für zwei Meter der linke Baum!« --- »Gleich haben wir es geschafft - noch höchstens 20 Meter!« --- »Da vorn, direkt vor dir, Martin, ist eine Stelle, wo die Balken sehr tief wegsacken. Da kannst du nur schnell auftreten und einfach darüber hinwegspringen! Nach zwei Metern hast du dann wieder festen Halt!« --- »Hier liegt ein wackliger Stamm; seid ganz vorsichtig, er ist aalglatt, weil die Rinde sich ablöst, wenn man drauftritt!« --- »Nur noch ein ganz kurzes Stück... Jawohl - ich bin drüben!... Aber wo seid Ihr denn noch?« Sie blickte wirklich erstaunt drein, als sie sich umdrehte und uns noch weit hinter ihr erblickte.

Während Sabine sich am »Ufer« zu einer kleinen Pause niederließ, kämpften Martin und ich noch eine zeitlang mit dem Schwingrasen. Aber ich war unglaublich erleichtert, denn meine Befürchtungen hatten sich nicht bestätigt. Wenn ich nun auch noch mit trockenen Füßen hinüberkommen würde… was wollte ich schon mehr?!

Gut, das Martin seinen Stock noch hatte. Auf der ganzen Etappe erwies er sich als verläßlicher Helfer. Es war zwar lästig, den Stock zu teilen und ständig »balancierenderweise« hin- und herzureichen, aber es war viel sicherer als ohne dieses »dritte Standbein«. Ein paar Mal rutschte ich ab, doch die Füße blieben trocken. Mein Wunsch hatte sich erfüllt! Geschafft! Endlich standen wir am Fuße des ersehnten Gebirges!

Nach einer kurzen Verschnaufpause versuchten wir, unser Tempo noch mehr zu steigern. Wir waren durch und durch »gut drauf« und hatten zwei kleine Seen auf dem ersten Bergplateau als Ziel des heutigen Tages ins Auge gefaßt.

Martin begann wieder einmal zu rechnen:

»Also, wenn wir es schaffen, auch am Berghang diese Geschwindigkeit beizubehalten, dann sind wir gegen… na sagen wir, … - um halb Acht stehen wir an den Seen! Falls uns nicht…«

»…der Himmel auf den Kopf fällt,« ergänzte ich mit einem schelmischen Grinsen seinen Satz.

»Ein kleines, tiefes Mörchen würde schon genügen, um diese Nacht noch hier unten zu verbringen. Aber so was passiert uns bestimmt nicht!«

»Wäre doch gar nicht so schlecht. Wenn wir dann in einer heroischen Pose im Moor stehen, halb versunken, ziehen wir unsere quadratischen Schokoladentafeln raus und machen ein grandioses Werbefoto. Dafür bekämen wir bestimmt eine Menge Geld.«

»Womit dann die nächste Tour finanziert wäre.«

Sabine setzte ihre ernsteste Miene auf und sagte mit dem Ton tiefster Entrüstung: »Ihr glaubt doch nicht allen Ernstes, daß ich noch einmal nach Lappland fahre. Für mich war das die letzte Tour. Nie, nie wieder vertraue ich mich dem da an (sie zeigte auf mich). Der schleppt seine hilflose, junge Frau und Mutter seiner einzigen Tochter ins reine Verderben und glaubt auch noch, daß ich das toll finde. Ohne mich! Nächstes Jahr fahre ich in den Süden.«

»Vielleicht nach Süd-Schweden auf die Insel Öland?! Muß sehr schön sein dort...«

»Nichts da, Schweden kommt nicht mehr in Frage. Ich fahre nach Mallorca.«

»Na gut, dann fahre ich mit Inga im Sommer nach Öland und im Herbst ziehe ich eine Woche lang mit Rucksack und Zelt durch Lappland.«

»Vielleicht meint sie es ernst?« rätselte Martin.

Doch Sabine holte schon wieder zum Gegenschlag aus:

»Du läßt deine Finger von meiner Tochter! Das wäre ja noch schöner! Und im Herbst allein nach Lappland zu fahren, daraus wird auch nichts! Schlag dir das aus dem Kopf! Da komme ich eher mit, als daß ich Dich allein durch diese grausame Wildnis wandern lasse. So leicht wirst du mich nicht los!«

»Und ich dachte tatsächlich einen Moment lang...«

Martin blickte verdutzt in ihre boshaft blitzenden Augen und dann in mein fröhliches Gesicht. Doch dann konterte er:

»...also ich fand es bis jetzt ganz amüsant. Wenn nicht diese Platzangst im Zelt wäre, könnte ich glatt behaupten...«

Jetzt war es Sabine, die nicht mehr wußte, was sie glauben sollte:

»Du willst doch nicht etwa sagen, diese lückenlose Reihe von Katastrophen auf dieser Tour hätten dir Spaß gemacht?!«

Ich mußte laut und herzhaft über dieses Scharmützel lachen. Ach, wie schön es war, so albern und hemmungslos zu lachen! Ich beteiligte mich auch wieder:

»Treffen sich zwei Krüppel auf dem Fjäll und unterhalten sich über das Für und Wider der AOK-Survival-Tours. Saacht der Eene »Sind n'bißchen holprig für die Rollstuhlräder, diese Samenpfade. Aber ansonsten kanns'te echt wat erleben!« Saacht de Andere »Nu ja! De Verpflegung könnt'n bißchen besser sein. Da tun die mir immer Knäckebrot-Fluid in'nen Venentropf. Dat kribbelt immer so doll!«...«

Sabine und Martin sahen mich irritiert an. Meine Frau verlor als erste die Beherrschung. Sie kickste und jauchzte, rang nach Luft und bog sich vor Lachen.

Martin dagegen hatte sich noch in der Gewalt und fügte zu meinem Nonsens mit todernster Miene hinzu:

»Also ich werde mich nach der Tour bei den Veranstaltern beschweren und mein Geld zurückverlangen. So ein mieser Service hier, auf den letzten Kilometern nicht einmal das kleinste Abenteuer.«

Spätestens jetzt war keiner von uns mehr zu halten. Während wir fast ohne es zu merken, »bultenhüpfend« das letzte kleine Moor überquerten und endlich bergauf gingen - oder besser stürmten -, jagte ein Witz den anderen. Wie gut, daß keine Zuhörer in der Nähe waren!

Trotz der ordentlichen Steigung am Hang des Tuolpuk, die nun folgte, setzten wir alle Kraft daran, unsere fünf Stundenkilometer beizubehalten. Der jetzt gut sichtbare Pfad, die deutlichen Nunataks, die alle paar hundert Meter am Weg standen und der trockene Fjällboden, verliehen uns wahrhaft Flügel. Dazu kam ein unglaublich schöner Abendhimmel.

»Hört Ihr das?« stieß Martin auf einmal hervor!

»Meinst du dieses brummende Geräusch, das aus der Richtung Nujaure kommt?«

»Ja genau!« Martin wirkte gespannt. Das Geräusch wurde deutlicher.

»Könnte ein Motorboot auf dem See sein. Zumindest ist es eindeutig ein Motorengeräusch.«

»Wie soll ein Motorboot auf den Nujaure kommen?« fragte Sabine uns, »du sagtest doch, hier gäbe es weder Straßen noch Ansiedlungen im Umkreis von zwanzig oder mehr Kilometern?«

»Das ist auch kein Motorboot, sondern ein Flugzeug!«

Martin zeigte in die Luft und bald tauchte ein kleines Wasserflugzeug auf, das vom Nujaure kam und direkt auf uns zuflog. Wohlwissend, was die Anderen dachten, blickten wir uns gegenseitig an.

»Ob der es als Not-Signal verstehen würde, wenn wir mit den roten Nylonjacken winken würden?«

»Ich glaube es kaum,« antwortete Sabine, »wir standen einmal vor einem See und haben versucht, auf die gleiche Weise einen Angler, der auf der anderen Seite mit seinem Boot vorbeifuhr, auf uns aufmerksam zu machen. Erst nach einer Viertelstunde hat er unser Signal gesehen und kam zu uns herüber. Ein Mensch in einem Boot orientiert seinen Blick nach den Uferlinien des Gewässers. Außerdem waren nur zwei- oder dreihundert Meter zwischen uns, und trotzdem hat er uns lange Zeit nicht entdeckt. Dieser Pilot dagegen sieht den ganzen Erdkreis und ist viel, viel weiter entfernt. Und in zwei Minuten ist er längst schon etliche Kilometer weiter.«

Wir hatten die Unterhaltung kaum beendet, da war das Flugzeug tatsächlich schon so weit entfernt, daß der Pilot uns unmöglich noch hätte sehen können. Martin seufzte!

»Für meine lädierten Knie wäre es nicht schlecht gewesen! Einen Moment lang habe ich gedacht, wir sollten es wirklich versuchen. Wer weiß, ob ich Morgen früh überhaupt noch gehen kann? In unserer Lage sollte man vorsichtshalber immer mit dem Schlimmsten rechnen.«

»Was ist denn mit deinen Knien?« fragte ich besorgt.

»Seit einiger Zeit spüre ich einen stechenden Schmerz darin.«

»Was?« stieß Sabine hervor, »hast du etwa...«

»Ach was!« fiel ich ihr ins Wort, »selbst wenn sich der Zustand deiner Knie verschlechtert, du wirst halt noch etwas langsamer vorankommen...«

Meine Worte klangen wohl nicht sehr überzeugend.

»...und irgendwann liegenbleiben,« beendete Sabine meinen Satz!

Götterdämmerung

Jedesmal, wenn wir einen Augenblick stehen blieben, um zu verschnaufen, blickten wir zurück in ein unglaublich grandioses Szenario! Je höher wir stiegen, desto freier wurde der Blick und desto mehr schneebedeckte Berge tauchten im Westen auf.

Im Högfjäll* dort drüben hatte bereits der Winter Einzug gehalten. Doch die Berge wirkten nicht kalt und bedrohlich - nein, sie lagen majestätisch in der Weite und die abendliche Sonne ließ sie einen Hauch rot erscheinen.

Unter uns lag rostbraun die Moorebene, die uns soviel Schweiß und Angst gekostet hatte, umgeben von vielen kleineren und größeren Gewässern, die wie flüssiges Gold in der Sonne glänzten. Die Ebene war umgeben von niedrigeren Bergen, die sich in Braun-, Gelb- und Grautönen massig von den Schneebergen im Hintergrund abhoben. Im Tal lag Sjaunja Ape** mit seinen dunkelgrünen Urwäldern, die die großen Flüsse säumten. An den Berghängen standen Birkenwälder, deren herbstliches Laub von hellgrün bis orange gefärbt war.

Es war ein phantastischer Anblick, der bis in unsere Herzen drang. Mir kam der Gedanke, daß hier nicht nur das Abbild dieser Natur in ihrer vollkommenen Harmonie in meinem Kopf war, sondern die *Wildnis* selbst war in mir!

Man kann es fast beschwingt nennen, wie wir den recht steilen Berghang hinaufstiegen. Alle Probleme an Füßen und Gelenken schienen vergessen. Endlich hatten wir die offene Bergtundra vor uns. Wir gewannen stetig an Höhe und weder Moore noch tiefe Flüsse waren zu erwarten.

Je härter der Untergrund wurde, desto schlechter war der Pfad zu erkennen. Die Kette der Nunataks war allerdings lückenlos, so daß uns die Orientierung einmal keine Schwierigkeiten bereitete. Obwohl wir bei unserem Marschtempo den Boden vor unseren Füßen ständig im Blickwinkel behielten, stießen wir von Zeit zu Zeit mit den Schuhspitzen vor Fel-

*) Högfjäll = Die Felsregion der baumlosen Bergtundra
**) Sjaunja Ape = Die große, zusammenhängende Moorebene im Zentrum des Gebietes

sen, die sich unter den dichten Matten aus Krähenbeeren und Zwergbirken verbargen.

Überall ragten kleinere Felsen aus der Erde, als hätte ein Riese in der Vorzeit sie wutentbrannt in die Landschaft geschleudert. Sie alle waren von der Natur großzügig mit Flechtenrosetten bemalt worden. Zu sehen waren sie oftmals nur von der wetterzugewandten Nordwestseite. Auf der anderen Seite duckten sich die Zwergsträucher vor dem Wind, krochen mit ihren Ausläufern an den Steinen empor und nutzten auch die kleinste, erdgefüllte Spalte, um sich mit ihrem Wurzelwerk dort festzuklammern.

Völlig unvermittelt lagen die beiden kleinen Bergseen vor unseren Füßen.

»Kaum zu glauben, aber es ist erst Viertel nach Sieben,« wunderte Martin sich, »sollen wir hier wirklich schon das Zelt setzen, oder lieber noch etwas weitergehen? Also ich bin noch fit und noch ist es hell genug!«

»Zeig´ mir bitte nochmal die Karte,« sagte Sabine zu mir, »du hast doch gesagt, hier müßten wir den Weg verlassen und quer über das Fjäll gehen!?«

»Ja, das ist richtig. Etwa fünf Kilometer südöstlich von hier verläuft ein anderer Samenpfad. Auf den müssen wir treffen!«

Sabine war sich nicht ganz sicher, was wir tun sollten. Die Gelegenheit war tatsächlich günstig, noch etwas weiterzugehen und damit aufzuholen...

»Aber hier ist kein Gewässer weit und breit eingezeichnet. Und wir brauchen Wasser zum Kochen. Erst nach... - wieviel ist das? - eins, zwei, drei Kilometern - kommt ein Bach den Berg hinunter. Das erscheint mir zu weit, denn nun müssen wir ja wieder querfeldein gehen. Da sind wir niemals so schnell.«

»Um acht Uhr ist es stockfinster,« gab auch Martin zu bedenken, »aber Wasser könnten wir ja von hier mitnehmen. Wenn wir sparsam sind, reichen die vollen Flaschen für das Abendessen und das Frühstück. - Ich würde gern noch weitergehen.«

Ich grübelte eine Weile über der Karte nach und faßte dann einen Entschluß:

»Wißt Ihr was? Während Ihr die Flaschen auffüllt, könnte ich dort drüben zu dem großen Felsen gehen und mir die Strecke durch das Fernglas ansehen, die vor uns liegt. Vielleicht erfahren wir dann etwas mehr über die Beschaffenheit des Fjälls in dieser Richtung…«

»Wenn es da überall so aussieht wie hier, dann brauchen wir wirklich keinen Weg, um genausoschnell wie bisher voranzukommen.«

»…Genau! Entscheiden wir dann, ob wir hierbleiben oder nicht. - Wir warten hier!«

Ich lief die hundert Meter und zog mich mühsam auf den glatten Stein hoch. Sorgfältig suchte ich die Landschaft nach Blockmarkfeldern, Mooren und anderen Hindernissen ab. Nach meiner Schätzung konnte ich etwa zwei, drei Kilometer der gedachten Strecke überblicken.

Es schien, daß wir Glück hatten. Nirgends waren Hindernisse zu entdecken. Bis zum Horizont erstreckte sich nur trockene, niedrig bewachsene Fjällheide mit ein paar vereinzelten Steinen und zwei oder drei kleineren Kerbtälern dazwischen. So machte ich mich wieder auf den Rückweg.

Einstimmig beschlossen wir, die Wanderung heute noch fortzusetzen. Die Marschrichtung hatte ich bereits am Kompaß eingestellt und so gingen wir ohne langes Zögern weiter.

Unsere Hoffnungen wurden nicht enttäuscht! Wir blieben von nun an in etwa auf gleicher Höhe am Berghang und kamen noch ein wenig schneller voran als während des Aufstieges. Der fehlende Pfad brachte hier einmal keine Nachteile mit sich.

Das Abendrot wurde immer dramatischer, die Ränder der Wolken sahen jetzt dunkelrot aus und die Schneeberge erschienen unwirklich goldorange - es war eine wahrhafte »Götterdämmerung«.

Seit wir die Ebene endgültig hinter uns gelassen und den Berg erklommen hatten, ergriff uns alle drei die pure Euphorie. Ich weiß nicht, woran es lag, denn einen Grund zur Entwarnung gab es gewiß noch nicht. Alles was vor uns lag, war immer noch so unbekannt wie bisher.

Vielleicht war es das unwirkliche Panorama im sanften Licht der abendlichen Sonne, das uns so verzaubert hatte? Oder war es der Blick in die Unendlichkeit der Natur? Waren es die Wälder, Sümpfe und Seen unter uns und die glitzernden Flüsse, die sich wie goldene Schlangen durch die Ebene wanden?

Die Ursache blieb unbekannt. Wir spürten deutlich eine unbändige

Kraft in uns, die uns unsere Sorgen und Nöte vergessen ließ; - eine Kraft, die uns einte mit der Welt um uns herum!

Meine Phantasie trug mich in die fernste Vergangenheit, als nur wenige Menschen durch die eiszeitlichen Tundren Europas gezogen waren. Das Bild der Urzeitlandschaft, das sich vor meinem geistigen Auge auftat, war hier in Lappland fast Realität. Einzig die Tiere der Eiszeit existierten nicht mehr. Doch meine Vorstellung plazierte sie wieder in diese Welt: Große Herden von Mammuten schoben sich langsam und erhaben durch die weite Ebene. Hier und da trottete ein Wollnashorn daher, und an den Hängen der gletschergeschliffenen Berge ließ sich ein gewaltiger Höhlenbär sehen. Ein Säbelzahntiger sprang hinter einem Gebüsch hervor, auf der Jagd nach einer Kette Schneehühner, die mit lautem Flügelklatschen aufflogen und alle entkamen. Plötzlich eine fliehende Herde Rentiere, die direkt auf uns zu kam. Irgendetwas mußte sie erschreckt haben!? Und dann sah ich auch schon die Ursache.

Knappe hundert Meter hinter den Tieren liefen drei Menschen, eine Frau und zwei Männer. Sie waren in grob zugeschnittene Felle gehüllt, die jeweils nur von einem Gürtel gehalten wurden. An den Füßen trugen sie nur Fellüberzüge. Um die Schultern hingen allerhand Lederbeutel, spärlich geschmückt mit ein paar Federn und Hermelinschwänzen. Ansonsten war ihre Kleidung schlicht und schmucklos.

Die blonde Frau, deren langes Haar durch eine hölzerne Spange zusammengehalten wurde, trug auf dem Rücken einen ledernen Sack, der recht schwer zu sein schien. Die Männer trugen beide Speere mit sehr langen Schäften und Spitzen aus Feuerstein. Sie lagen wurfbereit in ihren Händen. Für *ein* Rentier war die Wanderung hier wohl bald zu Ende . . .

Ich fröstelte ein wenig, während ich so meiner Gedankenreise folgte. Nur langsam glitt ich in die Realität zurück. Das Bild der Urzeit verwischte sich und mir kam in den Sinn, daß ich noch vor kurzem eine faszinierende Romantrilogie über die Steinzeit gelesen hatte. Daher stammten wohl die Bilder, die mein Gehirn in die Landschaft projeziert hatte.

Ein wohlbekanntes Trompeten in weiter Ferne holte mich vollends in die Wirklichkeit zurück: Der Ruf der Wildnis - ein Kranich! Es gab kein Geräusch, das jetzt besser zu meinen Gefühlen gepaßt hätte. Der Vogel mußte irgendwo dort unten in der Sjaunja-Ebene sein. Der Wind hatte sein Trompeten über viele Kilometer zu uns heraufgetragen. Ich lächelte meine Frau an und sie erwiderte es mit einem vielsagenden Kopfnicken.

Unsere Frage, ob es ratsam gewesen sei, sich so kurz vor Einbruch der Dunkelheit noch auf neue Ungewissheiten einzulassen, konnten wir bald mit einem eindeutigen Ja beantworten. Selbst Wasser fanden wir in kleinen Rinnsalen, die nicht auf der Karte verzeichnet waren. Ich trug den Kompaß nun wieder ständig in der Hand und vergewisserte mich immer aufs Neue, ob die Richtung noch stimmte. Martin beobachtete seine Uhr und berechnete unablässig unseren genauen Standort.

Ab und zu durchquerten wir kleinere Bachtäler oder mußten kleine Hangmoore umgehen. Das hatte jedoch keinen nennenswerten Einfluß auf unser Tempo und unsere Stimmung.

Doch die Unbeschwertheit täuschte: Trotz der guten Strecke drohten uns bereits wieder neue Schwierigkeiten, die wir uns diesmal selbst zuzuschreiben hatten. Denn langsam bemerkten wir die Folgen des mörderischen Laufschrittes. Martin spürte wieder Schmerzen im rechten Knie und ich empfand ein unangenehmes Knirschen in der linken Achillessehne. Mein Freund machte ein besorgtes Gesicht. Er versuchte, das rechte Bein weniger zu belasten, aber der Schmerz ließ nicht nach.

»Laßt uns hoffen, daß daraus kein neues Problem entsteht! Das hätte uns gerade noch gefehlt,« gab er uns zu verstehen. »Vielleicht sollten wir uns schon einmal vorsorglich Gedanken darüber machen, wie wir uns verhalten sollen, falls ihr ohne mich weitergehen müßt.«

Sabine und ich tauschten entsetzte Blicke aus. Das konnte doch nicht sein Ernst sein. Martin dramatisiert vielleicht manchmal ironisch, doch was er da sagte, klang ausgesprochen ernst! Es hörte sich ganz und gar nicht nach einem Witz Marke »AOK-Survival-Tours« an. Vorsichtig erkundige Sabine sich nach dem Zustand seines Knies. Sie ließ dabei keinen Zweifel offen, daß wir in jedem Fall zusammenbleiben würden, egal was geschehen mochte. Mit einem unangenehmen Gefühl im Bauch enthielt ich mich dem Gespräch und belastete verstohlen meine Achillesferse. Es fühlte sich verdächtig nach einer Sehnenscheidenentzündung an. Auch von dort ging eine Gefahr für unser Vorankommen aus, das spürte ich allzu deutlich!

»Wir sollten jetzt endlich einen Zeltplatz suchen! Morgen früh wird sich zeigen, wie schlimm es deinem Knie wirklich geht. Eine Nacht Ruhe und es wird schon wieder besser gehen…«

Sehr zu meiner Erleichterung stimmten beide zu und die Diskussion wurde fürs erste beendet.

Pünktlich zum Sonnenuntergang hatten wir eine geeignete Stelle für das Zelt gefunden. Es war schnell gesetzt und wir fanden sogar ein wenig Zeit zum »Fern-Sehen«, denn wir mußten einfach diese unwirklich scheinende Landschaft in uns aufnehmen, aufsaugen, inhalieren. Sie strahlte eine unglaublich erhabene Ruhe aus und wirkte auf uns wie Balsam für das Gemüt…

Nach einer Weile gemeinsamen Schweigens gingen Sabine und Martin anderen Beschäftigungen nach, während ich es vorzog, den traumhaften Weitblick noch länger zu genießen.

Die Weisheit der Wildnis

Ich saß auf einem großen Stein, die Knie an die Brust gezogen, blickte in die Ferne und verfiel in Tagträume.

...Ich fühlte mich wie ein Adler, der majästetisch und frei über den Bergen, Mooren und Wäldern schwebt; getragen vom Atem der Erde. Meine Arme verwandelten sich in Schwingen und trugen mich kraftvoll empor in den rötlichen Himmel.

Vor meinem inneren Auge sah ich uns noch einmal in der irrwitzigen Blockmark mit den gewaltigen Felsbrocken - verloren im tödlichen Moor - vor dem unüberwindlichen Fluß. Doch in meinen Gedanken mußten wir nicht um jeden Meter kämpfen, sondern wir kletterten flink und sicher, marschierten mit großen Schritten und schlugen Brücken im Handumdrehen. Unsere verzweifelten Taten wurden in meinem Innern zu heroischen Episoden aus uralten Sagen. Ich schwebte über Lappland und sah uns unter mir unbeirrt des Weges ziehen...

Was war das? Bekam ich Halluzinationen oder Lapp-Sjuka, die Krankheit der Einsamkeit? Oder machte mein Geist die Schrecken der vergangenen Tage nur annehmbarer für meine Erinnerung? ...

...Das Licht der abendlichen Sonne verwandelte die Landschaft in wahrhaft märchenhafter Weise. Die Gewässer glichen flüssigem Gold. Die Berge, die in den verschiedensten Blautönen schimmerten, schienen den Himmel zu stützen, der bleigrau und schwer wirkte, als könnte er jeden Moment herunterstürzen.

Je später es wurde, desto mehr änderte sich die Farbe des Firmaments. Unmerklich wichen die schweren Wolken dem feuerroten Himmel: Die Tore schienen sich für die mächtigen Götter der Vorzeit zu öffnen, die mit ihre wilden Pferden über das flammende Meer ritten.

Plötzlich brach ein Loch in die schwarzen Wolken und einige warme Sonnenstrahlen erhellten ein Moor in der Ebene unter mir. Der Anblick war mystisch - fast schon überirdisch. War dies das Ziel der reitenden Götter?

...Fragen des Glaubens drängten sich mir auf...

Ich glaube weder an einen allmächtigen Gott, noch bin ich abergläubisch.

Die Bibel war für mich persönlich schon immer gemacht von Menschen des Altertums für Menschen des Altertums. Zudem empfinde ich seit frühester Jugend eine lebendige Abneigung gegen all die barbarischen Taten, die im Laufe der Geschichte im Namen Gottes und der Kirche geschehen sind. Ich bin atheistisch* erzogen worden und habe mich nur sehr wenig mit den Gedanken des Christentums beschäftigt, daher weiß ich recht wenig über den Kern dieses Glaubens. Das jedoch, was ich darüber gelernt habe, hat in mir nie den Wunsch geweckt, tiefer in diese Religion vorzustoßen.

Die zehn Gebote sind unbestreitbar die wichtigsten Regeln für das Zusammenleben, aber die Kluft zwischen den biblischen Geschichten und der transzendenten Essenz war für mich schon immer unüberwindlich. Möglich, daß ich zu wenig Phantasie habe, aber eine »Person Gott« klingt für mich allzusehr nach Weihnachtsmann. Und ich kenne einige Menschen, die ähnlich empfinden. Die Christen mögen mir verzeihen, ich habe Hochachtung vor allen, die aus der Bibel ihre Wahrheit ziehen und danach leben!

Trotz meiner unreligiösen Erziehung habe ich mich schon früh brennend für alle philosophischen Fragen interessiert. »Geburt und Tod«, »Leben nach dem Tod«, »Körper und Geist« und solcherlei Dinge mehr haben mich von jeher fasziniert und nicht mehr losgelassen. Ich bin überzeugt davon, daß sich jeder irgendwann mit solchen Fragen beschäftigt. Lange Zeit waren die Antworten völlig unbefriedigend und ich kam sehr früh zu der Überzeugung, daß die Menschheit trotz ihrer Milliarden Gehirne und all den in langer Zeit angesammelten Kenntnissen bis hin zum Computer-Zeitalter so gut wie nichts über die Welt weiß. Denn jede Antwort ist unvollständig und wirft nur neue Fragen auf. Es gibt keine letztgültige Erklärung für die Phänomene dieser Welt, nur immer detailliertere Beschreibungen!

Das war sehr unbefriedigend und erzeugte bei mir schon während der Schulzeit eine tiefe Abneigung gegen den Egoismus des Menschen, sich trotz dieser Unvollkommenheit für die absolute und vollkommene »Krone der Schöpfung« zu halten. Welche Arroganz und Naivität! Welche Dummheit und Ignoranz, die lebensspendende Natur beherrschen zu wol-

*) Atheismus = Weltanschauung, die die Existenz eines Gottes verneint

len - zu formen und zu zerstören, wie es gerade paßt! Welche Unvernunft des triebgesteuerten Homo sapiens! Es war mir klar, das ich uns dabei auch nicht ausklammern konnte. Egal, womit ich mich beschäftigte, überall stieß ich auf die tief verwurzelte, anthropozentrische* Weltsicht, die das Denken der Menschen zu bestimmen scheint.

Andererseits konnte ich natürlich nicht abstreiten, das unser Gehirn das höchstentwickelte Detail irdischen Lebens darstellt. Ich mutmaßte damals, daß dieser Egoismus der Menschen ein Relikt unserer tierischen Überlebensinstinkte sei, der unser Leben bis heute maßgeblich beherrscht. Die Vernunft des Menschen dagegen ist nur ein kaum genutztes Potential. Wohlgemerkt: Die Vernunft - nicht die Intelligenz!

Ich kam zu der Überzeugung, daß dieses Potential gewaltig ist und daß man nur lernen muß, es richtig zu benutzen. Richtig hieß für mich: Zum Wohle der Menschheit und zum Wohle der gesamten Erde. Diese Ansicht wurzelt tief in meiner Jugend und hat dazu geführt, daß ich immer versucht habe, nach Möglichkeit eigene Antworten auf alle Fragen zu finden. Das bedeutete auch, daß ich mich bis heute in religiösen oder philosophischen Fragen nur auf meine eigenen Gedanken verließ. Der absolute Wahrheitsanspruch von Religion und Wissenschaft war mir zutiefst suspekt.

Ich wollte damals nichts wissen von Kant und Plato, Luther und Jesus. Ich vertraute einzig und allein auf die Fähigkeit rationaler Erkenntnis. Nach meiner damaligen Ansicht wohnt sie potentiell jedem menschlichen Gehirn inne und kann mit den Mitteln von Logik, Phantasie und Kreativität zur vollen Entfaltung gebracht werden.

Ich glaubte und arbeitete daran. Stundenlang saß ich schon als Teenager an meinem Schreibtisch oder lag bis in die Nacht hinein wach - und dachte und grübelte und schrieb und kritzelte und kombinierte und entwickelte... - jahrelang, mal mehr und mal weniger. Irgendwann reiften die Früchte dieser Denkarbeit und es entstand eine eigene Hypothese über die Ursachen und Wirkungen dieser Welt.

Diese Dinge gingen mir nun durch den Kopf; den Blick auf den roten Himmel gerichtet.

Ich war im Laufe der Zeit immer wieder über die Allgegenwärtigkeit

*) anthropozentrisch = den Menschen in den Mittelpunkt stellend

von *Gegenspielern* gestolpert und sie erschienen mir äußerst bedeutungsvoll zu sein. Dieses Phänomen wurde die Basis meines Gedankengebäudes. In jedem Bereich des Lebens trifft man auf sie: Nord - Süd, Plus - Minus, dick - dünn, Feuer - Wasser, Bizeps - Trizeps, gut - böse, Gott - Teufel; um wahllos einige aufzuzählen. Ich bezeichnete sie in meiner Hypothese als *Polaritäten**. Wenn auch die Qualität solcher Gegensätze wie Nord - Süd und dick - dünn nicht zu vergleichen sind, so schien es in meinen Augen doch auf einem ursächlichen Prinzip zu beruhen und war für mich der Beweis für eine ausschließlich dualistisch** aufgebaute Welt.

Nach einigen weiteren Schlußfolgerungen kam ich zu der Annahme, daß das gesamte Universum in einem fortlaufenden evolutionären Prozeß entstanden sei und sich im Detail zu immer vielschichtigeren (und ebenfalls wieder dualistischen) Strukturen entwickelte und noch entwickelt. Ich nahm an, daß alle entgegengesetzten Phänomenpaare auf eine Urpolarität »Etwas - Nichts« zurückzuführen sind. Daraus entstand dann der Dualismus »Materie - Energie«, daraus wiederum »Raum - Zeit«, und schließlich »Körper - Geist« und so fort.

Die bedeutsamste Folgerung für mich war jedoch die Gleichsetzung der Begriffe »Materie, Raum und Körper«, analog zu »Energie, Zeit und Geist«, die nur in unserem Bewußtsein als scheinbar verschiedene Phänomene erscheinen. Ich weiß noch genau, wie ich es damals formuliert hatte und nun sah ich diese Aussagen hier in Lappland wieder deutlich vor mir:

»Der Raum ist in der Größe, die Größe im Körperlichen und das Körperliche in der Materie enthalten. Die materielle Seite des Gegensatzes »Etwas - Nichts« ist das Potential für die *Möglichkeit* aller weltlichen Existenz. Gleichbedeutend liegt die Zeit in der Bewegung, die Bewegung im Geistigen und das Geistige in der Energie. Diese Seite des Gegensatzes ist das Potential für die *Fähigkeit* zur Evolution des Universums.

Beide Seiten sind komplementär verschieden und doch bilden sie an ihrem Wirkungs-Schnittpunkt unser Universum in seiner ganzen Vielheit. Daraus resultierte unabdingbar, daß unser Geist nicht einfach eine Wirkung des Körpers ist, sondern ein völlig eigenständiges, nicht physisches

*) Polaritäten = Wesensgleiche Phänomenpaare mit gegensätzlichem Charakter der Pole
**) dualistisch = die gegensätzliche Zweiheit von Phänomenen betreffend, insb. Stoff /Geist

Phänomen darstellt - als Polarität zum Körper.«

Obwohl es schon lange her war, seit ich mich das letztemal ernsthaft mit meiner Theorie beschäftigt hatte, erschienen diese Gedanken nun klar vor meinem inneren Auge und mehr noch… mir dämmerte plötzlich die viel tiefer reichende Bedeutung meiner damaligen Überlegungen.

Auf unbekannte Weise schienen die existentiellen Erlebnisse der letzten Tage tief in meinem Innersten etwas ausgelöst zu haben. Der wilde Fluß meiner Gedanken mündete in einen tiefen und ruhigen See.

Deutlich formulierte ich es mit meiner inneren Stimme:
Die von uns erlebte Vielheit der Dinge ist nur eine mentale Illusion, denn die Basis des Seins ist in Wirklichkeit ein nicht teilbares Ganzes! …

Dieser Gedanke wuchs auf einer mächtigen, verborgenen Wurzel, obwohl ich mir dieses unteilbare Ganze nicht im Geringsten vorzustellen vermochte, denn schließlich erleben wir nur die Welt der Vielheit!

Doch das neue Gefühl einer aus den tiefsten Schichten des Geistes geborenen Erkenntnis motivierte mich zu weiteren Überlegungen. Ich wollte die Nebenflüsse meiner Gedanken finden, die ebenso zum »ruhigen inneren See« geführt hatten. Ich nahm den Gedankenstrom aus meinen früheren Jahren wieder auf.

Irgendwann war meine »Theorie« in der Schublade verschwunden, denn meine Versuche, mit anderen darüber zu diskutieren, waren kläglich gescheitert.

Je älter ich wurde, desto mehr verwarf ich das Ganze als »ausgeklügeltes, in sich stimmendes Ideengewebe« ohne realen Boden. Lange Zeit beschäftigten mich philosophische Themen dann nur noch am Rande. Auf die Möglichkeit, die eigenen Hypothesen mit bestehenden, philosophischen Theorien zu vergleichen, kam ich damals noch nicht.

Die diesseitige Existenz eines unabhängigen Geistes im Körper jedoch wurde mir zur Gewißheit und blieb es bis heute.

Was hatte mich darin so sicher gemacht? Ich bezog mich auf die Mechanismen der Evolution, die immer nur Eigenschaften zuläßt, die sich als sinnvoll und nutzbringend erweisen. Ein tiefsichtiger Verstand erschien mir aus körperlich-evolutionärer Sicht als überflüssige »Luxus-Entwicklung« und damit von vornherein zum Aussterben verurteilt.

Tagtäglich erfuhr ich jedoch an mir selber, daß ich mir jeden noch so unsinnigen Gedanken denken konnte, der für mein Überleben völlig bedeutungslos war. Ich hätte ihn nicht denken können, wenn die materielle Evolution sich auch auf den Geist erstreckt hätte! Das war meine damalige Überzeugung. Ich lernte später, daß das nicht stimmen konnte. Intelligenz, Sprache und Kreativität sind die Erfolgseigenschaften des Homo sapiens - ohne ein umfassendes Bewußtsein wären sie unmöglich entstanden! Meine Überzeugung von der körperlosen Seele in uns aber blieb...Glauben nicht die meisten von uns an die Existenz einer Seele in uns? Selbst Menschen, für die kein Gott existiert?

Phantastisch, dieser Blick in die glutrote Ferne! ...Ich lächelte. Meine Sinne gaukelten mir ein materiell geschaffenes Außen vor. Mein Inneres reflektierte das Außen wie ein Spiegel und mein Gehirn machte daraus ein scheinbar perfektes Welterleben. In diesem Moment erkannte es seinen eigenen Ursprung - die Seele, das grundlegende Sein und untrennbarer Teil des Ganzen, des »Allgeistes«...

Wie ging es damals weiter?

Nach einiger Zeit begann eine neue Phase in meinem Leben, in der ich mich eingehender mit den religiösen Vorstellungen der Indianer Nordamerikas beschäftigt hatte. Obwohl mir deren Mythen nicht weniger märchenhaft erschienen wie die Bibel, entdeckte ich darin eine Kernaussage, die ich als meinen ersten, vagen Glauben bezeichnen möchte:

Der Glaube an eine »Mutter Erde«, die nicht planmäßig das Leben (unser Schicksal) lenkt wie der christliche Gott, die aber umfassend beseelt ist in all ihren Audrucksformen und so den »unteilbaren geistigen Hintergrund« unserer körperlich erscheinenden Welt ausmacht!

Doch dieser »Glaube« war noch keine tiefgreifende Erkenntnis, sondern eher eine gewollte Wunschvorstellung um einen undefinierbaren, wahren Kern, der sich scheinbar jeder näheren Betrachtung entzog.

Beim Anblick der berauschenden, lappländischen Wildnis hatte ich eine deutliche Ahnung von solch einer beseelten Natur und ich bedauerte es zugleich, daß wir modernen Menschen wohl nicht in der Lage sind, diesen »Großen Geist« - der allen Dingen innewohnt - , in seinem wahren Sein zu erkennen.

Ich verspürte den Wunsch nach einer Vision. Ich hungerte danach, zu erkennen, was »hinter« den sichtbaren Dingen ist.

Möglicherweise spielten sich diesem Moment in meinem Unterbewußtsein Vorgänge ab, die sich der rationalen Kontrolle entzogen - ausgelöst durch unsere abenteuerlichen Erlebnisse. Gespannt ging ich weiter meinen Gedanken nach.

Der Zufall hatte mir letztes Jahr das Buch »So laßt uns denn ein Apfelbäumchen pflanzen« von Hoimar von Ditfurth* in die Hände gespielt *(siehe Literaturempfehlungen im Anhang).* Erstmalig hatte ich mich mit fremden Gedanken beschäftigt. In den letzten zwei Kapiteln befaßt er sich mit existenzphilosophischen Fragen.

Ich war total begeistert, denn nach den Erkenntnissen der Wissenschaft ist unser ganzes Welterleben mit allen Wahrnehmungen, Gedanken und Gefühlen nichts anderes als ein aus der Evolution geborenes, ausgeklügeltes, in sich stimmendes Abbild der Umwelt. Es dient absolut vorrangig dazu, uns die Existenz innerhalb des »Systems Erde« zu ermöglichen, und nicht zum allumfassenden Erkennen der wahren Realität hinter dem trügerischen Schein des geistigen Erlebens! Meine ganz persönliche Vorstellung vom Dualismus der Welt und von der Relativität unserer Erkenntnisfähigkeit fand in diesem Buch ihre Bestätigung.

Die Welt ist völlig anders, als wir sie mit unseren Sinnesorganen erleben. In unser Welterleben gelangt zuerst einmal nur das winzige Bißchen an Information, das wir zum Leben unbedingt brauchen. Es ist fragmentarisch und unvollständig, gefiltert und angepaßt. Reflektierte, elektromagnetische Wellen, die wir als sichtbares Licht erleben - Schwingungen der Luft, die wir Schall nennen - flüchtige chemische Substanzen, die uns als Geruch oder Geschmack bewußt werden. Das sind im wesentlichen die Eigenschaften der Welt, aus denen unser Gehirn uns ein Bild vom »Außen« ins »Innen« projeziert.

Kann man sich die Größe eines Atomes vorstellen? Kann man Radioaktivität »fühlen« oder sich vorstellen, warum sich zur Lichtgeschwindig-

*) Hoimar von Ditfurth = 1921 - 1989, Wissenschaftler und Wissenschaftsjournalist

keit nichts addieren läßt? - Sicher nicht!

Wir können also nur einen verschwindend geringen Bruchteil der Realität für unser Bild der Welt verwenden.

Auch wenn mir der Anblick des Abendrotes hier über den lappländischen Bergen »fantastisch und allumfassend« erschien, so war und blieb auch er nur ein »Schatten« der Wirklichkeit. Deutlich drang dieses Wissen nun in die tiefsten Schichten meines Verstandes. Ich vergegenwärtigte mir noch einmal diese Aussagen.

Auch die Naturgesetze, die wir »entdeckt« haben, sind letztlich nur »Konstrukte menschlicher Gehirne«, die uns helfen sollen, die Funktion der Welt grob schematisiert zu verstehen. Sie sind nicht die Wirklichkeit selbst!

Wenn man sich der Tragweite dieser Überlegungen richtig bewußt wird, dann muß man in der Konsequenz daraus folgern, daß die von uns erlebte Welt in dieser Weise nur in unseren Köpfen existiert. - Insofern sind natürlich auch unsere Vorstellungen von Raum und Zeit nichts anderes als »abstrakte Mathematik«. Sie sichern nur unsere perfekte Illusion vom Leben zwischen Geburt und Tod; - von einem Leben unter dem Diktat der Biologie!

In der Evolution der Materie wurden im Laufe der Entwicklung immer mehr Informationen von der Außenwelt in das Lebewesen »hineingelassen« - doch nie mehr, als das Lebewesen für seine Existenz unbedingt benötigte. Immer entstanden dabei »Abdrücke, Bilder, Aufnahmen« der echten Welt! So sind z.B. die Füße gewissermaßen ein Abbild des Bodens, oder das Ohr ein Abbild des Schalls. Jeder Körperteil und jede Funktion hat seine Entsprechung in der Umwelt - im Original! So ist folgerichtig auch unser Bewußtsein nur ein sekundäres Abbild einer realen Wirklichkeit, die sich unserem Verstand entzieht. Unser Gehirn spiegelt nur ein Original wider.

Und was kann das Original unserer Phantasie, Kreativität und Intelligenz anderes sein als das, was seit Jahrtausenden als Geist oder Seele bezeichnet wird?

Anders ausgedrückt ist unsere geistige Klarheit ein eindeutiger Hinweis auf die Existenz eines All-Geistes, der real und unabhängig von unserem Körper existiert und dessen individuellen Widerschein wir Menschen mit unserem hochentwickelten, körperlichen Gehirn wahrnehmen können. Ich fand meine eigenen Gedanken wieder, meine »Polaritäten-Theorie« und den Großen Geist der indianischen Völker.

Von Ditfurth hat die Beziehung zwischen Gehirn und Bewußtsein mit der Beziehung zwischen einem Musikinstrument und einer Komposition verglichen. So wie das Instrument eine unbedingte Voraussetzung für das Erklingen des Stückes ist, so kann der Verstand nur gebunden an Gehirne auftreten. Niemand würde jedoch behaupten, das Musikinstrument habe die Musik erschaffen! Genausowenig hat das Gehirn das Bewußtsein erschaffen. Es ist nur ein Werkzeug - ein Instrument für den *Komponisten Geist*, die Melodie des inneren Erlebens erklingen zu lassen.

Wohlgemerkt ist das Bewußtsein nicht identisch mit der Seele, sowenig wie eine Sonate von Mozart mit seinem Schöpfer identisch ist!

Ditfurth hat in seinem Buch brillant gegen die verbreitete, monistische* Auffassung argumentiert, die den Geist als bloßes Nebenprodukt der materiellen Gehirn-Evolution sieht - der also nur an Gehirne gebunden auftreten soll. Der Monismus ist in sich nicht konsequent logisch und leugnet unsere grenzenlosen Denkmöglichkeiten, weil die Verfechter dieser Theorie Angst haben, die Existenz eines eigenständigen Geistes würde unmöglich in das kausale, wissenschaftliche Weltbild passen. Mit dieser Aussage opfern sie die Wirklichkeit einem modellhaften, konstruierten »Welt-Abbild« und räumen diesem die ganze Wahrheit ein. Das ist etwa so, als ob man seinem Spiegelbild mehr traue als sich selbst.

Ditfurth hat nicht nur die Unlogik des Monismus deutlich gemacht, sondern vielmehr ein Denkmodell aufgezeigt, das sich durchaus mit dem heute gültigen, wissenschaftlichen Weltbild verträgt!

Der Geist existiert also unabhängig auch ohne das »Instrument« Gehirn! Nichts konnte diese Erkenntnis besser bestätigen als der Blick in die Wildnis Sjaunjas. Auch das, was ich da sah, war in allen seinen Erscheinungen beseelt, denn unser Geist ist nur ein Teil des Ganzen - individuell und doch nicht getrennt!

*) monistisch = die Seele als Produkt des Leibes ohne Eigenständigkeit annehmend

Ich atmete tief ein und schaute erst nach außen in die untergehende Sonne und dann wieder nach innen in meine neue Welt:

Für mich resultierte aus alledem nun gleichermaßen, daß es eine Weiterexistenz nach dem Tode gibt! Auch das Musikstück hört nicht auf zu existieren, wenn das Instrument beiseite gelegt wird! Es ist nur nicht mehr zu hören.

Natürlich ist dieses Beispiel nur eine Metapher, die mir gut gefällt. Aber ich komme auf vielen gedanklichen Pfaden immer wieder zu derselben Erkenntnis!

So auch wieder an diesem Abend in der lappländischen Wildnis. Ich spürte förmlich die »ganze Welt in mir«. Da ich nun einmal wie alle Menschen für ein weltliches Leben geschaffen bin, kann auch ich mir absolut nicht vorstellen, wie eine Existenz nach dem Tod, ohne Körper, ohne Sinne, ohne Gehirnbewußtsein aussehen mag. Jedoch wird nichts mehr so sein wie im irdischen Leben - sicher nichts!

Heute zweifle ich nicht mehr an meinem . . . - *Glauben.*

Für mich ist das, was man als »Gott« oder »Großer Geist« bezeichnen könnte, in allen Dingen des Universums enthalten. Ich nenne es jedoch lieber Allgeist. Er stellt die für uns niemals vorstellbare, geistige Energie dar, die der Welt der Billionen Möglichkeiten als »das unteilbare Eine« zugrundeliegt. So bin auch ich ein Teil vom Allgeist, wie der Allgeist auch ein Teil von mir ist. Und doch kann das »Eine« nicht geteilt werden, weil es immer nur das Ganze geben kann…

Das sind Worte, die paradox klingen. Aber ist es nicht logisch, daß sich die Betrachtung des unteilbaren Ganzen menschlichen Erklärungsversuchen entzieht, weil sie zwangsläufig wiederum nur Wirkungen beschreiben kann? Worte und Gedanken sind eben nur Produkte und Hilfsmittel unserer diesseitigen Existenz und dienen ausschließlich dazu, unser Leben auf der Erde zu sichern. - Dieses Leben, das in jeder nur denkbaren Weise begrenzt ist; von Geburt und Tod, Raum und Zeit, oben und unten.

Selbst das uns umgebene Universum ist nicht unendlich, sondern irgendwie »gekrümmt«, wie Einstein genial erkannt hat. Doch niemand kann sich dieses »Gekrümmtsein« wirklich vorstellen - niemand. Selbst jeder Wissenschaftler stößt irgendwo an die Grenze des Verstehens.

Immer gibt es eine neue Frage auf jede Antwort. Immer wieder müssen wir erkennen, daß wir auch in unserer gedanklichen Welt begrenzt sind und nur innerhalb dieser Grenzen denken können - für alle Zeiten.

»Allgeist«, »Gott«, »Nirvâna«, »Großer Geist«, »Natur« oder wie immer man die absolut reale, zugrundeliegende Welt-Realität bezeichnen will, liegt außerhalb dieser Grenzen und doch ist sie allgegenwärtig; - hier und dort und gestern, heute und morgen!

Ich überlegte, ob wir die Transzendenz der Welt nach dem Tode erfahren werden, wenn unser Geist losgelöst ist von den Fesseln körperlicher Natur? Liegt im Tod die Antwort auf alle Fragen? Stellt er eher ein Erwachen denn ein Entschlafen dar? Werden wir diese Frage je beantworten können?

Noch sind wir auf dem Weg vom »Tier zum Engel«. Eine seltsame Mischung aus Instinkten und Vernunft ist es, die unser Denken und Handeln bestimmt. Wir sind nicht vollkommen! Doch sind wir schon soweit, die Früchte vom Baum der Erkenntnis zu essen? Könnten wir die transzendente Realität bereits vor unserem Tod erfahren?

Vielleicht lautet die Antwort Ja. Nach meiner Vorstellung von der fortschreitenden Evolution des Universums könnte gerade die letztgültige Erkenntnis eines lebenden Wesens irgendwann ein bedeutender Schritt dieser Evolution sein.

Aber wann wird das sein? Werden es Menschen sein, die diese Stufe erklimmen oder Delphine, Ratten, Vögel - oder gar Computer...? Sind wir heute schon reif für die große Erfahrung? Oder müssen wir uns noch mit dem bloßen Glauben an Gott oder die Wissenschaften zufrieden geben? Jeder Glaube ist unwiderruflich ein Teil unseres biologisch entstandenen, irdischen Verstandes und daher ungeeignet, die »Grenze des Transzendenten« wirklich zu überschreiten...

Mir war klar, daß das natürlich auch für mich galt. Auch meine Erkenntnisse waren nur eine Vision und keine wirkliche Erfahrung. War ich wieder an einer verschlossenen Tür angelangt? Endeten hier meine Möglichkeiten?

Ich blickte in den tiefroten Himmel und meine Gedanken trieben durch den Raum. Die unbarmherzige Wildnis hatte das alles in meinem Kopf in Bewegung gesetzt. Doch Subjekt und Objekt sind nur Illusion, alles ist

Eins - ich war die Wildnis und die Wildnis war ich! Unvorstellbar, paradox und schizophren für unser bißchen Verstand und doch die zugrundeliegende, ursächliche Realität unserer Welt. Gibt es keinen weiteren Weg, diese Realität zu erfahren? Verschwand der Fluß meiner Gedanken hier in einem unauslotbaren Schlund? Oder sind doch die Religionen die Pfade ins Jenseits?

Sollte mehr am Christentum sein, als ich dieser Lehre bisher zugestehen wollte? Ich hielt zwar immer noch nicht viel von einem »alten Mann im Himmel«. Das war mir viel zu »irdisch« und menschengemacht. Denn an planende oder lenkende Eingriffe eines personifizierbaren, allmächtigen und guten Gottes in unser Leben kann ich nicht glauben! ...

Aber ich hegte die Vermutung, daß alle Religionen der Welt letztlich im tiefsten Kern dieselbe »Substanz« haben und einen Weg »zum Zentrum des Tipis« beschreiben, wie es eine indianische Medizinfrau einmal ausgedrückt hat.

Tief in Gedanken versunken saß ich auf meinem Felsen und starrte in die Weite. Was geschah mit der Seele nach dem Ableben? Würde sie weiterhin individuell existieren oder im »Allgeist« aufgehen als individuelle Erfahrungssumme eines ganzen Eins? Gibt es neben der körperlichen Evolution eine parallele Evolution des Geistes, die ganz wie ihr Gegenstück zu immer höherer Ordnung strebt und an deren Schnittstelle unsere Welt existiert? Oder ist der Geist eher die Ursache der körperlichen Welt, im Sinne »göttlicher« Schöpfungskraft? »Benutzt« der Geist die materielle Natur als Bestätigung seines Seins oder zur Selbsterkenntnis durch die höchsten Lebensformen?

All diese Fragen spukten mir durch den Kopf und für diesen Moment waren alle irdischen Probleme unserer Tour, so existentiell sie auch waren, vergessen, oder besser - *integriert.*

»Sjaunja« jedoch ist ein einmaliges Schlüsselerlebnis für mich gewesen. Diese Tour mit all ihren Extremen öffnete irgend etwas in mir, den Willen oder die Neugier, einen Weg in mein tiefstes Ich und gleichsam ins Zentrum des Ganzen zu finden.

Plötzlich kam mir der Gedanke an einen winzigen Notizzettel, der seit geraumer Zeit zu Hause an meiner Pin-Wand hing: »Buch über Buddhismus ausleihen«. In diesem Moment schien sich wieder eine Tür in mir zu öffnen und ein neuer Weg lag vor mir. Vielleicht ging es dort weiter? Ich wußte so gut wie nichts über diese Religion und ebenso konnte ich mich nicht mehr erinnern, was mich bewogen hatte, dieses Memo zu schreiben?...

Viel später dann, Monate nach unserer Rückkehr, ging der Samen auf, den die Wildnis in mein Gehirn gelegt hatte. Ein Buch über den Zen-Buddhismus von D. T. Suzuki* gab mir einige entscheidende Antworten! *(siehe Literaturempfehlungen in der Anlage)*

Ich fand darin zu meiner größten Verwunderung alle Aspekte wieder, die mir in meinem bisherigen Leben zu diesen Themen bedeutungsvoll erschienen waren:

Die spirituelle, unpersönliche Verehrung einer geistigen Realität, die in allen Dingen wohnt, so wie ich es von den Indianern kannte. Die konsequente, geradlinige Logik der Schlußfolgerungen von Hoimar von Ditfurth und - völlig überraschend -, meine eigenen Gedanken über die kontinuierliche Höherentwicklung einer von Anfang an dualistischen Welt, die aus einer unendlichen, evolutionären Entstehungskette von Gegenspieler-Paaren zu bestehen scheint.

Das seltsamste daran war jedoch, daß Suzuki gerade diesen Dualismus als *das* Phänomen beschreibt, was uns in unserer diesseitigen Welt »gefangen« hält und keine Möglichkeit zur Erfahrung des »Jenseits« zuläßt.

Ich war in meiner »Theorie« zu dem Schluß gekommen, daß unsere Existenz eine Folge der kontinuierlichen Wirkungen von sich gegenseitig bedingenden, zusammengehörigen und doch konträren Gegenspielern ist; anders ausgedrückt - das Produkt einer dualistischen Welt aus Materie und Energie, Raum und Zeit, Leben und Tod u.s.w.

Die Zen-Buddhisten dagegen erkennen darin genau das Gegenteil: Die uns dualistisch erscheinende Welt ist nach ihrer Lehre nicht die Ursache unserer Existenz, sondern vielmehr ein Produkt des unterscheidenden Erlebens!

*) Daisez Teitaro Suzuki = 1870 - 1966, Japanischer Zen-Buddhologe

Sie sagen, daß dieser Dualismus unabdingbar für die Funktion unseres Bewußtseins ist. Nur so können wir die Dinge unserer Welt beschreiben und einordnen in einen für unser Leben sinnvollen Zusammenhang.

Ohne die Unterscheidung von Hell und Dunkel gäbe es kein Sehen, ohne Zukunft und Vergangenheit gäbe es für uns keine zeitliche Orientierung, ohne »das Gute« gäbe es »das Böse« nicht! Alle diese Begriffe seien aber eben nur Begriffe, nicht die Wirklichkeit selbst! Die »wirkliche Realität« sei nicht dualistisch, sondern ein unteilbares Ganzes, und doch alles in Einem. Sie produziere den Dualismus für unsere Existenz, als perfekte Illusion unserer materiellen Lebewelt. Die Realität, der Große Geist, Gott oder wie immer man es nennen mag, ist unteilbar in Raum und Zeit und verwirklicht sich dennoch jede Sekunde in den unzähligen, verschiedensten Phänomenen des Universums aufs Neue.

Wer also unsere Unwissenheit erkannt hat und die absolute Seinserkenntnis erreichen will, dem muß es gelingen, absolut alle Begriffe für die Phänomene dieser Welt abzulegen. Er muß sich freimachen von dualistischen Vorstellungen, er muß in letzter Konsequenz erkennen, daß es keine Vielheit gibt, er muß das »Unbegreifliche« akzeptieren. Das heißt: Auch Verstand und Glaube sind dualistische Begriffe und daher nicht dazu geeignet, die letzte Wahrheit zu erfahren!

Nach der Überzeugung der Zen-Buddhisten wird der verstandesmäßig analysierende, kausalitätstreue Mensch niemals eine letzte Antwort auf eine letzte Frage finden können. Denn der diesseitige Dualismus der Welt zwingt ihn, dualistisch zu denken und nur dauernd neue Begriffe zu produzieren, die beschreiben, aber nicht »selbst sind«.

Er muß den Pfad von Frage und Antwort, Ursache und Wirkung verlassen, um »dahinterzusteigen«. Die Wissenschaft ist dazu leider nicht geeignet.

Wem es gelingt, sein Erleben um seine Gedankenwelt, seinen Glauben, seine Gefühle, seine Erfahrungen - seine ganze hirngebundene biologische Erscheinungsform auf Null zu reduzieren, so daß nur noch der »ursprüngliche Geist« als das allersubtilste *»Bewußtsein«*, übrigbleibt - der hat die Grenze des irdischen Lebens überschritten und der erfährt, was »dahinter« ist.

Das klang anfangs ziemlich paradox und doch war mir sofort klar, was

Suzuki damit gemeint hat. Ich fand Ditfurths Thesen bestätigt - bezogen auf die dualistische Welt, *den unterscheidenden Spiegel unseres Welterlebens*. Bestätigt durch eine jahrtausendealte Glaubenphilosophie!

Ich selbst bin jedoch weit davon entfernt, diese Zen-Erfahrung machen zu können. Mit großer Wahrscheinlichkeit werden viele Europäer niemals das erreichen, was einige Zen-Meister nach langen Jahren des »Übens« erreichen.

Ich vermute, daß ich zu europäisch-dualistisch denke und zu sehr mit dieser Welt beschäftigt bin, um jemals tiefgründig den Weg des Z schreiten zu können. Dennoch bin ich heute fest davon überzeugt Buddhismus das gefunden hat, wonach die Menschen seit Anbegi chen!

Die Wildnis hatte mein Weltbild aus vielen Fragmenten zu einem einheitlichen Ganzen zusammengefügt. Und sie hatte mir klar gemacht, daß die Antworten auf die großen Fragen der Menschheit in allen Köpfen bereits angelegt sind, und nicht nur durch eine Religion oder durch wissenschaftliche Erkenntnisse in das Bewußtsein gelangen können. In jedem Menschen ist das gesamte Universum enthalten, mitsamt den Antworten!

Sjaunja - Die Weisheit der Wildnis!

Ein kräftiges Frösteln holte mich aus meinen Tagträumen zurück. Hier oben auf dem Fjäll würde es in der Nacht sehr kalt werden. Alle Wolken waren verschwunden und die Quecksilbersäule sank schon bald weit unter den Gefrierpunkt. Rauhreif legte sich über das Land und alles unter dem weiten, dunklen Firmament schien erstarrt.

Heute hatten wir aufs neue erfahren, was Wildnis wirklich bedeutet - gnadenlos und unwiderruflich.

Ein verführerischer Duft trieb mich zum Zelt zurück. Die gute alte Erde hatte mich wieder! Zur Feier des erfolgreichen Tages gab es heute kein Tüten-Menü, sondern Sabines Spezial-Käsenudeln, die für uns eine höchst willkommene Abwechslung im Speiseplan boten.

Bevor ich ins Zelt kroch, ging ich noch einmal ein paar Schritte hinaus. Einsam und allein stand das kleine, grüne Stoffgebäude in der schier endlosen Weite.

Und doch

Nichts ist wie es scheint,
Was ist groß und was ist klein?
Gegensätze und Begriffe -
Unabdingbar zu verstehen!
Und doch -
ist alles Eins!

Das Spiegelbild der Wirklichkeit,
Es macht das Leben aus.
Fest gebunden an Gehirne,
Die perfekte Illusion des Seins.
Und doch -
ist alles Eins!

Das Universum scheint zu streben
Nach Selbstverwirklichung!
Taten folgen aus Gedanken
Stoff aus Energie
-In grenzenloser Vielfalt
Und doch -
ist alles Eins!

Erkenntnis ist das Ziel
Für sinnerfülltes Suchen.
Frage und Antwort
Vom Anfang zum Ende.
Der Weg ist das Ziel.
Und doch -
ist alles Eins!

Donnerstag, 9. September 1993

Samisches Piktogramm:
Die Zeichen für Bär und Kåta wurden gemeinsam verwendet, um anderen Samen wildernde Raubtiere zu wünschen.

Homo sapiens

Die Helligkeit der aufgehenden Sonne weckte uns, das Wetter war schön geblieben und der Himmel versprach einen fantastischen Tag. Seit Martin mit den Füßen zu unseren Köpfen schlief, fand er etwas mehr Schlaf. Allerdings war seine Platzangst im Zelt immer noch ein akutes Problem. Doch heute Morgen interessierte uns viel mehr, wie sich sein Knie und meine Ferse anfühlten.

»Au weia, was soll das bloß werden,« stöhnte Martin.

Wir tauschten lange Blicke aus und Martin verzog die Mundwinkel mit einem Achselzucken zu einem gezwungenen Lächeln.

»Mal abwarten, wie es sich im Tagesverlauf entwickelt? Wenn erst einmal der Kreislauf in Gang kommt, wird es vielleicht besser werden.«

»Wollen´s nicht hoffen!« bemerkte Sabine trocken, »wir könnten noch ein Problemchen gebrauchen.«

»Sag mal, Martin! Ist es nicht trotzdem der pure Wahnsinn hier oben? Ich meine die tiefen Eindrücke und Spuren, die die Wildnis im Kopf hinterläßt, ohne mal an all unsere Probleme zu denken. Geht es dir nicht auch so?«

»Ja, es ist schon grandios und geht irgendwie ganz tief hinein - trotz allem! … Denk mal Frank, für wie wichtig sich doch so viele Mitmenschen halten - hier erfährt man mit jedem Atemzug, wie winzig und unbedeutend wir tatsächlich sind.«

»Das kannst du laut sagen! Allerdings glaube ich, daß unsere hochtechnisierte Lebensweise uns sehr schnell dazu verführt, unsere Rolle auf der Erde zu überschätzen, nur weil wir so viel Know How haben wie noch nie zuvor. Eigentlich ist es doch absolut kindisch, unser heutiges Wissen als der Weisheit letzten Schluß zu betrachten, oder? Ich rege mich jedesmal unheimlich auf, wenn wieder so überklug dahergeredet wird, als wenn wir alles um uns herum fest im Griff hätten. Diese Leute sollte man mal ein paar Tage lang ohne Auto und Fernseher in die Wildnis schicken - am besten in der Mücken-Hochsaison! …«

»Ja, das wäre vielleicht für viele ein heilsamer Schock, so völlig vom schützenden Mantel der Zivilisation entblößt. Sieh uns nur an! Da würde sich menschliche Allmacht eher als Ohnmacht entpuppen.«

»Kann durchaus sein.«

»Die ganze Natur ist das Produkt einer Millionen von Jahren währenden Evolution, die alles Leben unerbittlich erprobt. Eine unglaubliche Vielfalt und Komplexität, die aus Versuch und Irrtum unendlich langsam entstanden ist. Wir brauchen uns nur hier umzuschauen! Und wir Menschen leben heute völlig entfremdet von dieser Natur in unserer selbstgestrickten, blutjungen Kultur-Welt. Wie kann man angesichts dieses Maßstabes ernsthaft glauben, unsere Wissenschaftler seien so gescheit, daß sie die großen Probleme der Umweltzerstörung in wenigen Jahrzehnten lösen könnten? «

»Damit hast du den Nagel wohl auf den Kopf getroffen. Fortschritt gegen die Folgen des Fortschritts könnte man das nennen: Das ist wie das Austreiben des Teufels mit dem Beelzebub!«

»Kann man wohl sagen! Weise ist das sicher nicht, eher unfähig.«

»Ich meine, wenn man bedenkt, daß unsere Kenntnisse über die Zusammenhänge der Welt in den letzten hundert Jahren um Zehnerpotenzen gestiegen sind, kann man verstehen, woher dieser Fortschrittsglaube kommt, oder? Die Lebensqualität ist seit hundert Jahren explodiert und unsere Lebenserwartung ist so groß ist wie nie zuvor. «

»Natürlich! Und wenn wir ehrlich sind, geht es uns doch auch so. Wir lassen uns von allen möglichen technischen Errungenschaften begeistern und denken dabei auch nicht immer gleich im globalen Maßstab. Wir denken zuerst an uns, dann an die Menschen um uns herum und erst ganz zuletzt an die möglichen Folgen für die… - oder sagen wir mal - , für *das* gigantische Lebewesen Erde. Eigentlich eine faszinierende Vorstellung, die Erde als einen Organismus zu betrachten, oder? … Jedes Lebewesen und alle irdischen Phänomene nehmen irgendeine fest definierte Aufgabe in diesem Organismus wahr, wie die Zellen in unserem Körper. Und nun… ja…, betrachte mal unsere Rolle in diesem Körper der Erde! Wir Menschen tun tagtäglich so, als ob die Welt nur aus Staaten und Machtblöcken bestünde. Dabei sind doch zum Beispiel die Naturräume und Klimazonen viel entscheidender für alles Leben. Wir haben uns unsere eigene Welt geschaffen und bauen sie immer weiter aus. Hemmungslos und um jeden Preis verändern wir die Welt und vergessen dabei völlig unsere ursprüngliche Daseinsaufgabe als Teil des Lebewesens Erde. Die Gesetze der Natur sind viel zu fern und für den Einzelnen praktisch bedeutungslos geworden. Die Menschen, die diese fatale Situation erkannt haben, sind leider nicht in der Lage, die Eigendynamik der Lawine Mensch zu ändern, zu der sie selbst gehören. - Zu der auch wir gehören! Wir sparen viel Energie, wir sammeln Wertstoffe und verzichten und knechten wo es geht, um die Umwelt zu schonen - aber sei ehrlich: Es geht nur minimal. Auch wenn wir Drei es geschafft haben, unseren Energieverbrauch auf ein Drittel des bundesdeutschen Durchschnitts zu senken, so ist das immer noch zigmal soviel wie ein Inder verbraucht. Wir sind nun mal zuerst ein Teil der menschlichen Gesellschaft und dann erst ein Teil der Erde, das ist eine Tatsache, ob es uns paßt oder nicht…«

»…Ja schon, aber wir müssen daraus lernen und uns immer bemühen, für uns einen besseren, natürlicheren Weg zu finden!« (Insgeheim stellte ich mir immer wieder die Frage, ob das Verhalten einiger Weniger überhaupt etwas nutzen würde? Wenig später sollte ich eine Antwort darauf bekommen.) »Denn daß die Entwicklung in die falsche Richtung geht, kann man auch aus deinem Vergleich gut ableiten. Wie nennt man die Zellen eines Körpers, die sich ungehemmt vermehren und wuchern - die dem Organismus ständig Energie entziehen, die permanent giftige Stoffwechselprodukte produzieren und das Immunsystem des Lebewesens schwächen, bis in vielen Fällen der Tode eintritt?«

»Krebs!«

»Genau! Wir sind der Krebs am Leib der Mutter Erde. Der Vergleich ist erschreckend realistisch, oder?«

»Kann man wohl sagen! Aber Krebszellen können nicht denken und vernünftig handeln, nehme ich an. Menschen können das schon!«

»Nun ja, und trotzdem geht die rasende Fahrt in die Katastrophe weiter, obwohl jeder weiß, daß wir im Zeitalter der Atombombe und globaler Umweltprobleme leben!« …

»Etwas wissen ist eine Sache, aber etwas in allen Facetten begreifen ist eine ganz andere! Sind wir uns der Gefahren bewußt? Oder wollen wir sie wirklich begreifen? Es geht uns doch heute so gut wie nie zuvor. Wir leben in Frieden, Freiheit und materiellem Überfluß. Wer ist da schon bereit, Existenzängste solch unglaublichen Ausmaßes an sich heranzulassen? Kleine und große Sorgen und Nöte hat jeder und die zehren schon genug an unsere Kräften, oder!?«

»Na klar! Aber das ist doch kein Grund, den Kopf in den Sand zu stecken und einfach abzuwarten, bis die Welt mit Pauken und Trompeten untergeht.«

»Ich glaube, ganz so ist es auch nicht. Eine Ursache ist sicher unser begrenzter Verstand, der es uns einfach nicht ermöglicht, exponentielles Geschehen wirklich zu begreifen. Genau in diesen hochschnellenden Kurven bewegen sich aber sehr viele Prozesse, die unser Leben bedrohen. So zum Beispiel das Bevölkerungswachstum oder der Kohlendioxid-Anstieg durch das Wirken der Menschen. Wir können uns nur lineare Verläufe und proportionale Funktionen vorstellen, nicht aber exponentiale Funktionen. Weiß Du, was das bedeutet? 1, 2, 3, 4, 5, 6, 7, 8, 9, 10 oder 1, 2, 4, 8, 16, 32, 64, 128, 256, 512 - fünfzig mal mehr in der gleichen Zeit, unglaublich, nicht?! Wer kennt nicht die berühmte Frage mit den Reiskörnern auf dem Schachbrett, deren Menge sich pro Feld verdoppelt? Man kann sich die Menge Reis nicht vorstellen, die auf dem letzten Feld liegen würde. Diese mentale Unfähigkeit schränkt unser Begreifen solcher komplexer Vorgänge ein. Und der zweite Grund wird unsere Neigung sein, diffuse Probleme lieber zu verdrängen und anderen die Verantwortung zuzuschieben. Na ja, und die unglaubliche Überschätzung unserer technischen Fähigkeiten hatten wir ja schon.«

Eine Mischung aus Ärger, Angst und lähmender Machtlosigkeit ergriff Besitz von mir. Wo war meine Zuversicht geblieben? Sjaunja rückte in weite Ferne, alle meine Sinne waren nach innen gekehrt, auf diese nicht zu verhindernde Entwicklung, in die wir -verflucht nochmal-, hineingeboren wurden und der wir hilflos ausgeliefert waren. Vielleicht ist das die Vertreibung aus dem Paradies der Christen, die Strafe fürs Naschen vom Baum der Erkenntnis. War es nicht tatsächlich einfacher und für den eigenen Lebensmut besser, diese Probleme zu verdrängen oder auf die Menschheit zu vertrauen, wenn man schon keinen Gott hat, dem man sein Schicksal anvertrauen kann?

Ich fühlte mich unbehaglich. In diesem Moment beneidete ich die gläubigen Christen. Ich wollte um keinen Preis jemand sein, der die globale Verantwortung für das eigene Tun einfach auf einen Gott überträgt. Aber just hier wünschte ich mir nichts sehnlicher als einen Glauben, der mir helfen könnte, Antworten auf diese paradoxen Probleme und Trost zu finden.

»Verdammte Menschheit! Warum, warum, warum? Warum schieben

neunzig von hundert Menschen ihre Verantwortung arglos beiseite? Im Beruf sind alle ganz wild auf Verantwortung und Kompetenz. Doch im Vergleich mit der unerbittlichen Wirklichkeit der Umweltzerstörung ist das Berufsleben ein nettes Spielchen... Glaubst du wirklich, man muß sich Exponentialfunktionen vorstellen können, um zu erkennen, wie mies es um unsere Zukunft bestellt ist?«

»Frank, was erwartest du denn eigentlich? Mußten unsere Vorfahren jemals Verantwortung für die Natur übernehmen? Umweltkatastrophen waren früher kaum vorhersehbar und praktisch nicht zu beeinflussen. Da half nur Beten und Hoffen.«

»Aber wir leben doch nicht mehr im Mittelalter. Heute spricht man von der Informationsgesellschaft und du wirst nicht bestreiten können, daß der Bildungsstand der Bevölkerung noch nie so groß war wie heute. Wer sich mit unseren Problemen ernsthaft beschäftigen will, der findet auch Möglichkeiten, gegen diese Art neuartiger *Naturkatastrophen* etwas zu unternehmen. Auch wenn man Exponentialfunktionen nicht begreifen kann«

»Sicher! Natürlich! Sonst gäbe es schließlich keine alternative Bewegung und wir würden jetzt nicht darüber debattieren...«

»Eben!...«

»Ich denke auch, daß die Zusammenhänge von den meisten Menschen im Großen und Ganzen verstanden werden. Zu dumm sind wir wahrscheinlich nicht. Aber es bleibt eben beim theoretischen Verstehen. Die Umsetzung solcher Erkenntnisse im tagtäglichen Handeln erfordert eben permanente Beschäftigung mit der Thematik und oftmals auch Verzicht. Doch wer ist dazu schon bereit? Und zu allem Unglück fehlt in der Regel das direkte Erfolgserlebnis. Wir brauchen vor allem Lustgewinn an unserem Tun, wie seit eh und je. Und den bekommen wir im prallen Konsumleben viel einfacher. Machen wir uns nichts vor, wir sind alle ein Teil der buntschillernden Konsumgesellschaft. Es ist wie ein kollektiver Rausch, und dieses Verhalten ist nicht einmal ungewöhnlich, denn jeder folgt seinen Urinstinkten und will so viel für sich haben wie möglich. Das ist doch völlig normal und menschlich, oder?«

»Für einen Steinzeitmenschen oder einen hungernden Somali sicherlich. Denn dieses Verhalten ist für ein Überleben in der Wildnis geschaffen, wo jede Handvoll Beeren lebenswichtig ist. Man kann aber problemlos ohne Auto, ohne Wäschetrockner und ohne Fernseher leben, oder etwa nicht? Wenn man nur will!«

»Kann man das wirklich? Die Sache mit dem fehlenden Lustgewinn ist eine Seite. Aber eine andere sind die Zwänge, die uns die Gesellschaft auferlegt und denen man sich nur in wenigen Fällen entziehen kann. Und dazu kommt in beiden Fällen der Verzicht auf Lebensqualität...«

»Vermindert vergiftetes Trinkwasser und Sommersmog und Hautkrebs etwa nicht die Lebensqualität?«

»Frank, was soll denn diese Frage? Niemand will diese Mißstände haben. Nur merkt im Moment noch keiner etwas davon. Da liegt der Hase im Pfeffer. Und du hast ja selbst eben den Vergleich zu den Steinzeitmenschen gezogen. Wir reagieren heute noch so wie unsere Ahnen und handeln nur dann, wenn wir mit einem Problem direkt konfrontiert werden. Der einzige Unterschied ist der »bedrohte Geldbeutel«, der heute noch dazukommt. Ein Stein, der dir auf den Kopf fällt, den fühlst du sofort, aber wo sieht oder fühlt man schon die schleichende Umweltzerstörung? Das langfristige und vernetzte Denken gehört leider nicht zu unserem alltäglichen Repertoire. So ist das nun mal. Da nützt auch keine noch so gute theoretische Aufklärung.«

»Ja, du hast wohl recht! Der Wald ist halt immer noch grün und der Strom kommt aus der Steckdose. Was bedeutet da schon Aufklärung in der nicht mehr faßbaren Informationslawine. Dazu addieren sich die grotesken Anforderungen der Leistungsgesellschaft, die scheinbare Allmacht des Geldes, Fernsehen und Fußball und, und, und...

Selbst die Ansprüche an die Freizeit werden immer höher und maßloser. Die Erlebnisse müssen immer inszenierter, künstlicher und perfekter sein. Und das geht wieder auf Kosten der Natürlichkeit.

Das alles überfordert uns und wir schalten einfach ab. Ich vermute, die meisten Menschen glauben tatsächlich, daß ihre Lebens- und Rentenversicherung ihnen eine sichere Zukunft garantiert.«

»Genau - du weißt ja: Wir geben Ihrer Zukunft ein Zuhause...«

»Hör bloß auf damit!«

»Spaß beiseite. Aber nochmal: Kann man es selbst den *Konsum-Machos* wirklich übelnehmen, wenn sie sich in kollektiver Sicherheit wiegen und Warnungen nicht ernst nehmen oder herunterspielen? Sie können einfach nicht verstehen, was uns bedroht, weil sie es verdrängen!«

»Tja..., glaubst du, daß der Mensch von Grund auf eine Fehlentwicklung ist?«

»Hm? Ich weiß nicht so recht. Ich würde eher sagen, nicht der Mensch grundsätzlich, sondern die sogenannten »zivilisierten« Menschen, die den Weg des technischen Fortschritts beschritten haben - gewollt oder gezwungenermaßen.«

»Das glaube ich auch. Viele indigene* Naturvölker haben ein völlig anderes Naturverständnis als wir. Ich habe schon eine Menge von Indianern, von Aborigines**, von Inuit... ach ja -, auch von Samen gelesen, die alle eine ganz andere Sprache sprechen als wir Europäer. Bei diesen Menschen ist oder war die Ehrfurcht vor der Natur und allen Mitgeschöpfen viel, viel stärker ausgeprägt. Aber leider geht uns diese kulturelle Vielfalt genauso verloren wie die biologische. Es gibt ja kaum noch Eingeborene, die noch nicht von unserer »Konsumkultur« genascht haben. Sie breitet sich wie eine Seuche aus und verdrängt all die anderen Lebenskonzepte, die Menschen hervorgebracht haben. So geht ein wertvolles Potential verloren, das notwendig wäre, um die »Evolution« der Kulturen in Gang zu halten. Man könnte unsere Gesellschaft im wahrsten Sinne des Wortes als »Monokultur« bezeichnen. Und jeder Schüler weiß, wie störungsanfällig Monokulturen sind. Ich könnte mir allerdings vorstellen, daß auch unsere »fortschrittlichen Mitmenschen« bei entsprechenden ethischen Werten in der Lage wären, die Folgen ihres Tuns zu erkennen und dementsprechend ihr Handeln zu verändern. Ich denke, wir könnten noch von den Naturvölkern lernen, wenn wir nur wollten. «

»Für solch einen gravierenden Sinneswandel erscheint es mir aber mittlerweile zu spät zu sein! Wie sollten wir von den Naturvölkern lernen, wenn wir nicht einmal verstehen, wovon sie sprechen? Wir leben nicht mehr in einer intakten, natürlichen Umwelt wie die Yanomami. Bei uns ist doch spätestens seit der vielgepriesenen Industriellen Revolution der Bezug des Einzelnen zu seiner natürlichen Umwelt in Zehnerpotenzen gesunken. Es soll Kinder geben, die allen Ernstes glauben, Kühe seien lila. Und zudem sind viele Leute blind fortschrittsgläubig. Das ist aber auch kein Wunder, bei der Vielzahl von Entdeckungen, Phänomenen und Erfindungen, die kein Mensch wirklich versteht! Wenn du jemandem weismachen willst, das Ozonloch sei mit Flugzeugen zu stopfen, die irgend-

*) indigen = eingeboren, einheimisch
*) Aborigines = Sammelbezeichnung für die Ureinwohner von Australien

welche chemischen Substanzen in der Stratosphäre verteilen, dann wirst du sicher nicht Wenige finden, die dir das bedingungslos und vielleicht sogar dankbar glauben. Die Prioritäten sind bei uns seit 2.000 Jahren falsch gesetzt. Kaum einer erkennt, daß massive ökonomische Probleme bei weitem nicht so bedrohlich sind wie die fortschreitende Umweltzerstörung. Das eine bringt weniger Geld, weniger Urlaub, sozialen Unfrieden und Armut. Das andere jedoch bringt langfristig Krankheit, Tod und den unwiederbringlichen Verlust von Lebensmöglichkeiten!«

»Solange die Regale in den Supermärkten voll sind, würden uns die meisten Menschen einen Vogel zeigen, wenn sie uns so reden hörten. Dabei braucht man doch nur einmal die Augen aufzumachen und sich mit den wirklich existentiellen Dingen beschäftigen...«

»Aber wer kann schon wissen, was Morgen ist?!«

»Ich kriege es einfach nicht in den Kopf! Jetzt haben wir ein dutzend gute Gründe gefunden, warum wir Menschen so kurzsichtig handeln und doch verstehe ich es nicht. Jedes Kind hat doch heute schon einmal vom Treibhauseffekt, vom Ozonloch und vom Waldsterben gehört. Bedeutet unseren Mitmenschen das Überleben so wenig?«

»Jeder will überleben! Nur jeder verläßt sich auf andere, das Schiff zu lenken. Du weißt doch: Verantwortung für die Natur zu übernehmen steht im Lehrplan des Fortschritts nur als Fußnote...«

»Und jeder folgt hemmungslos seinen tierischen Überlebensinstinkten, die nun mal kraft unserer Veranlagung egoistisch gelagert sind. Der Verstand hat darin nur einen kleinen Platz. Er wird nur angewandt, um immer neue, materielle Ersatzbefriedigungen für unsere angeborenen Triebe zu erfinden. Wir manövrieren uns unausweichlich in eine globale Katastrophe völlig ungewissen Ausmaßes. Nie wußten wir soviel über die Zusammenhänge in der Natur wie heute und dennoch gingen wir noch nie so sorglos mit unserer Zukunft um. Wer den Weltuntergang prognostiziert, der ist sofort ein Spinner. Einfach alle Fakten belegen die ökologische Katastrophe, die wir oder eine der nächsten beiden Generationen erleben werden *(siehe Anhang 2: Kleine Sammlung anerkannter wissenschaftlicher Aussagen)*. Unser Untergang ist sehr wahrscheinlich und sollte jedem halbwegs gebildetem Menschen bekannt sein. Aber nichts ändert sich. Selbst unser eigenes Bemühen, das Handeln zu verbessern, gelingt uns nur hie und da. Verstehe mich nicht falsch: Ich behaupte nicht, daß wir besser als alle anderen Mitmenschen sind! Aber vielleicht sind wir einen kleinen Schritt weiter? Statt mit dem Flugzeug reisen wir mit der Bahn und statt Auto fahren wir Rad. Doch auch wir folgen letztlich denselben egoistischen Trieben und unterliegen ausweglos den Gesetzen der modernen Gesellschaft... Siehst du irgendwo einen grundlegenden Unterschied zu den Dinosauriern?«

»Du willst damit sagen, daß wir unser Aussterben auch nicht verhindern können, wenn es denn dazu kommen soll!?«

»Richtig!«

»Ach Frank! Wenn der menschliche Exodus vor der Tür steht, setzen wir uns einfach in unsere chicen Cabrios und fahren davon. Oder«?

»Klar, einmal vollgetankt und nichts wie weg. ... Es ist zum Heulen. Wenn ich im Gespräch mit irgendwelchen Leuten schon mal andeute, daß unser Körper, unsere Instinkte und Gefühle immer noch auf demselben Stand sind wie in der Steinzeit, dann scheint das nie jemand wirklich zu verstehen. Dabei ist es so einfach zu beweisen. Man braucht dazu nicht studiert zu haben: Kriege, Rasen auf der Autobahn, Überschuldung aus Habgier, es gibt Beispiele wie Sand am Meer. Jeder kann sie bei sich selber finden. Ich will mich da keineswegs ausschließen.«

»Aber Frank, wer rennt denn heute noch mit der Keule durch die Gegend? Fleisch gibt es im Supermarkt, die Zentralheizung wärmt die Wohnung und über jeden Fluß führt eine befahrbare Brücke...«

»Außer in Sjaunja!«

»Stimmt. Hier ist alles ganz anders. Hier ist es völlig nutzlos, ob man Fußball spielen kann oder ob man eine Kreditkarte besitzt.«

»Das ist nicht wahr. Ich finde die Kreditkarte ganz schön nützlich. Man kann damit wunderbar die Krusten aus den Töpfen kratzen.«

Martin lachte herzhaft.

Auf dem Fjäll

Nachdem wir aufgestanden waren, fragten wir Martin immer wieder nach seinem Knie. Es war keine Besserung in Sicht. Jede Bewegung des Knies schmerzte ihn.

Ich wagte nicht, auch noch über den Zustand meiner Achillessehne zu berichten, denn auch hier bahnte sich neues Unheil an. Die Nacht hatte keine deutliche Erholung für die Ferse gebracht. Ruhe war das einzige, was nachhaltig Besserung bringen würde.

Die Ursache unserer Beschwerden war eindeutig die Überlastung der Bänder, Sehnen und Gelenke durch die gestrige »Raserei«. Erholung war uns jedoch nicht gegönnt, wir mußten weiter. Schließlich wußte niemand von uns, was die nächsten Stunden bringen würden. Noch hielt das gute Wetter!

So bissen wir die Zähne zusammen und versuchten durch straffe Verbände die Schmerzen erträglich zu machen und einer Verschlimmerung vorzubeugen.

»Frank, schmeiß bitte schon mal den Kocher für einen Kakao an. Ich brauche was Warmes im Bauch!«

»Haben wir denn noch genug Wasser in den Flaschen?«

»Dafür reicht es wohl noch. Zum Spülen mußt du dann Spucke nehmen.«

Ich baute den Kocher zusammen, goß Spiritus in den Brenner und holte mir wieder einmal angesengte Haare am Finger, als ich das Ding anzündete.

Im letzten Sommer hatten wir den Kocher zwei Freundinnen geliehen und dabei erstmals zehn Prozent Wasser zum Spiritus gemischt. Diese Maßnahme sollte angeblich das Rußen verhindern. Jeder, der einmal Aluminiumgeschirr im kalten Flußwasser gespült hat, wird das sehr zu schätzen wissen! Gut, daß die beiden Mädchen eine große Ausdauer gehabt hatten, denn der Spiritus entzündete sich nur noch sehr schlecht. Erst jetzt, als wir erstmals auch etwas Wasser beigemengt hatten, wurde uns klar, was wir den Beiden angetan hatten. Obwohl die Wasserbeimischung deutlich geringer war, hockte ich so manches Mal minutenlang auf den Knien vor dem Kocher und hielt unter lautem Fluchen die heiße Flamme an den Brenner. Die Wirkung des Gemisches auf die Rußentwicklung war jedoch tatsächlich gut und so entschädigte das schnelle Spülen für die versengten Finger.

Nach dem Frühstück gingen wir mit gemischten Gefühlen der aufgehenden Sonne entgegen, hinein in einen traumhaften, lappländischen Herbsttag. Die erste Zeit ging wider Erwarten alles gut, obwohl weder Martin noch ich eine Linderung unserer Beschwerden verspürten.

Bei jedem Schritt, der meine Ferse in einer bestimmten Weise belastete, jagte ein stechender Schmerz durch den Fuß. Wenn ich ihn beugte, so entstand ein Knirschen wie beim Formen eines Schneeballes. Trotzdem konnten wir die Tour zu diesem Zeitpunkt genießen, denn nicht nur das Wetter ~~war~~ einmalig. Auch das Gelände blieb verhältnismäßig einfach und die Orientierung war unproblematisch. Es motivierte ungemein, so gut voran zu kommen.

Nach einem kurzen Anstieg öffnete sich uns der Blick nach Süden und Osten. Vor uns lag die riesige, völlig unberührte Wildnis der Sjaunja-Ebene, die Heimat der Singschwäne.

Von nun an würden wir den größten Teil der noch verbliebenen Strecke knapp über der Waldgrenze am Hang des Fjällgebirges von Tuolpuk, Råvvokåppasj und Kussåive entlang wandern, das Sjaunja Ape im Norden begrenzt.

Bei dem Gedanken an die große Entfernung, die uns immer noch vom Ziel trennte, war mir einigermaßen mulmig zumute. Hoffentlich existierte der auf der Karte verzeichnete Samenpfad wirklich!

Mit eiligen Schritten marschierten wir bergab, immer auf der Suche nach Nunataks oder anderen Anzeichen des Pfades. Unsere Wachsamkeit wurde belohnt! Sabine entdeckte einen Steinhaufen am Horizont, der nur von Menschenhand so aufgeschichtet worden sein konnte. Der Blick durch das Fernglas bestätigte die Vermutung: Es war ein Nunatak!

Als wir zu dem Pfad herübergehen wollten, deutete Martin plötzlich mit dem Zeigefinger nach Norden. Eine Rentierherde zog vorbei.

Wir nahmen die Begegnung zum Anlaß für eine kleine Rast. Mit unseren Blicken verfolgten wir die Rene und beneideten sie um ihre Freiheit und Zeitlosigkeit; wie sie dahintrabten -, aufmerksam, leichtfüßig und immer hinter ihrem großen Leithirsch her. Obwohl Rentiere beileibe keine Seltenheit in Lappland sind, ist es immer wieder ein herrliches Schauspiel, sie zu sehen.

Für kurze Zeit waren alle unsere Sorgen vergessen. Im Geiste zog ich mit den Tieren durch die Tundra.

Wir setzten die Wanderung fort. Unsere Beschwerden an Knie und Fuß waren deutlich stärker geworden, da die Gelenke eine zeitlang nicht bewegt worden waren. Eine kaum tröstliche Erkenntnis!

Wir gingen talwärts. Bald hatten wir den Weg erreicht. Deutlich sichtbar waren weitere Nunataks zu erkennen, die uns die Orientierung vereinfachten. Nach kurzer Zeit gelangten wir in den Fjällbirkenwald und an den kleinen Fluß Harrejåkkå, dessen Überquerung uns keine Mühen machte. Eine ausgetretene Wegfährte brachte uns danach wieder ins Fjäll zurück. So ging es bergauf und bergab.

Die Landschaft an der Waldgrenze war bezaubernd. Wie in einem Park standen die kleinen, knorrigen Birken in einzelnen Gruppen im gelbgrünen Herbstgras - Oasen gleich, gesäumt von blaugrünen Wacholdern und rötlichem Buschwerk. Hier und dort lag ein einsamer Findling dazwischen, wiesen Mooshügel auf feuchteren Boden hin. Allzugern wären wir länger geblieben, um uns im Gras auszuruhen, die warme Sonne auf der Haut zu spüren und dem leicht säuselnden Wind in der absoluten Stille zu lauschen. Leider hatten wir nicht den Mut dazu! Weiter mußten wir, weiter in Richtung Eisenbahn-Haltepunkt Harrå, der noch immer unerreichbar fern zu sein schien. Weiter - ohne Rücksicht auf unsere mürben Gelenke. Erst am Ziel würden wir wieder Ruhe finden. Wir waren immer noch mitten im Ungewissen und vieles konnte noch geschehen. Trotz allem genossen wir den Augenblick so gut es eben ging!

Fast 80 Kilometer waren wir nun schon durch völlig menschenleere Wildnis gewandert. Es schien uns manchmal, als gäbe es nur uns auf dieser Erde. Schon nach wenigen Tagen in der Einsamkeit verliert man den Bezug zur übrigen Menschheit und vergißt, daß man nur ein winziger Teil von fast sechs Milliarden Individuen ist. Paradox und faszinierend!

Meine Blicke wanderten über das Land und hefteten sich mal hier mal dort immer aufs Neue an einen Punkt und lösten vielerlei Gedanken aus. Einmal erinnerte mich Martin mit seinem riesigen Rucksack an einen Astronauten auf dem Mond, ein andermal inspirierten mich Sabines Zöpfe zu einem Vergleich mit einer indianischen Squaw. Der Phantasie waren keine Grenzen gesetzt.

Wir wechselten uns mit der Führung ab und machten alle drei die gleiche Erfahrung. Wer vorn ging, der blickte mit einem Auge auf den Boden und mit dem anderen in die Ferne. Dazu kam ein energischer Schritt, Konzentration und das sichere Gefühl, auf dem richtigen Weg zu sein. Das genügte, um den Pfad klar und deutlich wie eine Schnur am Boden zu erahnen. Sobald wir stehenblieben und den Blick vom Pfad abwendeten, um ein paar Worte mit den Freunden zu wechseln oder die Landschaft zu genießen - war der Weg für unsere Blicke verschwunden.

Es war wie verhext, aber wir machten diese Erfahrung wieder und wieder. Ich bin fest davon überzeugt, daß sich in unseren Köpfen tatsächlich etwas verändert hatte. Vielleicht kamen die uralten Instinkte unserer jagenden Vorfahren wieder an die Oberfläche - hunderttausende von Jahren alt und nur von einer dünnen, 10.000-jährigen Kruste überdeckt?!

Auf jeden Fall waren wir nun in der Lage, einen Pfad zu erkennen, der sich über große Strecken nur dadurch von der Umgebung unterschied, daß die Vegetation dort aufgrund der größeren Verdichtung des Bodens einen Hauch flacher und ärmer an holzigen Zwergsträuchern war. Erst auf tiefgründigerem Boden wurde eine leichte Vertiefung sichtbar, aber auch diese war meistens so schwach ausgeprägt, daß ein Unerfahrener daraus nur schwerlich den Weg erkannt hätte.

Welch ein Unterschied zu den Wanderwegen des Schwedischen Touristenvereines! Früher hatten wir diese Fjäll-Fährten als schmale Trampelpfade kennengelernt, die in der endlosen Weite der nordischen Wildmark oftmals nur aus der Nähe zu erkennen waren. Sie waren meist nicht mehr als ein ausgetretener Wildwechsel. Bisher hatten wir sie für das Minimum dessen gehalten, was man noch als Wegspur hätte bezeichnen können. Jetzt aber, da wir gelernt hatten, mit den Augen des Jägers zu sehen, kam mir in den Sinn, wie weit wir Menschen uns schon von unserer eigenen, inneren Natur entfernt haben.

Doch nicht nur das zeigte mir deutlich unseren Abstand zur Natur. Zahlen wirbelten durch mein Gehirn: Wir waren in diesen sechs Tagen 120 Stunden im Freien gewesen. Dagegen komme ich für den Rest des Jahres nur auf rund 1.000 Stunden, also etwa ein Achtel dieser Zeit in nur einer Woche! Ein Eingeborener dagegen ist praktisch das ganze Jahr - das sind 8.760 Stunden - draußen.

Woher soll dann aber das Wissen über die Umwelt kommen, wenn wir uns kaum noch draußen aufhalten? - Kaum noch mit Mutter Natur beschäftigen? - Kaum noch die Überlebensrealitäten draußen spüren?

Während Martins Knie sich mittlerweile so einigermaßen »eingelaufen« hatten, schmerzte meine Achillessehne immer mehr. Jeder zweite Schritt war zuviel, doch ich vermied es, meinen Freunden davon zu berichten. Ich wollte die Motivation nicht zerstören, die uns momentan vorwärts trieb!

So biß ich die Zähne zusammen und humpelte hinter Martin und Sabine her. Das Tempo, das wir zulegten, war eindeutig zu schnell für mich.

Es war ein unsagbares Glück, daß die Geländeverhältnisse gleichbleibend gut blieben und nach einiger Zeit waren kaum noch nennenswerte Steigungen zu bewältigen. Wir blieben in etwa auf der gleichen Höhe am flachen Hang des Råvvokåppasj-Berges.

Auf den weggeleiteten Etappen, die wir immer wieder ersehnten, um Zeit zu schinden, verfielen wir regelmäßig in einen absolut monotonen Wanderautismus* Es war, als bewegten die Nervenimpulse des Vordersten die Füße von uns allen.

Gedankenverloren trotteten die Hinteren auf der Spur des Vordermannes. Den Blick lange Zeit auf die Fersen davor gerichtet, die auf und ab schritten - auf und ab - auf und ab - auf und ab - einem hypnotisierenden Pendel gleich - auf und ab. Wie die Zahnräder einer Uhr spulten wir unser Pensum ab, verdrängten für diesen Moment alles Andere und ordneten uns einfach nur dem inneren Uhrwerk unter, ganz wie zu Hause Tag für Tag. Gewohnheit ist des Menschen Brot!...

Der Ausblick auf die Sjaunja-Ebene und auf die Schneeberge hinter uns war einfach grandios. In tiefen Zügen genoß ich den Überfluß an Harmonie und Ästhetik, den die Natur an diesem Tag in verschwenderischer Vielfalt zu bieten hatte. Und ich glaube, auch meine beiden Kameraden versuchten so viel wie möglich von diesem Anblick in sich aufzunehmen.

Konnten uns die betörenden Farbenspiele der Zwergbirken mit ihrem feu-

*) Autismus = krankhafte Teilnahmslosigkeit an der äußeren Umwelt

rigen Rot und Gelb, ihrem absterbenden Grün und den zahllosen Varianten zwischen diesen Tönen wirklich Trost spenden? Konnte die »hörbare Stille« oder die kristallklare Luft uns die Strapazen und Ängste vergessen machen, die wir in unzähligen Momenten der Tour durchlebten?

Und dennoch drängte sich die übermächtige Ästhetik der unberührten Urnatur machtvoll in unser Bewußtsein… - und hinterließ ihre Spuren.

Seit wir wieder einen sicheren Pfad hatten, blieb uns die permanente Neu-Orientierung mit Kompaß und Karte für lange Strecken erspart. Meist war es nur die Vorsicht, die uns veranlaßte, die Landkarte aus der Hosentasche zu ziehen und die eingestellte Kompaßrichtung erneut zu überprüfen.

Obwohl die Ergebnisse immerzu positiv war, gaben wir diese Vorsichtsmaßnahme nie auf. Das Leben ist ein erkenntnisgewinnender Prozeß und diese Sicherheitsmaßnahme war in unseren Köpfen bereits tief verwurzelt.

Im Abstand von Stunden legten wir die Karte aufgefaltet auf den Boden und verglichen sie mit der Wirklichkeit. Wir genossen es, den Strich auf der Landkarte zu verlängern, der unsere zurückgelegte Strecke markierte.

Trotz unserer körperlichen Beschwerden hatten wir das Tempo noch mehr steigern können, und sollte unser Glück tatsächlich einmal anhalten, dann war abzusehen, das wir heute unser geplantes Etappenziel erreichen könnten.

An einer Stelle bemerkte ich im Vorbeigehen neben einem großen Felsen die Spitze eines Geweihes. Das ist hier in Lappland nichts Ungewöhnliches. Wir haben bis jetzt auf jeder Tour mehrere Rentierstangen gefunden. Im Grunde war der Fund in diesem Moment uninteressant, hatten wir doch zu Hause schon Dutzende von den Dingern herumliegen. Doch neugierig wie ich bin, ging ich die paar Schritte zu dem Stein und … - entdeckte eine vollkommen erhaltene Elchschaufel.

Ich konnte es kaum fassen! Seit jeher hatte ich mir das gewünscht. Im Gegensatz zu Rentiergeweihen war das eine große Seltenheit. Stolz zeigte ich meinen Freunden den Fund.

»Igitt! Du willst doch nicht die Reste dieses Kadavers mit durch die

Gegend schleppen«, versuchte Martin mich zu ärgern. »Wir haben sicher andere Sorgen hier!«

»Natürlich nehme ich das mit! So einen Fund macht man nur einmal im Leben. Ob ich mit oder ohne das Geweih weitergehe, wird an unseren Problemen auch nichts ändern.«

Doch das war ein Irrtum. Ich hatte in diesem Moment nicht damit gerechnet, daß die Schaufel so schwer und unhandlich sein würde. Von Anfang an behinderte sie mich und verlangsamte mein Tempo. Das konnten wir uns natürlich nicht leisten.

Ich wechselte zwischen der linken und rechten Hand ab und versuchte irgendwie, das Geweih einigermaßen erträglich zu transportieren. Doch schon nach wenigen hundert Metern mußte ich erkennen, daß es einfach zu unhandlich war. Das eindringliche Reden von Martin und Sabine gab mir schließlich den Rest.

Mit einem wehmütigen Blick warf ich das Fundstück in hohem Bogen zurück ins Fjäll. Wie gewonnen, so zerronnen! Nur ein Foto von mir, die Elchschaufel mit stolzem Blick in den Händen, erinnert seither an den seltenen Fund. Was soll's?!

Langsam ging es etwas tiefer ins Tal hinunter, bis fast zur Nadelwaldgrenze. Am tiefsten Punkt waren auf der Karte einige Kåtas eingezeichnet. Als wir uns dieser Stelle näherten, teilte sich der Pfad in mehrere kleinere und ließ uns rätseln, welcher wohl der richtige sei? Wir durften auf keinen Fall den flachen Sattel zwischen Puotåive und Vuomaktjåkka verpassen, da wir sonst unweigerlich in die grenzenlosen Urwälder und Sümpfe der Sjaunja-Ebene geraten wären!

Doch dieses Risiko machte uns weniger Kopfzerbrechen als viel mehr die Tatsache, daß Martin nun schon seit geraumer Zeit über eine deutliche Verschlimmerung seiner Kniebeschwerden klagte.

Während meine Achillessehne glücklicherweise keine Veränderung meldete, hatte Martin schon einige Male versucht, den Schmerz durch einen straffen Verband erträglicher zu machen. Doch keine Variante zeigte den gewünschten Erfolg. Es wurde permanent schlimmer! Trotzdem ließ er sich nicht die Laune verderben. Wir alberten viel herum und er zeigte eine gehörige Portion Galgenhumor.

Kurze Zeit, nachdem wir uns für einen Pfad entschieden hatten, kam

Martin der entscheidende Einfall für sein Knie. Er bat Sabine, ihm zwei Pakete Tempotücher in den Kniekehlen mit einem sehr fest angezogenen Verband außen auf der Hose zu fixieren. Die Bandage sollte so stramm sein, daß er sein Bein unweigerlich steif halten mußte. Sabine und ich waren äußerst skeptisch, doch schon nach wenigen Schritten kam die Erfolgsmeldung! Unser Freund humpelte jetzt zwar wie ein Kriegsveteran auf den Stock gestützt und war deutlich langsamer als vorher, aber dafür hatte er kaum noch Schmerzen.

Es war wieder einmal unverschämtes Glück, daß wir den Samenpfad nicht verloren hatten, denn sobald es über Stock und Stein ging, bekam Martin massive Probleme. Selbst ein umgefallener Baumstamm stellte nun eine unangenehme Barriere für ihn dar, weil er das Bein einfach nicht so hoch heben konnte. In solchen Fällen mußte er eine Hand zu Hilfe nehmen und das Bein regelrecht über das Hindernis hinwegwuchten. Doch wie gesagt, vorerst blieb das die Ausnahme.

Vor uns lag bald eine ausgeprägte Senke, die uns schon weit vorher einiges Kopfzerbrechen bereitet hatte. Die Karte wies nämlich wieder einmal Moorflächen in nicht unerheblichen Ausmaßen aus und ein größerer Fluß mußte per Wat überquert werden. Wir hofften innigst, daß das Glück der letzten Stunden uns treu bleiben würde!

Die Landschaft hatte sich stark verändert. Der kahle Hang mit dem ungehinderten Fernblick über Wald, Moore und Berge war einer kleingliedrigen, abwechslungsreichen Waldgegend gewichen. Doch auch hier war es traumhaft schön und die Sonne beglückte uns mit ihrem Lächeln. Bis auf einen kleinen Bruchwald und ein wenig »Bultenhüpfen« blieb die Ebene harmlos. Nur Martin hatte weiterhin schwer zu kämpfen!

Auch auf den unschwierigen Strecken blieb er jetzt zunehmend weit zurück. Sabine gesellte sich zu ihm und ich ging meist ein paar dutzend Meter voraus, um die Strecke auszukundschaften. Zeitweilig gingen wir jedoch auch gemütlich nebeneinander her und plauderten sorglos…

Spuren der Zivilisation

Plötzlich und unvermittelt standen wir am Kussåkjåkka. Welch ein Freude überkam uns, als wir feststellten, daß dieses Hindernis viel kleiner war als befürchtet. Im Gegenteil, wir freuten uns auf die Wat durch das kalte Wasser. Eine willkommene Abwechslung für die schmerzenden Füße.

Doch was bedeutete das für Martin? Für ihn sah die Angelegenheit schon weitaus schwieriger aus, weil ihm durch das steife Bein die nötige Standsicherheit fehlen würde.

Er meisterte die Aufgabe jedoch bravourös.

Am Flußufer erkannten wir deutliche Zeichen der nahenden Zivilisation: Tiefe Furchen und klare Reifenspuren im Schlamm legten Zeugnis davon ab, daß vor nicht allzulanger Zeit mehrere Moto-Cross-Fahrer (wahrscheinlich samische Rentiertreiber) an dieser Stelle den Fluß überquert hatten. Erst beim näheren Hinsehen erkannten wir zudem einen Stab, der im Boden steckte und wohl als Markierung der Furt diente.

Jenseits des Kussåkjåkkas erwartete uns eine sehr seltsame Landschaft. Eine Vielzahl kleiner und kleinster, vorwiegend grasbewachsener Trogtäler - voneinander getrennt durch waldbestandene, bucklige Hügel, verwirrten unseren Orientierungssinn. Zu allem Ärger gabelte sich der Pfad hier einige Male und änderte so oft seine Richtung von Ost nach West und von Nord nach Süd, daß absolut keine Grobrichtung mehr zu erkennen war.

Ein Tal, das nach der Kompaßmarschrichtung in die richtige Himmelsrichtung führen sollte, beschrieb plötzlich einen halben Kreisbogen und teilte sich in zwei, drei weitere Täler auf. Ausgerechnet in diesem wirren Terrain hatte Martin eine schmerzfreie Phase. Irgendwie hatte er sich eingelaufen und konnte gut mithalten. Er nutzte die Gunst der Stunde und marschierte im Eiltempo wie ein Besessener voraus, uns etwas zurück im Schlepptau lassend. Wir ließen unsere Konzentration erleichtert fallen und trotteten in Gedanken versunken hinter dem neuen Führer her.

Keiner von uns achtete noch auf die Richtung - blind vertrauten wir Martins energischem Voranschreiten. Auf diese Weise waren wir alle die letzten Stunden dem Samenpfad gefolgt. Doch gefehlt: Erst als wir schon viel zu lange durch die kleinen Täler marschiert waren, ohne an Höhe zu gewinnen, kamen uns Zweifel an der Richtung.

Sabine und ich versuchten, die zurückgelegte Strecke auf der Karte zu rekonstruieren, um unseren Standort festzustellen. Leider bestand hier keinerlei Möglichkeit für eine Kompaßpeilung. Während Martin ungebremst fortschritt, versuchten wir intensiv, uns das Kartenbild am Kussåkjåkka in der Wirklichkeit vorzustellen, und verglichen unsere gedanklichen Bilder mit den realen Gegebenheiten.

Das seltsame Mini-Relief hier erschwerte diesen Versuch gewaltig. Doch nach einiger Zeit hatten wir das Gefühl, den richtigen Punkt gefunden zu haben; Sicherheit gab es allerdings nicht! Schlagartig wurde uns klar: Wir hatten den Weg wieder einmal verloren und Martin war einem Irrweg aufgesessen, der endlos durch die Tälchen zu führen schien.

»Martin! Martin! Warte mal! Komm zurück, wir haben den Weg verloren!«

Es war gar nicht so einfach, den Freund einzuholen und ihm unsere Situation klarzumachen. Er hatte blindlings seinem Gefühl vertraut und reagierte zuerst äußerst skeptisch auf unsere Nachricht.

Schließlich ließ er sich überzeugen und wir kamen gemeinsam zu dem Entschluß, geradewegs durch den Wald den Hang des Salvotjåkkas zu erklimmen, bis wir wieder auf den Weg am halben Berg stoßen würden. Etwas anderes schien uns zu diesem Zeitpunkt nicht sinnvoll, eine Umkehr mit Suche des Weges hätte viel zu viel Mühe gekostet.

Irgendwo knapp oberhalb der Waldgrenze mußte der Samenpfad verlaufen, irgendwo weit, weit oben?!

Solange wir noch in der Flußebene waren, kamen wir gut voran, bis wir am Fuße des Salvotjåkkas angelangt waren, der direkt vor uns verdammt steil aufragte. Der mörderischste Aufstieg der ganzen Tour lag vor uns! Zu früh hatten wir uns in Sicherheit gewähnt.

Der Hang war so steil, daß wir uns nur mit Hilfe der Birken hochhangeln konnten. Ohne die Bäume hätten wir keinen Halt gefunden. Während Sabine und ich leidlich an Höhe gewannen, stellte der Aufstieg für Martin eine fast unlösbare Aufgabe dar. Er wußte einfach nicht, wie er sein steifes Bein aufsetzen sollte und quälte sich fürchterlich ab. Wir befürchteten das Schlimmste, aber Martin ließ sich von solchen »logistischen Schwierigkeiten« nicht klein kriegen!

Es war kaum zu glauben, wie er es immer wieder schaffte, doch noch irgendwie Halt zu finden und sein Bein nachzuziehen. Fast die ganze Kraft für diesen Akt holte er aus seinen Armen - ich weiß nicht wie. Sein Gesichtsausdruck verriet die reißenden Schmerzen und dennoch konnte er sich ein albernes Grinsen nicht verkneifen, wenn sich unsere Blicke einmal trafen. Eine zeitlang war ihm Sabine behilflich, die ihm regelrecht sein Bein nachtrug. Eine große Leistung mit all dem Gepäck!

Der steile Aufstieg forderte unsere Kondition bis auf das Äußerste. Doch wir schafften es alle drei. Nach ein paar Hundert Metern wurde der Hang merklich flacher. Bis heute ist es mir unerklärlich, wie Martin diesen Berg bezwingen konnte!

Als wir die Tundra erreichten, glaubte ich den Verlauf der Waldgrenze an dieser Stelle auf der Karte wiederzuerkennen.

»Wenn wir wirklich hier sind, dann müßten wir den Weg in weniger als 250 Metern kreuzen«, mutmaßte ich.«

»Das macht bei unserem jetzigen Tempo exakt fünf Minuten«, steuerte Martin bei!«

Tatsächlich standen wir auf die Minute pünktlich wieder auf dem Pfad, an der vermuteten Stelle. Er war hier für einen Samentrail sogar sehr deutlich sichtbar und die Orientierung hätte nun auch einem Ungeübten keine Schwierigkeiten mehr bereitet.

Der Tag neigte sich langsam seinem Ende zu. Das Licht der sinkenden Sonne wurde immer rötlicher. Der wohl letzte größere Anstieg auf dieser Wanderung, hinaus auf das offene Fjäll kam uns vor wie »in den Himmel laufen«. Die Sonne, die in unserem Rücken stand, malte ein warmes Licht in die Atmosphäre und es war, als ob wir jeden Moment abheben würden. Die blendend weiße Birkenstämme warfen in der goldenen Sonnenflut schon sehr lange Schatten. Noch war es warm, doch bald würde es Winter werden in Lappland. Wo würden wir dann wohl sein?

Der Blick zurück auf die Schneeberge, die jetzt nur noch ganz weit hinten im Dunst zu erkennen waren, machte uns klar, daß wir heute eine sehr weite Strecke zurückgelegt haben mußten. Auch an unserer körperlichen Verfassung war das deutlich zu spüren. Wir »rannten« wieder, obwohl wir alle drei ziemlich erschöpft waren - erschöpft aber glücklich! Wenn nicht alle Stricke rissen, dann würde der Zug morgen Mittag nicht ohne uns fahren. Und selbst, wenn wir ihn nicht erreichen würden, so sah doch alles danach aus, daß wir unbeschadet am Ziel ankommen würden.

Vier Kilometer trennten uns noch vom letzten, planmäßigen Zeltplatz. Es war kaum zu glauben, wieviel wir bei all den widrigen Umständen aufgeholt hatten!

Noch etwas gab uns Gewißheit, daß kaum noch mit unüberwindlichen Hindernissen zu rechnen war. Bald sahen wir überall auf dem Weg Spuren von vierrädrigen, motorisierten Geländefahrzeugen und nicht lange, da tauchte vor unseren Augen ein metallener, nagelneuer Rentierzaun auf.

Für uns bedeutete dieses wacklige Stück Draht und die Furchen im Schlamm die nahende Rettung!

Der Zaun und die geknickten, jungen Birken inmitten der tief eingegrabenen Reifenspuren machten uns ganz deutlich, daß die Wildnis endgültig hinter uns lag! Ein paar Samen, die mit kleinen Off-Road-Buggys quer durch den Wald fuhren, ein paar geknickte Bäumchen, ein paar Tropfen verlorenes Öl vielleicht, das war hier die Zivilisation - weiter nichts! Keine Betonwüsten, kein schwermetallhaltiges Wasser, kein essigsaurer Regen, keine kreischenden Motorsägen im Wald, keine Straße, die das Land in tausend Teile zerstückelt. Hier noch nicht - nicht einmal der radioaktive Fallout von Tschernobyl* war bis hierher gekommen. Und doch herrschte auch hier schon der Mensch.

Wie schreckenerregend das klang! Ist nicht die Ozonschicht auch über dem hohen Norden schon deutlich dünner geworden? Ist es nicht gerade die Subarktis, die durch die drohende Erderwärmung die schlimmsten Folgen zu befürchten hat? Mir wurde schlagartig klar, wie klein die Erde geworden war, und mit traurigen Gedanken sah ich das unberührte Sjaunja vor meinem inneren Auge - so weit, so wild, so kraftvoll und doch so schutzlos vor dem verderblichen Wirken der Menschen.

Nach einer letzten, kleinen Flußüberquerung über rutschige Steine, nahmen wir noch einmal alle Kräfte zusammen, um den östlichen Ausläufer der Fjällberge zu »erklimmen«. Morgen würden wir endgültig in die Wälder eintauchen und wahrscheinlich kaum noch einen Blick von der Berg-

*) Tschernobyl = Defekter Atomreaktor, der 1986 radioaktive Niederschläge verursachte

kette hinter uns erhaschen. Dieses eine Mal war es uns noch vergönnt - verdammtes, fantastisches Lappland!

Das Licht der untergehenden Sonne ließ das Laub der herbstlichen Birken golden erscheinen und wie am Abend zuvor entstand ein unwirkliches Szenario voll grenzenloser Harmonie.

Wir entschlossen uns, hier oben zu bleiben, um ein letztesmal den Zauber eines lappländischen Herbstabends genießen zu können - ja tatsächlich: Genießen!

Schnell war das Zelt gesetzt, wir saßen im Freien und sogen den Duft der Wildnis in uns ein. Wir schlürften genüßlich unseren heißen Kakao, streckten die müden Glieder auf dem Boden aus und lauschten dem Knistern des Feuers.

Das Flair dieses herrlichen Abends mußte ich unbedingt noch einmal fotografieren. So nahm ich meine Kamera und entfernte mich einige Meter vom Zelt. Ich hielt nach einem passenden Stein Ausschau, der mir als Stativ für eine Aufnahme mit Selbstauslöser dienen konnte.

Was tut man nicht alles für ein Bild, ein Foto?! Dabei sind Fotos flach und geruchlos, unbewegt und tot. Die Eindrücke im Kopf dagegen sind lebendig, werden Teil des Innen und verändern die Persönlichkeit. Für diese Bilder braucht man nicht auf dem Boden herumzukriechen, braucht keine empfindliche Kamera und doch: Die Fotos kann man Freunden zeigen, die »Hirnabdrücke« nicht. Ich bin eben immer noch gefangen im zweidimensionalen Bilder-Wahn, bin auch ein Kind der technisierten Konsumwelt.

Bald war der letzte Schimmer des Tages am westlichen Horizont verschwunden und die nächtliche Kälte legte sich über die Erde. Mit sämtlichen Kleidungsstücken am Körper stapften wir fröstelnd umher, um noch einige Gegenstände ins Zelt zu räumen.

»Was ist das?« rief Martin unvermittelt, »da hinten sieht man den Schein von vier großen elektrischen Lampen.«

Neugierig gesellten wir uns zu ihm und schauten in die gleiche Richtung.

»Tatsächlich! Flutlichter mitten in der Wildnis - das heißt - eben doch nicht mehr mitten in der Wildnis, sondern schon am Rande.«

»Das wird ein Rentiergehege sein und die Schlachterei ist sicher gerade in vollem Gange. Frank, erinnerst du Dich noch an Nikkaluokta? Da hatten die Samen auch solche riesigen Strahler rund um das Gehege aufgebaut, damit sie bis tief in die Nacht hinein arbeiten konnten«.

»Das ist doch sicher nicht weiter als zwei, drei Kilometer entfernt, oder?«

»Ja, könnte stimmen. Vielleicht ist es sogar noch weniger. Läßt sich im Dunkeln schwer schätzen. Auf jeden Fall muß dieses Lager bereits sehr nahe an der Bahnlinie liegen, denn nur dorther kann die Stromversorgung kommen.«

»Man kann fast hinspucken«, meinte Martin lakonisch, »welch ein seltsam geheimnisvoller Anblick nach so vielen Stunden ohne künstliches Licht!«

Wenig später lagen wir alle drei gemütlich im Zelt. Wir waren erschöpft und wechselten nur noch wenige Worte. Mein Gehirn jedoch arbeitete im Akkord. Ich mußte tief seufzen und automatisch drängten sich meinen Gedanken die Bilder der vergangenen Tage auf. Was hatten wir nicht alles durchgemacht! Unglaublich, was man leisten kann, wenn man muß! Nachdem ich in der Gegenwart angekommen war, nahm die mentale Reise wieder einmal einen anderen Weg.

Seit meiner Kindheit war es mein Traum gewesen, wie die alten Trapper durch die nordische Wildnis zu streifen. Damals hatte ich dabei an Kanada oder Alaska gedacht - von Skandinavien hatte ich überhaupt nichts gewußt. Was wäre wohl aus mir geworden, wenn ich diesen Traum verwirklicht hätte? Wäre ich dort auch in solche Gefahren geraten wie hier in Lappland? Man kann diese Frage nicht beantworten, aber auf jeden Fall wäre das Feeling in der ursprünglichen Natur bestimmt kein anderes gewesen als hier!

Man sagt, in Amerika sei alles größer und phantastischer als auf dem alten Kontinent, und zudem leben dort noch viel mehr wilde Tiere... Heute ist das kein Grund mehr für mich, solch eine weite Reise anzutreten. Und das nicht erst seit Sjaunja.

Ich könnte es einfach nicht mit meinem Gewissen vereinbaren, wieder an der gigantischen Energieverschwendung teilzuhaben, die ein stratosphärischer Fernflug darstellt.

Einmal war ich in der Neuen Welt - auf Hochzeitsreise in Florida.

Vielleicht packt es mich wieder einmal, irgendwann in meinem Leben. Doch es wird mit Sicherheit die große Ausnahme bleiben. Niemals könnte ich regelmäßig jedes Jahr auf irgendeine Mittelmeerinsel fliegen, wie es so viele Leute tun.

Immer weiter weg, immer schneller hin, immer mehr und immer perfekter - das ist die Devise. Und das gilt in unserer Welt nicht nur für Urlaubsreisen, sondern für praktisch alle Lebensbereiche. Es wird allgemein als absolut wichtig angesehen, immer der Erste und Schnellste zu sein. Langfristige Aspekte oder etwaige negative Auswirkungen auf Umwelt oder Soziales sind drittrangig. Kaum jemand kann sich unter dem Begriff »Entschleunigung« etwas vorstellen. Dabei ist es doch so einfach! Muß der Euro in so kurzer Zeit eingeführt werden? Müssen immer neue, stärkere Automodelle her, bevor die aktuellen überhaupt ihre technische Reife voll erlangt haben? Muß man unbedingt in zwei Stunden von Düsseldorf nach Stockholm gelangen können? Erfüllt nicht auch eine abwechslungsreiche, erholsame Bahnfahrt den gleichen Zweck?…

So viele machen sich über solche Dinge offensichtlich kaum Gedanken - sind ausweglos in die Konsumgesellschaft eingebunden, ohne Wenn und Aber! So kommt es mir zumindest vor. Was weiß ich, was in anderen Köpfen vorgeht. Verstand oder Vernunft stehen leider nicht automatisch im Dienst des Überlebens. Vernünftig handeln bedeutet heute eher, sich auf Kosten- / Nutzenrelationen zu verlassen, statt auf Umweltverträglichkeitsgutachten.

Doch - wieder einmal kam mir dieser unangenehme Gedanke -, sind Sabine, Martin und ich denn wirklich »besser«? Auch wir gehören immer noch zu den Großverbrauchern auf der Erde. Die Menschen in den Entwicklungsländern sind (gezwungenermaßen) die weitaus Sparsamsten.

Doch wo will man die Grenze ziehen? Würden in Deutschland nur so wenig Menschen wie in Schweden leben…

Ach, was machte ich mir solche Gedanken! Es würde wahrscheinlich ein unlösbares Problem bleiben und sicher ist es sowieso schon zu spät! Ich sollte besser schlafen.

Ich horchte auf meine beiden Kameraden. Ihr Atem hörte sich noch nicht nach Schlaf an.

»Glaubt Ihr auch, daß uns diese ganze Geschichte kein Mensch abnehmen wird«, fragte ich meine Freunde?

»Bestimmt nicht«, entfuhr es Martin spontan, »das kann sich niemand vorstellen, der es nicht selbst erlebt hat. Zumindest niemand, der nicht einmal in der Wildnis war.«

»Unsere Freunde und Eltern werden uns sicher glauben«, fügte Sabine hinzu,

»Aber sie werden nichts von alledem wirklich nachempfinden können, glaubt es mir! Selbst wenn wir von früheren Touren in Lappland berichtet haben, merkte man immer wieder ganz deutlich, wie fernab von deren Verständnis das alles war. Für sie bedeutet Wildnis so etwas wie das Hochsauerland. Viel Natur mit einsamen Wanderwegen, aber irgendwo in der Nähe ist immer ein Kurhotel, ein Dörfchen oder zumindest eine Straße mit Wanderparkplatz. Sie sind einfach nicht in der Lage, sich völlig unbesiedeltes Land vorzustellen…«

»Übertreibst du da nicht ein bißchen? Ich konnte mir die Wildnis im Großen und Ganzen ja schließlich auch vorstellen, bevor ich das erste Mal nach Lappland gefahren bin. Sicher nicht Sjaunja, aber ansonsten war mein Bild eigentlich so, wie ich es später kennengelernt habe. Man braucht doch nur ein wenig Phantasie und außerdem gibt es genügend Filme im Fernsehen, die die wildesten Plätze unseres Planeten für jeden vorstellbar machen.«

»Das heißt doch überhaupt nichts! Die Phantasie ist es ganz allein, die uns befähigt, uns etwas Unbekanntes vorzustellen. Das Fernsehen bewirkt doch eher das Gegenteil: Abgestumpfte, flache Gedanken durch flache Bilder und Reizüberflutung. Da sitzt man taten- und gedankenlos, fett und faul in seinem Sessel und zieht sich eine fragmentarische Illusion nach der anderen rein - ohne in das Geschehen auf der Mattscheibe eingreifen zu können, ohne Raum für die eigene Phantasie. Und dann noch so schnell, daß man schon beim übernächsten Bild ist, wenn man das vorletzte gerade erst erfaßt hat. Nur leider fesselt dieser moderne Dämon uns allzu leicht an sich, weil es so faszinierend ist, Dinge zu sehen, die man sonst niemals sehen würde. Es ist ja so einfach, sich vor die Kiste zu setzen.«

»Genau! Der größte Teil der Informationen wird einfach passiv wegkonsumiert und anschließend sozusagen direkt wieder ausgeschieden. Was in den Köpfen zurückbleibt, ist Leere und die Sucht nach mehr.«

»Mmmh, ganz so krass würde ich das aber nicht sagen. Es gibt doch eine ganze Reihe sinnvoller Fernsehsendungen, die lehrreich sind oder zum Nachdenken anregen…«

»Wenn sie mit Verstand geguckt werden und man sich die Zeit nimmt, darüber nachzudenken. Aber wer tut das denn schon? Die meisten hauen sich doch wohl nur mit einer Flasche Bier auf das Sofa und lassen sich bedudeln von jedem Blödsinn. Bis der Schlaf stärker wird als die Faulheit! Glaubst du, diese Otto-Normal-Fernschauer reflektieren da noch irgendetwas? Und außerdem: Was ist an der Sportschau und dem Freitagskrimi denn noch lehrreich?«

»Weiß ich nicht. Aber es gibt doch durchaus auch gute Spielfilme, die einen tieferen Sinn haben als nur reine Unterhaltung zu sein. Die sehen auch viele Menschen, die sich nicht für Dokumentarbeiträge interessieren. Zum Beispiel »Gorillas im Nebel« über die Arbeit der Forscherin Diane Fossey oder »Der mit dem Wolf tanzt« von…«

»Ach was! »Der sich'n Wolf tanzt« wird auch nur konsumiert und vergessen. Was du *selbst* erlebst, *das* bereichert deinen Geist, *das* weckt deine Phantasie und prägt dein weiteres Leben - nicht diese bunten Ersatzbefriedigungen aus der Wunderkiste. Je stärker die Erlebnisse, desto stärker der Einfluß auf die Persönlichkeit. Du schaust doch auch sehr wenig fern, oder?«

»Sehr wenig. Aber ich freue mich trotzdem manchmal auf einen spannenden Film. Allerdings kommt das selten vor und dann ist danach auch Schluß. Wie du schon angedeutet hast, ist Fernsehen eine Erlebnis-Ersatzdroge für gelangweilte Acht-Stunden-Arbeiter und gestreßte Mütter…«

»…Nebenwirkungen und Begleiterscheinungen: Krasse Verarmung der Gedankenwelt, Verlust des Realitätsbewußtseins, Phantasielosigkeit. Wechselwirkungen mit Egoismus, Materialismus und gesellschaftlicher Verarmung sind zu befürchten.«

»Jetzt hört aber auf, Ihr intoleranten Besserwisser!«, protestierte Sabine nach diesem radikalen Statement, »ich hoffe nur, daß Ihr das nicht ernst gemeint habt?!«

Martin mußte herzhaft lachen. Ich erwiderte mit der seriösesten Stimme, die mir zur Verfügung stand:

»Natürlich haben wir das alles ernst gemeint. Besonders das mit den gestreßten Müttern, die Abends völlig fertig in den Fernsehsessel sinken und dort auch noch den letzten Rest ihrer seelischen Kapazitäten völlig nutzlos entsorgen.«

Einen winzigen Moment lang blickte Sabine völlig irritiert drein. Aber dann erkannte sie den Schabernack und rief empört:

»Besser schweigend fernsehen als bei einer Wanderung durch die Wildnis die »seelischen Kapazitäten« mit solch einem Müllgerede zu »entsorgen«!«

Das saß! Mein albernes Grinsen gefror zu einer steinernen Grimasse und mehr als ein »Ähh, ich...« kam nicht mehr aus mir heraus. Martin dagegen amüsierte sich köstlich und setzte der ganzen Situation noch einen dummen Spruch obenauf:

»Alle Samenkinder spielen auf dem Fjäll, nur Trapper Frank ist krank.«

Wir alle waren total geschafft - geschafft aber glücklich - endlich glücklich!

In gewohnter Weise, Köpfe an Füße, streckten wir die müden Glieder in den Schlafsäcken aus. Endlose einundzwanzig Kilometer hatten wir heute geschafft,

- tiefes Einatmen - ,

gerannt waren wir mit lädierten Beinen über Stock und Stein , immer in der Gefahr, daß es jeden Moment nicht mehr weiterging, gerannt vom frühen Morgen bis zum späten Abend,

- tiefes Ausatmen -

und...

Schlafen.

SINNSUCHE

Mit jedem Herzschlag
Mit jedem Atemzug
Mit jedem Gedanken
Ein Weg
Die Suche.

Höre niemals auf zu suchen
Der Sinn
ist die Suche.

Doch glaube nie
zu finden
und raste nur kurz -
- denn die Suche ist das Leben!

Die Welt der Habgier ist unser Boden
Doch je tiefer Deine Wurzeln auf der Suche
desto reiner die Erde darunter.
Tief im Verborgenen ruht die Wahrheit,
verschüttet vom Staub der Zivilisation
Reinige Dich und suche
Suche! Suche!

Am Ende
wirst Du finden.

Freitag, 10. September 1993

Samisches Piktogramm:
Ren und Raubtier auf dem Fjäll

Apokalypse

Gedankenlos verbrauchen wir die Natur. Es wird behauptet, daß wir Menschen auf diesem Planeten die höchst entwickelte Lebensform sind - die Spitze der Evolution. Doch schützt uns das vor dem Aussterben?
Viele tausend Arten vor uns sind auf die Erde gekommen und wieder ausgestorben. Immer wieder ersetzten erfolgreichere, anpassungsfähigere Arten die entstandenen »Lücken« und setzten die Evolution ihrerseits fort. Warum soll sich das mit dem Auftreten des Menschen geändert haben?! Warum sollen wir gerade heute das Ende der Entwicklung, den Gipfel der Vernunft erreicht haben?

Auch wir können uns nicht einfach »ins Auto setzen und dem Ende davonfahren«. Denn wie alle Lebewesen dieses Planeten sind auch wir die Folge der Evolution und tragen das Erbe der Vorzeit unabdingbar in uns!

Irgendwie bin ich sicher, daß wir uns an einer Art Schwelle oder Weiche befinden, die ganz kurz bevorsteht oder bereits überschritten ist? Die sich zur Zeit vollziehende Umweltkatastrophe, die niemand leugnen darf, der sich einmal ernsthaft damit beschäftigt hat, legt davon Zeugnis ab!

Niemals zuvor in der Erdgeschichte sind so schnell so viele Arten ausgestorben wie heute. Niemals zuvor wurde von Lebewesen mehr Energie freigesetzt als in der gleichen Zeit gebunden wurde. Niemals zuvor hantierte *jemand* so sorglos mit lebensgefährlichen, hochgiftigen Stoffen, deren Auswirkungen auf das Leben völlig unberechenbar sind.

Das enorme Artensterben, das wir im Moment verursachen, bedeutet nicht nur die endgültige Ausrottung irgendwelcher Lebensformen - sondern im Sinne meines Weltverständnisses vernichten wir gerade einen Teil unseres eigenen Seins!

Viel zu wenig Menschen erkennen diese Tatsache, weil wir es verlernt haben, uns als Teil der natürlichen Welt zu verstehen. Vielmehr konzentrieren wir uns fast ausschließlich auf das Überleben in unserer unvollkommenen, synthetischen Menschenwelt. Autos und Anzüge haben für sehr viele Menschen einen höheren Stellenwert als wilde Pflanzen und Tiere.

Unsere Informationen über die Welt entnehmen wir zum größten Teil irgendwelchen »abbildenden« Medien; Fernsehen, Zeitungen oder gar

Comic-Strips prägen unser Wissen, nicht etwa die Erfahrungen aus der uns umgebenden Umwelt. Es ist paradox: Unsere Kenntnisse über die Zusammenhänge in der Natur werden immer umfangreicher - waren noch nie so umfassend wie heute. Aber unsere Beziehung zur Natur war demgegenüber noch nie so schlecht wie heute! Wissen ist nicht gleich Weisheit!

Wir lernen in einer Welt aus Stahl und Beton zu leben und nicht mehr im Urwald. Das hat dazu geführt, das wir uns von der Natur drastisch entfremdet haben und kein Gespür mehr dafür besitzen, daß es primär diese Natur ist, die wir zum Überleben brauchen und nicht etwa Geld und Güter.

Wir denken heute fast ausschließlich in »synthetischen Kategorien«, wir beschäftigen uns die allermeiste Zeit mit Dingen, die für unser Überleben auf diesem Planeten völlig nutzlos oder gar schädlich sind und wir verfallen lebenslang allen möglichen menschengemachten Illusionen, wie Fernsehen, Sport, Karriere und so weiter und so weiter und so weiter.

Trotz aller technischen Errungenschaften erleben wir die Natur nur als verschwommenes und extrem vereinfachtes Abbild in unserer unvollkommenen Gehirnwelt. Doch anstatt unsere geistigen Fähigkeiten zu nutzen, nach tieferer Erkenntnis zu streben, jagen so viele von uns synthetischen Illusionen nach, die noch viel weniger real sind als das geistige Erleben der natürlichen Umwelt, deren Teil wir unabdingbar sind.

»Nicht mehr Tier und noch nicht Engel«!

In allen unseren Verhaltensweisen drückt sich unsere tierische Herkunft aus, ob im Straßenverkehr auf dem Gaspedal, in unzählige Kriegen, in der Mode oder in der beruflichen Karriere, überall diktieren unsere Instinkte und Triebe das Leben und nicht etwa der Verstand! Dies resultiert aus der Evolution des Lebens, dessen Produkt auch wir sind. Die angeborenen Verhaltensmuster aller Lebewesen dienen zu einem reibungslosen Funktionieren der Natur und damit garantieren sie die stetige Höherentwicklung der Arten.

Doch wie jede Entwicklung in der Natur ist der zukünftige Weg unbekannt und kann auch hier und dort in einer Sackgasse enden! Wer es wagt, Vorhersagen zu treffen, der ist ein Tor und der hat nichtmal aus unserer kurzen Menschheitsgeschichte gelernt.

Mir scheint, bei unserer Spezies tut sich solch eine Sackgasse auf!? Irgendwann nach der Entwicklung des menschlichen Verstandes nahm unsere Evolution einen ungünstigen Verlauf. Die neue Freiheit hatte ungeahnte Auswirkungen auf unser »tierisches Erbe«. So machten die ersten Waffen aus Stöcken und Steinen unsere Vorfahren im Rivalen-Kampf mit Artgenossen erstmals zu Mördern. Nur die Aggressivsten überlebten von nun an und bestimmten die Richtung der Evolution. Wir heutigen Menschen sind die »Erben von Siegern gegen Artgenossen« und so ist es nicht verwunderlich, warum wir uns als einzige Lebensform auf dieser Erde in unzähligen Kriegen gegenseitig umbringen. Wohlgemerkt: Ähnliche Vorkommnisse bei Tieren gibt es auch - aber den tierischen Verwandten fehlt die Einsicht in ihr Verhalten, die man bei uns voraussetzen sollte!

Dies ist ein gutes Beispiel für die Folgen unseres »freien Verstandes« auf altbewährte Verhaltensmuster.

Nach meinem »neuen« Glauben ist die Materie des Universums das Werkzeug des »Allgeistes« und sie wird im Laufe der Evolution offensichtlich immer komplexer, so daß der »Teilgeist« darin immer »wacher« werden kann. Doch wir sollten uns hüten zu glauben, wir Menschen von heute seien bereits der Endpunkt dieser Entwicklung!

Sicherlich haben wir ein Bewußtsein, welches erstmals einem irdischen Wesen ermöglicht, das wahre Wesen der Dinge zu erahnen. Doch wir müssen darum kämpfen, unser Handeln von den tierischen Trieben zu lösen, sonst geht es uns nicht anders als den Dinosauriern, und die Evolution sucht sich ein anderes Lebewesen für einen neuen Weg in die vollkommene Erkenntnisfähigkeit! Die Natur hat Zeit genug dazu!

Leider sind wir im Moment noch weit davon entfernt, rational zu handeln. Es ist erschreckend, wie wenig die Menschen an die Zukunft denken. Vorausschauendes Handeln in letzter Konsequenz ist eher die Ausnahme denn die Regel. Kaum jemand denkt an die Folgen seines Tuns für die nachkommenden Generationen.

Alle Eltern wollen nur das Beste für ihre Kinder. Doch welche Mutter malt sich schon aus, wie es wäre, wenn ihr Kind eines Tages mit allergischem Asthma im Krankenhaus liegen müßte, weil die Elterngeneration jahrzehntelang gedankenlos die Luft verschmutzt hat?

Wer hat schon einmal versucht, sich vorzustellen, wie es sein wird, wenn wir im Sommer wegen der krebserzeugenden UV-Strahlung das Haus nicht mehr verlassen dürfen? - Wenn wir bei 40° C in der Wohnung harren müssen? Wer weiß heute schon, was geschieht, wenn globale Klimaveränderungen zu Totalausfällen in der Lebensmittelproduktion führen? Wer macht sich wirklich die Tatsache bewußt, daß heute weitaus schneller Arten von der Erde verschwinden als zur Zeit des Aussterbens der Dinosaurier? Welche Konsequenzen wird das für uns Menschen haben?

Wer weiß nicht um die Gefahren chemischer Stoffe und unternimmt dennoch nichts dagegen, obwohl wir davon in naher Zukunft krank werden könnten? Krebskrankheiten nehmen rapide zu, die Leber muß immer mehr Giftstoffe verkraften. Unser ganzer Körper muß permanent Belastungen tolerieren, die unsere hochentwickelte Zivilisation erfunden hat und die es früher nicht gab.

Alle sollten davon wissen, aber wer handelt danach? Wir verdrängen dieses Wissen und verstecken uns hinter vagen Ausflüchten und bunten Fernsehbildern. Hauptsache, die Kasse stimmt und nach dem Motto: Sterben müssen wir sowieso.

Kaum jemand fühlt sich persönlich für die Umwelt verantwortlich, nur wenige sind motiviert, gegen den Strom zu schwimmen. Es sind immer die Anderen.

Mir ist nicht erst in Sjaunja klar geworden, das wir in dieser oder einer der folgenden Generation das Ende der menschlichen Zivilisation zu befürchten haben. Die momentanen Fakten lassen leider keinen anderen Schluß zu (*Hintergründe siehe im Anhang 2*). Sehr viele von uns werden wahrscheinlich sterben und die Übriggebliebenen werden sich wohl auch nicht mehr glücklich schätzen, auf einer lebensfeindlichen Erde dahinzusiechen. Wir sind es einfach nicht gewohnt, schon heute an unsere Ur-Ur-Ur-Enkel zu denken.

Immer wieder frage ich mich: Warum ist das so? Warum zerstören wir die überlebenswichtige Ordnung in der Natur und machen uns zu armseligen Sklaven materieller Werte? In diesem Moment im wilden Lappland schienen mir die zugrundeliegenden Ursachen eindeutig zu sein:

Ein Grund ist nach meiner Ansicht die falsche Auslegung christlichen Gedankengutes. Es hat dazu verführt, die Verantwortung auf »Den da oben« abzuwälzen und sich die Erde untertan zu machen.

Demgegenüber ist jedoch genauso der um sich greifende Atheismus schuld, der uns lehrt, unser Leben sei ein begrenztes, rein biologisches Ereignis zwischen Geburt und Tod. Ein Glaube, der die Existenz eines transzendenten Seins verneint.

Es ist wohl kaum verwunderlich, daß diese Einstellung das Leben sinn- und ziellos erscheinen läßt und unseren angeborenen Egoismus nährt. Wozu soll man sich anstrengen, umweltbewußt und moralisch zu leben, und Verzicht zu üben, wenn man noch so vieles unbeschwert genießen könnte? »Nach mir die Sintflut« ist ein passender Spruch für diese kurzsichtige Einstellung.

Indem man sich bemüht, ein Leben im Einklang mit Mensch und Natur zu führen, gewinnt der Geist an Reife. An Reife, die sich nach dem körperlichen Tod in einer anderen Daseinsform auszahlen mag. Auf diese Weise verhält man sich im Sinne der Evolution des Allgeistes zu einer immer größeren Vervollkommnung der Welt als Ganzes. Um dies zu erreichen muß man seine Vernunft gebrauchen und immer auf der Hut sein vor den Trieben und Instinkten unserer tierischen Vorfahren, die auch uns Menschen immer noch beherrschen.

Ich selbst und meine Taten mögen in unserer Welt »bedeutungslos« sein, doch in der transzendenten Realität sind alle Gedanken und Taten gleichsam bedeutungsvoll!

Das alles hat mein Weltbild zu meiner Religion gemacht!

Ich lachte und mir wurde in diesem Moment klar, was ich in Sjaunja gewonnen hatte: Ein Weltbild und Lebensmut für die ungewisse Zukunft!

Für mich gibt es kein »nach mir«, denn seit dieser Wildnistour bin ich davon überzeugt, daß wir nicht nur für eine begrenzte Zeit auf der Erde existieren, sondern daß das Leben nur *ein* Teil einer unendlichen Existenz darstellt. Für mich ist unser irdisches Dasein eine Art »Reifephase« auf dem Weg der stetigen Evolution des Körpers und des Geistes. Demnach ist es ganz und gar nicht egal, wie ich mich hier auf der Erde verhalte!

Harrå

Sabine weckte uns viel früher als sonst. Wie jeden Morgen zog ich alle verfügbaren Kleidungsstücke über meinen Jogginganzug und stiefelte schlaftrunken ins Freie. Mein erster Blick fiel auf die weiße Rauhreifkruste, die alles bedeckte. Die letzte Nacht in der Wildnis war wieder eisig kalt gewesen. Das Thermometer war auf 9° C unter den Gefrierpunkt gesunken. Dementsprechend sahen die Dinge aus, die wir gestern draußen gelassen hatten. Alles war mit glitzerndem Rauhreif überzogen, der Rest Kakao in unseren Bechern war gefroren, die Schuhe waren wieder einmal bretthart. Wie vorausschauend war es von Sabine gewesen, daß sie eine Wasserflasche mit in den Schlafsack genommen hatte!

Selbst unser Zelt starrte vor Eis. Auf der sonnenzugewandten Seite ließ es sich einigermaßen problemlos entfernen, aber auf der anderen Seite half kein Scheuern und kein Kratzen. Der Stoff war hier so hart, daß ich Angst hatte, ihn dabei zu beschädigen.

»Laß uns noch etwas damit warten, vielleicht nimmt uns die höhersteigende Sonne in einer halben Stunde die Arbeit ab«, erscholl Martins Stimme aus dem Zeltinnern.

Doch Sabine erinnerte uns sofort an unseren Vorsatz, möglichst früh aufzubrechen: »Direkt nach dem Frühstück wird eingepackt, egal ob das Zelt noch gefroren ist oder nicht.«

»Warten wir es ab!«

Während ich in das Zelt zurückkroch, um mich der Schlafkleidung zu entledigen und die Sachen einzupacken, bereiteten Sabine und Martin wie jeden Morgen das Frühstück zu.

Mit dem obligatorischen Käse- oder Salamiknäcke, einer Tasse Müsli oder Cornflakes mit Pulvermilch begingen wir ein letztes Mal unser spartanisches Wildnisfrühstück. Dazu eine Tasse Kaffee oder Kakao, diesmal mit Wasser aus den Feldflaschen zubereitet. An der Tasse konnte man sich vortrefflich die eiskalten, steifen Finger wärmen.

Nach dem Frühstück schlenderte ich gedankenverloren mit der Hammerschaufel in der Hand zum nächsten, großen Felsblock. Bei der Suche nach einem geeigneten Platz für mein Geschäft stellte ich betrübt fest, daß wir endgültig wieder im Einflußbereich der Zivilisation waren. Zwei

Bierdosen und eine Menge halb verrottetes Toilettenpapier lagen zwischen den Steinen herum.

Nachdem ich fertig war, versuchte ich so gut wie möglich meine Spuren zu verbergen. Ein sinnlos erscheinendes Unterfangen bei dem ganzen Unrat, der bereits dort lag.

Ich hatte die Hose noch nicht ganz hochgezogen, als ich sah, daß das Zelt nicht mehr stand. Zwei »plastikbunte« Gestalten umkreisten geschäftig den Platz, wo unsere schützende Bleibe gerade noch gestanden hatte.

»Meine Güte!« rief ich schon von Weitem, »Ihr seid ja durch nichts und niemanden aufzuhalten!«

Sabine warf mir einen trotzigen Blick zu: »Auch nicht durch Dich! Steht da herum und starrt uns an wie zwei Marsmännchen, anstatt mitzuhelfen.«

»War denn der Reif schon aufgetaut?«

»Eigentlich nicht«, antwortete Martin, »aber Sabine meinte, es würde sich auch so einfalten lassen.«

»Das gute Zelt! Konnte man den Reif denn nicht ausschütteln, wenn es schon so eilig…«

Ärgerlich unterbrach Sabine mich: »Denkst du eigentlich, wir sind blöd?! Natürlich haben wir es ausgeschüttelt. Rede lieber nicht solch dummes Zeug und pack jetzt ein, ich will endlich, endlich ans Ziel kommen. Heraus aus diesem Wahnsinn, diesem Sumpf, diesem…, diesem… - ich will weg hier, nur noch weg!«

Das war deutlich genug!

Ich legte mich noch einmal der Länge nach auf das Zelt, um auch die letzten Luftpolster noch zu entfernen. Dann falteten wir es mit einigen geübten Handgriffen zusammen und steckten es in den entsprechenden Beutel.

Martin saß auf einem Stein vor Sabine und ließ sich von ihr das lädierte Knie umwickeln. Es hatte sich leider nicht gebessert. Doch in Anbetracht der geringen Entfernung zur Bahnlinie gab es für mich keinen Zweifel mehr, daß auch unser Freund die Tour zu Fuß beenden würde. Selbst im Schneckentempo war das Stück zu bewältigen.

Würde Sabine das doch auch erkennen! In ihrem Kopf spukten immer noch die Geister der unberechenbaren Wildnis, angsteinflößend und lebendig wie an den Tagen zuvor.

Ich mußte seufzen - Abschied von der geliebten Wildnis oder wiedergewonnene Sicherheit - , ich wußte nicht so genau, was mich zu diesem Zeitpunkt mehr bewegte?

Weiter also, nach Harrå, zum eisernen Roß, ans Ziel unserer »Traumreise«.

So früh wie an diesem Freitag waren wir noch nie losmarschiert. Nun verließen wir endgültig das Fjäll. Beim Abstieg vom Fuße des Tjärrokätje in den Wald war die Wegführung etwas unklar. Überall waren die Rentierzäune vor kurzem erneuert worden und jetzt wimmelte es von Fußspuren und neuen Trampelpfaden. Da der Verlauf *eines* Zaunes noch so zu sein schien, wie er in der Karte vermerkt war, entschlossen wir uns, ihm einfach zu folgen und auf die Wegführung keine Rücksicht mehr zu nehmen.

»Ich habe es ja gesagt! Wir können uns immer noch keine Ruhe erlauben. Ich werde verrückt, wo ist denn dieser Zaun? Frank, bist du sicher, daß der Zaun uns nach Harrå führt? Wenn nicht...«

»Sicher Sabine, sicher! Wir haben Zeit in Massen...«

»Halt endlich deine Klappe mit dem arroganten Geschwafel! Ich will, will, will hier heraus und zwar auf dem allerschnellsten Weg. Ich kann nicht mehr, verstehst du mich?! Ich bin fertig, total fertig mit den Nerven! Ich brauche jetzt Hoffnung und kein blödes, selbstsicheres Gerede! Also halt die Klappe, ja!?«

Martin und ich versuchten ihr klarzumachen, das wir bereits ein Drittel der gesamten Strecke des Tages in einem Sechstel der möglichen Zeit zurückgelegt hatten, aber sie ließ sich einfach nicht beruhigen. Ihre Angst steckte ganz tief.

Wir trafen bald wieder auf einen deutlichen Pfad, der in die von uns gewählte Richtung ging und folgten ihm. Einige Zeit trotteten wir gedankenverloren durch den lichtdurchfluteten Wald. Es war strahlendblau und die Sonne streichelte uns mit ihren warmen Strahlen.

Bald standen wir am Tjeurokäsj-Jåkkå, einem großen Fluß, der sehr breit und sehr tief war. Zweihundert Meter flußaufwärts fiel das Gelände bestimmt fünf Meter ab und hier verzweigte sich der Fluß in ein gutes

Dutzend kleine und kleinste Arme, die als Stromschnellen, Wasserfälle und Wildbäche durch einen dichten Birkenbruchwald liefen. Unterhalb dieser Stelle vereinigten sie sich zu einem unpassierbaren, tiefen Gewässer.

Ich blickte auf das weiß schäumende, kristallklare Wasser dieses Flusses mit dem unaussprechlichen Namen und dachte an das schmutzigbraune Gemisch in der Wupper, unserem Heimatfluß. So sauber wie hier war auch die Wupper einmal gewesen. Doch das ist schon lange her. Würde es hier genausolange dauern, bis auch dieses Wasser nicht mehr genießbar sein würde? Niemand kann diese Frage beantworten.

Mit einem Lächeln blickte ich zu Sabine herüber, die jetzt mit aufgestütztem Rucksack auf einem moosigen Felsen saß und auch gedankenverloren auf den Fluß starrte. Sie bemerkte mich, lächelte freundlich zurück und sagte:

»Was ist?«

Was hatte sie wohl in meinem Blick gelesen?

»Och, Nichts! Es wird mir ein wenig kühl am Rücken, wir sollten weitergehen.«

Die Überquerung des Bachlabyrinthes war kein Kinderspiel, da einige der Bäche recht tief waren und man sich hüten mußte, nicht von den rutschigen Felsen zu gleiten, die hier und da im Wasser lagen. Zudem lagen überall geknickte Birkenstämme herum - kreuz und quer über den Bächen. Sie erschwerten das Vorankommen erheblich!

Vor allem für Martin stellte es eine Tortour dar, weil er unmöglich sein Knie beugen konnte und so nicht ohne Hilfe über die Hindernisse kam. Er quälte sich mit Sabines Hilfe von Bach zu Bach. Er stöhnte und lachte und stöhnte!

Währenddessen entdeckte ich mitten im Dickicht köstliche, wilde Johannisbeeren, mit denen ich einen Becher für uns füllte.

Als unser Freund endlich am anderen Ufer angelangt war, hatte er sich eine ausgiebige Rast verdient. Die Johannisbeeren taten ihr übriges, die gute Laune schnell wiederherzustellen. Langsam aber sicher entspannte sich auch Sabine, als ich ihr auf der Karte zeigte, wie weit wir schon gekommen waren. Auf den restlichen dreieinhalb Kilometern lagen weder Flüsse noch Moore. Mit ernsthaften Problemen war wirklich nicht mehr zu rechnen.

So spazierten wir dann weiter durch den lichten Birkenwald, bei warmer Luft und Sonnenschein. Keine Mücke stürzte sich auf uns, kein eisiger Wind schnitt uns ins Gesicht. Lappland zeigte sich von seiner besten Seite, durchtränkt mit Harmonie und erfüllt von wilder Schönheit. Wir waren eingebettet in absolute Stille. Nicht e i n künstliches Geräusch belegte unsere Sinne mit dem trübenden Schleier menschlicher Machenschaften. Wir waren uns unserer Stellung in der Natur voll und ganz bewußt. Auch hier noch konnte man der Spinne der Zivilisation entkommen; bis hierher reicht ihr Netz noch nicht, verdunkelt nicht den Blick für das Ganze und umgarnt nicht unsere Gedanken mit dem alltäglichen Wahnsinn der künstlichen Menschenwelt. Was sind schon ein paar Zäune und Waldwege?

Ich lächelte nach Innen und verspürte Freude - große Freude am Leben.

Wir gingen bei ungewöhnlich warmem Wetter durch einen trockenen Wald namens Kartekåbba der Bahnstrecke entgegen.

Dann war es soweit: In der Ferne schimmerte die Oberleitung des »stählernen Weges« durch die Bäume. Wir sahen die ersten Häuser nach fast einer Woche, der Pfad verbreiterte sich zu einem holprigen Fahrweg. Das war also Harrå! Eine Ansammlung verstreuter Holzhäuser, verbunden durch einen ziemlich neuen Schotterweg. Vor den Häusern lagen kleine Gärten, die jedoch eher eingezäunte Stückchen natürlichen Birkenwaldes waren.

Unvermittelt standen wir vor einem alten Volvo. Hunde bellten in der Nähe. Irgendwo wurde eine Tür zugeschlagen und der Wind wehte uns einen leichten Dieselgeruch in die Nase. Kein Baumstamm lag mehr im Weg, kein Felsen war zu überklettern, kein Sumpf bescherte uns nasse Füße.

Die Häuser machten einen gepflegteren Eindruck als das Haus in Rukto. Allerdings standen bei einem kleinem Nebengebäude haufenweise alte Treibstoffässer herum, rostig und verbeult. An der anderen Hüttenseite stand ein brandneuer Schneescooter im kniehohen, vergilbten Gras.

Viele Einzelheiten nahmen wir nicht auf, da das Örtchen recht weitläufig war und wir natürlich nur den Haltepunkt im Sinn hatten.

Dann öffnete sich der Blick auf eine große Schotterfläche. Dahinter waren die Bahngleise, ein kleiner Schuppen und ein gelbes Holzhaus. Das mußte er sein. Weit und breit war keine Menschenseele zu sehen. Unter unseren Schuhsohlen knirschte Schotter und Kies. Dann mußten wir noch eine kleine Rampe herauf und standen direkt auf dem »Bahnsteig« hinter einem kleinen Holzhaus mit der Aufschrift »Harrå«.

Geschafft!

Jetzt, da wir die Zeit nicht mehr benötigten, blieben uns ganze drei Stunden Zeit für Müßiggang und Erholung. Wir bliesen unsere Isomatten auf und setzten uns in den Schatten des kleinen Bahnhofsgebäudes, kochten eine warme Mahlzeit und ließen die nackten Füße an der Luft ausruhen.

Eine Woche höchster Anspannung fiel von uns ab! Und ein samischer Elchhund verhalf uns zur endgültigen Ent-Spannung.

Ich hatte vorgeschlagen, die Rucksäcke näher zu uns heranzuholen, damit der Hund nicht in einem unbeobachteten Moment sein Beinchen an der falschen Stelle heben konnte! Martin, der ein großer Hundefreund ist, hatte das zum Lachen gebracht und er witzelte darüber. Schließlich wandte er sich dem Hund zu:

»Du bist ja ein feiner Kerl! Du brauchst keine Angst zu haben«. Er fütterte ihn mit einem Stück Wurst. Eine Zeitlang wiederholte sich dieses Spielchen, bis die beiden das Interesse aneinander verloren hatten. Der Hund trollte sich. Zu spät bemerkte Martin, wie der Hund nach einer Weile wieder um uns herumschlich… und Martins Rucksack anpieselte.

»Hee! Machst du wohl, daß du da wegkommst! Hau ab!«

Eine Pfanne flog in Richtung Hund. Jetzt waren Sabine und ich an der Reihe zu lachen.

Sabine lachte, hielt sich den Bauch vor Lachen, Tränen liefen über ihre Wangen herab, sie warf sich auf den Boden und lachte, lachte, lachte!

Es war wohl das befreiendste Lachen ihres Lebens!

Epilog

Sjaunja - Die Weisheit der Wildnis. Fast drei Jahre liegt diese Erfahrung nun hinter uns. Seitdem sind wir zweimal in Lappland gewesen - in unberührter Wildnis, doch auf bezeichneten Pfaden! Wie jedesmal hat uns die urwüchsige Natur in ihren Bann gezogen, uns gefesselt und unsere Sinne geschärft. Geschärft für die Erkenntnis einer Welt, die so nicht existiert, wie wir sie wahrnehmen, die unglaublich reich und schön ist in ihrer Vielfalt, unglaublich paradox, unglaublich in ihrer unendlichen Begrenztheit. Doch Sjaunja bleibt Sjaunja - transformiert zur unauslöschlichen Legende in unseren Köpfen.

Für mich ganz persönlich hat diese Legende zu einer folgenreichen Kurskorrektur meines Lebens geführt. Ich habe erkannt, daß man die Welt auch ganz anders erfahren kann, als man es gewohnt ist. Im rotgoldenen Licht der untergehenden Sonne, fernab von den gesellschaftsverseuchten Gedankengängen des Alltags, waren die existenzphilosophischen Phantasien meiner Jugend durchgebrochen, hatten neues Leben gewonnen und transformierten mit meinen jüngsten Erkenntnissen und wissenschaftlichem, buddhistischem und indianischem Gedankengut zu einem transzendenten Weltbild.

Seither glaube ich daran, daß die stetige Höherentwicklung aller Existenz im Universum ein Ursprungsprinzip ist; hin zu immer mehr Ordnung im körperlich-materiellen Bereich und zu immer größerer Erkenntnis in einer parallelen Evolution des unabhängigen Geistigen.

Es ist meine Überzeugung, daß unsere Existenz mit dem Tod nicht aufhört, sondern daß sie in irgendeiner Weise weitergeht. Ich glaube, daß alle Dinge der uns bekannten Welt nur »dualistische Ausdrücke einer vom Wesen her unteilbaren Welt« sind. Auch die eigenen Gedanken und Taten sind »Gedanken und Taten« des gesamten Universums!

Ein einzelner Mensch kann kaum den Lauf dieser irdischen Welt ändern und alle seine Taten gleichen einem Funken im Weltall. Im Sinne meines Glaubens aber hat jede noch so kleine Tat eine Bedeutung, weil es in der Realität keine Unterscheidung zwischen groß und klein gibt!

Alles ist eins, auch wenn es nicht in unsere unterscheidende Vorstellungswelt paßt!

Und letzten Endes kam ich fast zu demselben Schluß wie das Christentum, der Buddhismus und viele ander Religionen:

Der Sinn unseres Daseins ist das dauernde Streben nach einem guten und sinnvollen Leben. Positive Eigenschaften wie Hilfsbereitschaft, Mitgefühl, Liebe, Verantwortungsgefühl oder Umweltbewußtsein lassen unseren Geist reifen, weil sie helfen, die Ordnung und Harmonie der Vielfalt im Universum zu bewahren. Das ist unsere Aufgabe in der Natur, um Teil der Evolution des Allgeistes zu werden. Daher ist es nicht gleichgültig, was wir tun! Der Tod ist nicht das Ende unserer Existenz, sondern nur der Endpunkt des körperlichen Lebens als Tor zur nächsten Stufe des Seins. Von der Reifung unseres Geistes im Leben hängt es ab, ob wir nach dem Tod eine höhere Seinsebene erreichen oder nicht. Während das Christentum vom »Jüngsten Gericht« spricht, möchte ich es naturgesetzmäßige Selektion analog zur Evolution des Lebendigen nennen. Ich schließe es nicht aus, daß Seelen erneut oder gar zyklisch immer wieder in den körperlichen Lebensbereich eintreten.

Diese Erkenntnis hatte weitreichende Konsequenzen für mein weiteres Leben! Ich schöpfe daraus fortwährend neue Motivation, »Gutes« zu tun.

Ich bin kein Philosoph, ich bin ein Mensch wie jeder andere. Aber ich behaupte, daß jeder Mensch, der die wichtigsten Theorien der Naturwissenschaften im Ansatz kennt, und der unvoreingenommen und frei von Dogmen über die Welt und ihr Sein nachdenken kann, letztlich zu einem ähnlichen Weltbild kommen würde. Nach meinem Glauben ist die Erkenntnis der transzendenten Realität ein zwingender Schritt auf dem Weg der geistigen Evolution, der sich potentiell in jedem Menschen vollziehen kann!

Auf die Frage, warum dann wahrscheinlich nur wenige Menschen diesen Schritt vollziehen, lautet die Antwort möglicherweise: Weil unser modernes Leben zu materialistisch ausgerichtet ist und weil die »Sjaunjas« der Erde uns viel zu fern geworden sind. Der rechte Maßstab für unsere Existenz geht verloren, wenn man die totale Abhängigkeit unseres Lebens von der Natur nicht mehr spürt und wenn man den Wert eines Baumes oder Tieres vorrangig in DM bemessen lernt.

Menschen ohne ein tiefgründiges Weltbild sind wie Ameisen, die unbeirrbar dem System dienen, in das sie geboren wurden. Nur eine ernsthafte Beschäftigung mit geistigen Inhalten, ein tiefer Glaube, eine Religion, die man lebt - kann uns vor einem Verharren auf der rein materiellen Ebene bewahren. Ich behaupte, daß genau diese Fähigkeit den eigentlichen Unterschied zu den Tieren ausmacht. »Adam und Eva erkannten ihre Nacktheit, als sie aus dem Paradies vertrieben wurden.« So berichtet das Christentum vom Beginn der Erkenntnisfähigkeit der Art Mensch. Daß die Umsetzung unseres Intellektes allerdings allein dem immer perfekteren technischen Fortschritt dienen soll, kann ich beim besten Willen nicht glauben. Materieller Wohlstand darf nur ein Nebenprodukt unserer Fähigkeiten sein!

Leider sieht die heutige Situation so aus, daß der technische Fortschritt der hauptsächliche *Glaube* vieler Menschen ist. Ihre Religion ist zu einem »rituellen Lippenbekenntnis« verkümmert. Wer dennoch nach den Zehn Geboten des Christentums lebt, handelt sicher richtig, doch es reicht nicht aus, um Halt in der Religion zu finden! Religion beeinhaltet mehr als nur Verhaltensregeln! Sie soll einen Weg zur Erkenntnis der transzendenten Realität beschreiben. Ich denke, daß letztlich jede Religion für den kritisch reflektierenden Gläubigen ein Weg dazu sein kann. »Alle Wege führen nach Rom«, wenn man den Willen hat, nach »Rom« zu gelangen!

Jeder Mensch braucht einen solchen geistigen Hintergrund, um dauerhaft Sinn und Halt im Leben zu finden. Der ungebrochene Esoterik-Boom belegt mit seiner »Räucherstäbchen-Philosophie«, daß viele Menschen auf der Suche nach neuen spirituellen Konzepten sind, die ihnen die Kirche nicht bieten kann. Sie suchen nach einem Lebensleitfaden!

Doch woran sollen Menschen glauben, die - wie ich - aus der Kirche ausgetreten sind und die einfach zu analytisch-nüchtern denken, um die eigentliche Botschaft der Bibel neben Wundergeschichten und historischen Beschreibungen erkennen zu können? Sollen sie alle nach Sjaunja fahren, um ihre Vision zu erlangen?

Sicher nicht! Alles, was wir in dieser Woche erlebten, ist keinesfalls zur Nachahmung empfohlen!

Es gibt einen einfacheren Weg zu einem sinnerfüllenden Glauben, ohne lebensgefährliche Wildnistrips, ohne zweifelhaftes Sektierertum und ohne Bekenntnis zu einer bestimmten Religion:

Man muß nur ernsthaft bereit sein, das in uns allen schlummernde Erkenntnis-Potential zu suchen, zu suchen und immer wieder zu suchen!

Jeder kann und sollte den Versuch machen, sein eigenes spirituelles Weltbild zu finden - zum Nutzen für das eigene Leben und letztlich für die ganze Menschheit.

Das »Ziel« der Menschwerdung ist ohne Zweifel die Höherentwicklung des Geistes zur Erkenntnis der transzendenten Realität und der gegenseitigen Abhängigkeit und Verknüpfung aller Phänomene der Natur! Wer sich intensiv mit einem Glauben auseinandersetzt, der strebt diesem Ziel zu!

Die Fähigkeit zur Erkenntnis ist in jedem individuellen Verstand von Anfang an vorhanden.

Sind wir nicht gerade heute reif, den Schritt zum klaren Bewußtsein endlich zu tun? Gerade heute, in einer Welt, von der wir hunderttausendmal mehr wissen als unsere Urgroßeltern? In einer Welt, die uns dazu erzieht, individuell zu denken? In einer Welt, die wir trotz allem nie gänzlich verstehen werden, die wir aber ganz sicher zugrunde richten können, wenn wir nicht sehr bald den Unterschied zwischen »klug« und »weise« erkennen?

Ich denke, wir sind soweit, den Schritt tun zu können, ja vielleicht tun zu müssen. Denn ein rein einseitig materialistisch ausgeprägtes Denken ist nicht geeignet, den wahren Wert des Lebens um uns herum wirklich tiefgründig zu erkennen. Ohne eine gelebte, spirituelle Religion, wie sie die indianischen Stämme hatten, die Moslems des Mittelalters, die Christen des Altertums, die Yogis des Hinduismus oder die buddhistische Mönche Tibets - wird uns unser technischer Fortschritt vernichten.

Unsere sogenannte zivilisierte Welt braucht wieder ein Herz, um das Gehirn zu kontrollieren.

Jeder hat dieses Herz! - Sucht es und vertraut ihm! Laßt in euren Herzen euren individuellen Glauben reifen! Prüft und vergleicht ihn mit den Aussagen der Weltreligionen oder den Gedanken der Philosophen - geht den Weg der Meditation oder schaut einfach nur wachen Auges in die Natur und vertraut dem Positiven und Natürlichen in Euch.

Erkennt, daß hilfsbereites, umweltbewußtes und sozialverträgliches Verhalten ein Teil dieses Weltbildes sein muß! Geht den Weg der Bescheidenheit, des Verzichtes und des bewußten Handelns. Bescheidene Ansprüche schonen Ressourcen, Verzicht auf Flugreisen und Autofahrten senkt den Energieverbrauch, bewußt einkaufen, ernähren und verreisen erhöht die Lebensqualität. Macht Euch unablässig Gedanken über die Folgen Eures Tuns für die Nachwelt. Unterstützt Umweltorganisationen wie Greenpeace, WWF oder BUND. Denkt über all das nach und laßt es reifen: Ihr werdet sicher noch viele weitere Möglichkeiten finden!

Ich bin sicher, wer diesen eigenen Weg sucht, der wird ihn finden und der wird aus ihm mehr schöpfen als nur Kraft zum Leben!

Ich selbst habe nach meinen Schlüsselerlebnissen in Sjaunja endlich den Schritt gewagt, meine Gedanken mit dem Gedankengut der Philosophen und der Religionen zu vergleichen und es dauerte nicht lange, bis ich fündig wurde! Es ist ein großartiges Gefühl, die eigenen Gedanken dort wiederzuentdecken. Auch das stärkt den Glauben. Auch das ist Ausdruck des untrennbaren Teils des Ganzen, der wir alle sind.

»Gott ist der Ort, an dem alle Gegensätze zusammenfallen, weil sie aufgehoben sind in ihm«, sagte Kardinal Nikolaus von Kues*!

»Es (das »Klare Licht« = frei übersetzt »der Allgeist«) ist gleichzeitig Energie und allersubtilstes Bewußtsein«. So drückt es der Dalai Lama** aus.

Diese beiden Aussagen gaben mir Gewißheit, daß meine eigenen Gedanken von der Identität Geist/Energie und vom Dualismus der diesseitigen Welt einen Sinn haben...

Groß und klein sind nur Illusion - alles ist Eins.

Sucht nach Eurer eigenen Religion, nach Euren eigenen Lebensregeln! Mein Geistesweg, den ich in diesem Buch beschrieben habe, kann nur mich selbst zum Ziel bringen!

*) Nikolaus von Kues = 1401 - 1464, Philosoph und Theologe
**) Dalai Lama = * 1935, Oberhaupt der tibetischen Buddhisten, z.Z. Tendsin Gyatso

Wenn Ihr Euren Glauben gefunden habt, bekommt Ihr plötzlich eine Antwort auf die Frage nach dem Sinn der Vernunft!

Wer überzeugt ist, daß mit dem Tod nicht alles zu Ende ist -; wer die scheinbare Dualität der Welt durchschaut hat und wer erkennt, daß das Leben einer Mücke, das eigene positive Handeln oder die Explosion eines Sternes allesamt gleichsam bedeutend sind für die Evolution des Universums -, weil groß und klein nur Illusion sind -; für den entsteht eine optimistische Hoffnung, die über viele Ängste hinweghilft!

Wer zudem erkennt, daß die Moralbegriffe »gut« und »böse« nicht erst durch den Menschen erfunden wurden, sondern daß sie natürlich definiert sind (gut = »Im Sinne der Natur mit dem Ziel stetiger Höherentwicklung des Lebens«; böse = »Handeln gegen die Natur«), der findet sehr schnell seinen Weg »zur Mitte des Tipis«. Als gläubiger Mensch gewinnt man Lebensmut und kann den Unbilden des Lebens gelassener und vor allem optimistischer entgegentreten! Man wird nicht mehr so leicht vom Fortschrittstaumel erfaßt, man sieht die Stellung des Menschen in der Natur wieder realistischer, man jagt weniger fanatisch weltlichen Zielen nach und Geld und Macht verlieren ihre berauschende Wirkung.

Kurz, der Gewinn für das Leben und für die Zukunft ist sehr hoch!

Ein letztes Mal in diesem Buch appelliere ich an alle Leser, Mut zu einem eigenen Weltbild zu fassen und zu einem umweltverträglicheren Leben, im Interesse einer optimistischen Zukunft für dich, für unsere Kinder und für alle Menschen.

Es ist niemals zu spät!

Wer sich nicht auf die verschlüsselten Botschaften der Religionen einlassen möchte, der wird auch bei den Wissenschaften einige Erklärungen finden, die geeignet sind, ein transzendentes Weltbild zu stützen. *Dazu findest du im Anhang einige unstrittige Aussagen der modernen Wissenschaften in Kurzform. Außerdem sind dort Literaturempfehlungen für alle in diesem Buch angesprochenen Sachgebiete abgedruckt.*

Also, nur Mut!

Schlußbemerkung:

Lieber Leser!

Bedenke buchstäblich bei allem, was du tust, welche Auswirkungen dein Tun auf deine Umwelt und deine Mitmenschen hat!

Denn letztlich trifft es dich selbst!

Alles ist Eins!

Anhang 1
Das Naturreservat Sjaunja:

(Aus den Büchern »Värt att se i Sveriges Natur«, Bokförlaget Bonnier Alba - 1994, »Miljön«, Sveriges National Atlas Verlag« - 1991, und »Naturführer - Nördliches Skandinavien«, BLV - 1991)

285.000 Hektar großes Naturreservat, das nördlich des Lule-Flusses und westlich der Inland-Eisenbahnlinie liegt. (Anm.: entspricht ca. 45 x 110 km. Im schwedischen Umweltatlas als zweitgrößter Kern noch völlig unberührter, wegloser Wildnis ausgewiesen) Im Westen erstreckt sich das Gebiet bis in die Hochfjällregion. Im Norden bildet der Kaitumfluß die Grenze und im Südwesten schließt sich im Teusadalen der Stora Sjöfallet-Nationalpark an.

Im hochgebirgigen Teil dominiert der Kårsatjåkka, der eine Höhe von 1.730 m ü.N.N. erreicht. Östlich davon bei Tuipe befinden sich enorm große Systeme von eiszeitlichen Gletscherrinnen, die davon zeugen, wie das Inlandeis und dessen Schmelzwässer die Landschaft geformt haben. Ein Merkmal arktischer und subarktischer Dauerfrostböden sind die sogenannten Tundrapolygone*, die sich auch im Fjällteil von Sjaunja finden lassen.

Typisch für das Fjäll in diesem Gebiet sind große Grasheiden mit mittelalpinem Einschlag, die von geringer Schneetiefe im Winter und einem kontinentalen Klima zeugen.

Südlich des Kirkatjåkka liegen enorm großflächige Hangmoore. Sie gehen im Tal des Satihaure-Sees in eine mosaikartige Landschaft aus feuchten Birkenwäldern und Mooren über, wovon ein Teil hochnordische Palsenmoore** sind. Aber auch Heidemoore und feuchte Strauchheiden sind typisch ausgeprägt. Vereinzelte Kiefernbestände stehen eingesprengt in den Birkenwald bis hinauf zur Waldgrenze, was typisch für die östlichsten Fjälls mit kontinentalem Klima ist.

*) Tundrapolygone =Steinringe (0,5 - 2,5 m Ø), die durch häufigen Frostwechsel entstehen
**) Palsenmoor = Moor mit 3 - 6 m hohen Torfhügeln (Palsen), ca. 100 m Ø, mit Eiskern

Östlich der Fjällberge besteht Sjaunja aus einer moor- und seebedeckten Ebene, wo nur noch vereinzelte abgerundete Fjällkuppen über die Waldgrenze ragen.

Sjaunja ist berühmt für seine ausgedehnten, flächendeckenden Moore. Sjaunja Ape und Jaltonape bedecken sehr große Areale und bilden den größten Moorkomplex im westlichen Teil Europas. Es handelt sich dabei um Versumpfungs- und Strangmoore, wie sie für Lappland typisch sind. Auf den erhöhten Grasinseln stehen oftmals vereinzelte Krüppelfichten. Die Moore sind teilweise stark wassergefüllt und die Versumpfungsmoore bestehen teilweise aus Schlammböden ohne geschlossene Pflanzendecke.

In den Moorgebieten liegen unzählige Seen, deren Begrenzungen manchmal von eisgepreßten Torfsträngen gebildet werden. Die Strände wie auch die Bäche werden häufig von Birken- oder Fichtenbruchwäldern gesäumt, deren Zweige voller dunkler Bartflechten hängen. Die Seen entwässern zum Sjaunjaätno-Fluß, der von undurchdringlichem Weidendickichten oder flechtenübersäaten Sumpffichtenwäldern umgeben ist.

Selbst weiter westlich zum ansteigenden Fjällgebirge treten noch Moore in großer Zahl auf, hier jedoch gemischt mit Nadelwald und Heiden.

Urwälder bedecken zwischen 40 - 50.000 Hektar Sjaunjas. Auf trockenen und felsigen Böden stehen Kiefernurwälder, die oftmals reich an Baumskeletten und am Boden liegendem Totholz sind. Im Anschluß an die Moore sind große Areale auf feuchten Böden mit Fichtensumpfwäldern bestanden.

Der stattliche Kiefernurwald, der in den östlichen Teilen des Stora-Sjöfallet-Nationalparks steht, setzt sich im Sjaunja-Naturreservat um den geregelten Satihaure-See herum bis zu dessen östlichstem Ende fort.

In Sjaunja brüten hunderte verschiedener Vogelarten, wovon etwa die Hälfte typische Vögel der Feuchtgebiete sind. Der Singschwan, der früher sehr selten in Sjaunja vorkam, lebt dort heute wieder verhältnismäßig häufig. Andere Arten sind z.B. die Saatgans, der Zwergsäger, der Ohrentaucher, die Doppelschnepfe, die Zwergschnepfe, der Seeadler, der Steinadler und der Rotkehlpieper bis hin zur Waldammer in den Sumpfwäldern.

In Sjaunja treten 25 Säugetierarten auf, was eine ungewöhnlich große Zahl darstellt. Unter anderem wären der Braunbär, der Nordluchs, der

Vielfraß, der Fischotter und die Polar-Rötelmaus zu nennen. Von dem in Skandinavien nahezu ausgerotteten Wolf wandern ab und zu einzelne Tiere von der Halbinsel Kola (russ.) in das Gebiet ein.

Sjaunja ist seit Jahren als Vogelschutzgebiet (Status Naturreservat) ausgewiesen. Die Moore Sjaunjas erfüllen alle Anforderungen der Ramsar-Konventionen von 1975 zum Schutz international bedeutsamer Feuchtgebiete. Als zusammenhängendes, intaktes Wildnisgebiet wurde Sjaunja im Verbund mit den Nationalparks Padjelanta, Sarek, Stora-Sjöfallet und Muddus (ca. 8580 qkm, entspricht etwa der Fläche von Korsika) von der UNESCO als »World Heritage Site« (Weltnaturerbe) aufgeführt. Es bleibt zu hoffen, daß diese hochgradige Nominierung Eingang in die schwedische Naturschutzpolitik findet.

Aufgrund seiner nördlichen Lage ist das Gebiet bisher von toxisch wirksamen Schadstoffeinträgen verschont geblieben. Das gilt auch für den radioaktiven Fallout von Tschernobyl 1986, der nur im südlichen Teil Schwedisch Lapplands niederging. Die teilweise sehr sauren Böden und Gewässer sind nach neuesten Untersuchungen hauptsächlich natürlich bedingt und nur in geringem Maße auf saure Niederschläge zurückzuführen, die in den siebziger Jahren auch das nördliche Skandinavien erreichten. Die größte Gefahr für Sjaunja geht von der drohenden Erwärmung der Erdatmosphäre aus. In der subarktischen Region wird die Erwärmung nach Computerberechnungen am stärksten sein, so daß ein massenhaftes Artensterben aufgrund der Verschiebung der Nadelwaldzone in die Tundrenzone zu befürchten ist. Eine ebenfalls nicht zu unterschätzende Gefahr geht von der Ausdünnung der Ozonschicht über der Nordhalbkugel aus, die zu einer verstärkten aggressiven ultravioletten Strahlung führt.

Sjaunja ist völlig unzugänglich, weil es weder bezeichnete Wege, noch Brücken oder Übernachtungshütten gibt. Üblicherweise wird das Gebiet per Kanu über den Sjaunjaätno-Fluß herauf bereist.

Anhang 2

Kleine Sammlung anerkannter wissenschaftlicher Aussagen

(erhebt keinen Anspruch auf Vollständigkeit)

- Der Anteil »fester« Materie an einem Atom (Atomkern und Elektronen) macht etwa 1/1.000.000.000.000.000 (ein Billiardstel) des gesamten Raumes aus, den es einnimmt. Der Rest ist masseloses Vakuum.

- Jeder »Stoff«, ob Element, Molekül oder Zelle, besteht nach derzeitigem Wissensstand auf der Ebene der allerkleinsten Bausteine aus einigen wenigen Teilchen, den Quarks, Gluonen und Elektronen. Möglicherweise bestehen diese wiederum aus einem einzigen, undifferenzierten »Urstoff«.

- Die Quarks haben eine Doppelnatur. Je nach Betrachtungsweise erscheinen sie mal als Masseteilchen und mal als nicht stoffliche Welle, vereinfacht gesagt »als reine Energie«. Auf der Ebene der kleinsten Teilchen kann demnach nicht mehr eindeutig zwischen Materie und Energie unterschieden werden.

- Unter Energie versteht man das Äquivalent zur Materie. Prinzipiell läßt sich Materie in Energie umwandeln und umgekehrt. Populär kann nicht erklärt werden, was Energie eigentlich ist.

- Man geht heute mehrheitlich davon aus, daß das Universum in einem sogenannten »Urknall« entstanden ist. Direkt vor diesem Ereignis war die gesamte Masse des Alls auf einem Punkt vereint. Der »Urknall« war eine explosionsartige Ausbreitung der Materie, die sich bis heute in der Expansion des Universums forsetzt. Bereits Sekundenbruchteile nach der Explosion bildeten sich aus der Urmaterie neue Stoffe. Daraus entstanden wieder neue Stoffe und so fort. Die Menge der neu entstandenen Stoffe wurde immer geringer, aber ihre Komplexität und die

Vielfalt aller Phänomene nahm kontinuiierlich zu. Auch die Entstehung belebter Materie und die anschließende Evolution zu immer komplexeren Lebewesen wird als Folge dieser Entwicklung gesehen.

- Unser menschliches Gehirn mit allen seinen Fähigkeiten bis hin zum abstrakten Denken, ist durch den natürlichen Evolutionsprozeß aus Mutation (Genetische Veränderungen bei der Zellteilung durch fehlerhaftes Kopieren der Erbanlagen) und Selektion (natürlicher Ausleseprozeß) entstanden. (Diese kognitiven Fähigkeiten müssen unterschieden werden von »Geist/Seele«. In der Wissenschaft wird diese Frage von »Dualisten« und »Monisten« kontrovers diskutiert. Sie ist jedoch wohl niemals zu beweisen oder zu widerlegen.)

- Jüngste Forschungsergebnisse deuten auf eine »chaotische Entwicklungsfreiheit« biologischer Prozesse hin, die sich nicht durch genetische Vorgänge erklären lassen. Die Grundlagen dieser unbekannten Prozesse sind möglicherweise in dynamischen Mustern zu finden, die außerhalb des Materiellen unabhängig existieren. (U.a.: Stephen Jay Gould, Evolutionsbiologe, USA / Richard Strohman, Entwicklungsbiologe, USA / Richard Feynman, Physik-Nobelpreis, USA)

- Alle Phänomene unseres Universums sind relativ und miteinander verwoben, einschließlich der Zeit.

- Unsere Sinneswahrnehmung von der Welt ist äußerst fragmentarisch und beruht ausschließlich auf biochemisch und psychologisch aufbereiteten Daten, die in unserem Gehirn ein stark vereinfachtes und damit verfälschtes Teilbild der Welt erzeugen.

- Wissenschaftliche Theorien sind immer nur stark vereinfachte Modelle der Wirklichkeit und können niemals die Wirklichkeit *selbst* umfassend »erklären«. Da keine dieser »Erklärungen« eine letztgültige Antwort darstellt, die weitere Fragen erübrigen würde, sind sie nur detailliertere *Beschreibungen* eines Phänomens.

- Eine maximale biologische Vielfalt, ein reibungsloses Funktionieren der ökologischen Stoffkreisläufe, sowie ein energetisches Fließgleichgewicht (Energieverbrauch darf nicht höher sein als Energieeinstrahlung von der Sonne) sind eine Voraussetzung für die dauerhafte Stabilität des Lebens auf der Erde.

- Das Wirken der Menschheit beeinträchtigt heute alle drei Faktoren negativ, was insbesondere auf das exponentielle Wachstum der Weltbevölkerung und auf die zunehmende Technisierung zurückzuführen ist.

- Die Anzahl der Weltbevölkerung hat sich in jüngster Zeit in kürzer werdenden Zeiträumen jeweils von 1800 bis 1900, von 1900 bis 1960 und von 1960 bis heute verdoppelt. Trotz leicht sinkender Geburtenraten ist keine Trendwende dieses exponentiellen Anwachsens in Sicht.

- Der weltweite Energieverbrauch hat sich von 1950 bis 1990 vervierfacht. Er wächst demnach gegenüber der Bevölkerungszahl überproportional. Man nimmt an, daß der ökologisch maximal verträgliche Energieumsatz der Menschheit bei 36 KW/Tag/Person liegt (bei 5,4 Mrd. Menschen). Zur Zeit verbrauchen wir weltweit bereits 48 KW/Tag/Person. In Mitteleuropa liegt der Pro-Kopf-Verbrauch bei 144 KW, in den USA bei 264 KW, in China bei 19 KW und in den ärmsten Ländern bei 2 KW. Theoretisch wird eine auf 36 KW basierende, ökologisch verträgliche Weltwirtschaft bei kaum geringerem, mitteleuropäischem Lebensstandard für machbar gehalten. (Wolfram Ziegler)

- Der Kohlendioxidgehalt in der Atmosphäre hat in den letzten 100 Jahren um 25 % zugenommen. Auch nach der Klimakonferenz von Rio 1992 fand bisher keine Trendumkehr der zunehmenden Kohlendioxidfreisetzung statt. Die Emission ist zu drei Vierteln auf die Verbrennung fossiler Energieträger zurückzuführen und zu einem Viertel auf den Rückgang der Waldflächen.

- Das Klima der Erde wird seit einiger Zeit durch die Freisetzung von Kohlendioxid und anderen »Treibhausgasen« unnatürlich beeinflußt. Als Folge davon ist mit einer fortschreitenden globalen Erwärmung zu rechnen. Diese Prognose läßt sich bereits heute durch Beobachtungen belegen. (Abbruch zweier antarktischer Eisformationen, Rückgang des Polkappeneises, Sieben der zehn wärmsten Sommer in 130 Jahren wurden nach 1985 gemessen, Mittlere Lufttemperatur seit 1900 um 0,5°C gestiegen, Seit 1960 vervierfachte sich die Anzahl der Naturkatastrophen u.a.) Da sich der Temperaturanstieg möglicherweise sehr viel schneller vollziehen wird als bei früheren Klimaveränderungen, ist mit unabsehbaren Folgen für Flora und Fauna zu rechnen. Höchstwahrscheinlich wird es zu erheblichen Umverteilungen bei den Niederschlägen und zu drastischen Nordverschiebungen der Klimazonen mit einem massenhaften Artensterben kommen. Schlimmstenfalls ist ein völliger Kollaps der gesamten Biosphäre zu befürchten.

- Die Vernichtung der Tropenwälder und der subarktischen Nadelwälder ist ungebrochen. Pro Jahrzehnt gehen 2 Mio. qkm Wald verloren (entspricht etwa der Fläche von Grönland).

- Das Aussterben von Tier- und Pflanzenarten durch anthropogene* Ursachen vollzieht sich heute 40 bis 400 mal schneller als durch natürliche Ursachen. Die Aussterberate wächst exponentiell. Täglich sterben rund 50 Arten unwiederbringlich aus.

- Der Abbau der Ozonschicht durch chlorierte Kohlenwasserstoffe, die das Leben auf der Erde vor schädlicher UV-Strahlung schützt, nimmt weiter zu, da die Vereinbarungen zur Verringerung der FCKW-Emissionen bisher nicht ausreichend waren.

- Bei neun von neun untersuchten Industrieländern verschlechterten sich die Umweltbedingungen (Luft, Wasser, Schadstoffe, Abfall, Energie, Verkehr) von 1970 bis 1996 im Schnitt.

- Es gibt keinen Grund zu der Annahme, der Mensch in seiner heutigen Form sei das Ziel oder der Endpunkt der Evolution oder der Mensch sei eine wie auch immer bevorzugte Art.

*) anthropogen = vom Menschen verursacht oder beeinflußt

Anhang 3 - Literaturempfehlungen

Buddhismus und Religionen allgemein

Dalai Lama	»Einführung in den Buddhismus - Die Harvard-Vorlesungen«, Herder 1993
Genpo Merzel, Dennis	»Durchbruch zum Herzen des Zen«, Heyne 1993
Glasenapp, Helmuth von	»Die fünf Weltreligionen - Brahmanismus, Buddhismus, Universismus, Christentum, Islam«, GTB 1994
Heiler, Friedrich	»Die Religionen der Menschheit«, Reclam 1980
Lama Govinda	»Lebeniger Buddhismus im Abendland«, Goldmann 1995
Nydahl, Ole	»Wie die Dinge sind - Eine zeitgemäße Einführung in die Lehre Buddhas«, Joy 1995
Suzuki, Daisez T.	»Leben aus Zen - Eine Einführung in den Zen-Buddhismus«, O.W. Barth 1987
Suzuki, Daisez T.	»Satori - Der Zen-Weg zur Befreiung«, O.W. Barth 1987

Philosophie und Ethik

Capra, Fritjof	»Wendezeit«, Scherz 1983
Dalai Lama	»In die Herzen ein Feuer - Aufbruch zu einem tieferen Verständnis von Geist, Mensch und Natur«, O.W. Barth 1995
Jonas, Hans	»Das Prinzip Verantwortung«, Suhrkamp 1984
Lorenz, Konrad	»Der Abbau des Menschlichen«, Piper 1995
Morris, Desmond	»Der Vertrag mit den Tieren«, Heyne 1993
Weischedel, Wilhelm	»Die philosophische Hintertreppe - 34 große Philosophen in Alltag und Denken«, dtv 1994
Weizsäcker, Carl F. von	»Der Garten des Menschlichen«, Hanser 1977

Philosophie der Ureinwohner

Bierhorst, John	»Die Mythologie der Indianer Nordamerikas«, Diederich 1988
Black Elk	»Die heilige Pfeife - Das indianische Weisheitsbuch der sieben geheimen Riten«, Lamuv 1996
Günther, Michael (Hrsg.)	»Über den Rand des tiefen Canyon«, Diederichs 1994
Kaiser, Rudolf	»Geh mit leisen Schritten - Indianische Wegweisungen«, Kösel 1994
Ludwig, Klemens	»Flüstere zu dem Felsen - Die Botschaft der Ureinwohner unserer Erde zur Bewahrung der Schöpfung«, Herder 1993
McLuhan, T.C:	»...Wie der Hauch eines Büffels im Winter - Indianische Selbstzeugnisse«, Hoffmann u. Campe 1984

Lappland

---	»Schwedische Nationalparks«, Umschau 1984
Betz, Klaus	»Wanderwege in Skandinavien«, Bruckmann 1984
Herbst, Frank Peter	»Reise Know-How, Lappland-Handbuch«, Peter Rump 1987
Lang, Halling, Singer	»Naturführer - Nördliches Skandinavien mit Finnland«, BLV 1994
S T F (Hrsg.)	»Gebirgswandern in Schweden«, Nordis
Schwirtz u. Wisniewski	»Lappland - Landschaften, Tier- und Pflanzenwelt«, Landbuch 1988

Physik

Barrow, John D.	»Theorien für Alles - Die Suche nach der Weltformel«, Rowolth 1994
Davis, Paul	»Die Unsterblichkeit der Zeit«, Scherz 1995
Ditfurth, Hoimar von	»Im Anfang war der Wasserstoff«, dtv 1990

Fritzsch, Harald	»Vom Urknall zum Zerfall«, Piper 1983
Karamanolis, Stratis	»Blick in das Innere der Materie«, Elektra 1991
Newton, Roger C.	»Sternstunden der Physik«, Bitzhäuser 1995

Übergreifende Themen

Davis, Paul	»Der Plan Gottes - Die Rätsel unserer Existenz und die Wissenschaft«, Insel 1995
Davis, Paul	»Sind wir allein im Universum?«, Scherz 1996
Ditfurth, Hoimar von	»Die Sterne leuchten, auch wenn wir sie nicht sehen«, Kiepenheuer u. Witsch 1994
Ditfurth, Hoimar von	»So laßt uns denn ein Apfelbäumchen pflanzen - Es ist soweit«, Rasch u. Röhring 1985
Ditfurth, Hoimar von	»Wir sind nicht nur von dieser Welt - Naturwissenschaft, Religion und die Zukunft des Menschen«, dtv 1993
Ditfurth, Hoimar von	»Innenansichten eines Artgenossen«, Piper 1994
Gierer, Alfred	»Die Physik, Das Leben und Die Seele«, Piper 1985
Laszlo, Erwin	»Kosmische Kreativität - Neue Grundlagen einer einheitlichen Wissenschaft von Materie, Geist und Leben«, Insel 1995
Lovelock, James	»Gaia - Die Erde ist ein Lebewesen«, Scherz 1992

Umweltschutz und Biologie

Bossel, Hartmut	»Umweltwissen - Daten, Fakten, Zusammenhänge«, Springer 1994
Ditfurth, Hoimar von	»Der Geist fiel nicht vom Himmel - Die Evolution unseres Bewußtseins«, Rasch u. Röhring 1985
Weizsäcker, Ernst U. von	»Faktor Vier«, Droemer 1996
Weizsäcker, Ernst U. von	»Mensch, Umwelt, Wirtschaft«, Spektrum 1995
Wilson, Edward O.	»Der Wert der Vielfalt - Die Bedrohung des Artenreichtums und das Überleben des Menschen«, Piper 1995

Danksagung

Natürlich gebührt der größte Dank meinem Freund Martin Palmer und meiner Frau Sabine, ohne die diese Reise nie stattgefunden hätte! Zudem war Sabine mein unerbittlichster Kritiker und hat so maßgeblichen Anteil an der Entstehungsgeschichte des Buches. Dankeschön!

Besonderen Dank möchte ich Hans-Martin Haase sagen, der »Sjaunja« durch seine konstruktive und detaillierte Kritik erst zu dem gemacht hat, was es jetzt ist.

Letzte entscheidende Verbesserungsvorschläge machte schließlich Wilfried Sohn. Auch ihm dafür ein herzliches Dankeschön.

Nicht vergessen darf ich Frau Polacek-Hiorth vom puch-verlag, die mein Buchvorhaben spontan und mit Begeisterung aufgenommen hatte. Ohne sie wäre »Sjaunja« sicher noch längst nicht veröffentlicht worden. Außerdem schliff und feilte sie an den letzten Ecken und Kanten des Textes herum, bis alles schön rund war. Dabei entdeckte sie noch so manches »das« mit »ß«! Tack så mycket!

Für die Hilfe bei der Titelgestaltung gebührt meinem Freund Hanspeter Bellers ein herzliches Dankeschön, der schon so manches Mal mit uns in Lappland war.

Ich möchte mich auch bei Tanja König bedanken, die ganz unvoreingenommen die erste Leserin meiner Urfassung war.

Herr Oelemann von der Ronsdorfer Bücherstube hat meinen Dank, weil er mir die Möglichkeit gab, erstmalig einige Passagen aus dem Buch vor Publikum zu lesen.

Bedanken möchte ich mich auch noch bei Dirk Schotten und Swen Renner, mit denen ich einige Male intensiv über existenzphilosophische Fragen diskutiert habe.

Abschließend ein kleines Dankeschön an Ina und Jörn Kupferschmidt, Anna Rauhaus, Thomas Storch, Simon Kauven, Fabian Flues und Daniel Starker, die mir durch ihre jugendliche Neugierde eine ganz ausführliche Erzählung der Erlebnisse in Sjaunja entlockten, die so manches Detail wieder lebendig gemacht hat.

Vielen Dank.

Der Autor

Frank Baldus, geboren 1962 in Wuppertal.

Ich wurde in harmonischen familiären Verhältnissen groß. Mein Vater lehrte mich frühzeitig die Verantwortung für mein Tun und meine Mutter gab mir alle erdenklichen Freiräume zur Befriedigung meiner Interessen.

Mein Leben ist geprägt von der Liebe zur Natur. Als Kind war ich so oft wie möglich im Wald und lernte nebenbei und unbeschwert die Geheimnisse der Natur kennen. Kein Wunder, daß es mich schon mit 18 Jahren in die Wildnis Finnlands verschlug. Seitdem bin ich zusammen mit meiner Frau und Freunden fast jedes Jahr einmal in den hohen Norden gereist, um dort eine Zeitlang zu Fuß dem Alltag zu entrinnen und die Weisheit der Wildnis zu spüren.

Nach dem Abitur machte ich eine Banklehre. Noch heute bin ich bei demselben Institut beschäftigt. Ich versuche zur Zeit notleidende Forderungen für alle Beteiligten vertretbar abzubauen.

Nebenberuflich fand ich meine Erfüllung in der Leitung einer Jugendgruppe der Umweltstiftung WWF-Deutschland. Ein Studiengang zum Umweltberater vertiefte meine fachlichen Kenntnisse. Seit anderthalb Jahren wird meine Freizeit bestimmt durch den Umbau der Gruppe in einen eigenständigen, bundesweit tätigen Jugend-Umweltverband, dessen Geschäftsführung ich übernommen habe.

Die Harmonie und Unbeschwertheit meiner Jugend lebt in meiner Familie mit meiner kleinen Tochter und meiner Frau auch heute noch weiter.

Ich glaube nicht an unser Überleben, aber ich glaube seit Sjaunja an den Sinn der Vernunft und an eine unabhängige und unsterbliche geistige Existenz! Das gibt mir Kraft für die Zukunft und meinem Leben ein Ziel!.

Weitere Bücher im puch-Verlag Vertrieb KNOe; KV; VAL Silberschnur

Ute Polacek-Hiorth

Altenpflege in der Familie - mit Rezeptteil
80 Seiten Paperback ISBN 3-931 643-00-X 16,80 DM

Die Autorin führt lebensnah in die Problematik der häuslichen Altenpflege ein. Mit einfachen Mitteln kann viel im Umgang mit alten Menschen verbessert werden.
Die Autorin möchte das Verständnis für Pflegende und Gepflegte fördern. Dieser Leitfaden bietet einfache Lösungen für schwierige Situationen.

Ute Polacek

Zeitmanagement in der ambulanten und stationären Pflege
88 Seiten Paperback ISBN 3-931 643-03-4 28,80 DM

Das Zeitmanagement wird sich in der ambulanten Pflege der Zukunft in seinen Anforderungen und Ansprüchen rapide ändern. Die ambulante Pflege gewinnt zusehends an Umfang und Gewicht. Umso stärker aber machen sich die Mängel bemerkbar, wenn der Zeitplan nach alten Schemata arbeitet, die mit den heutigen Gegebenheiten nicht mehr übereinstimmen.
Ein intelligentes, flexibles Zeitmanagement ist unerlässlich in der ambulanten, wie auch in der stationären Pflegearbeit.

Ute Polacek-Hiorth

Meditation im Alltag - Hilfe zur Selbsthilfe
140 Seiten Paperback ISBN 3-931 643-01-8 19,80 DM

Innerlich gesund werden kann der Mensch nur, wenn er lernt, von sich wegzusehen auf jemanden, dem er Hilfe geben kann. Die Autorin entwickelt eine neue Art der Meditation, die sich nicht nur auf das Selbst beschränkt.
Der Leser bekommt gezielt ein Werkzeug in die Hand, über die Meditation die Seele, den Geist und den Körper zu heilen, gesund zu halten und seinen eigenen Weg zu finden.

Ute Polacek / Almuth Aievola

Leben im Frauenhaus
88 Seiten Paperback ISBN 3-931 643-04-2 26,80 DM

Frauenhäuser sind heute voller denn je. Das geht durch alle Bevölkerungsschichten hindurch. Über das Alltagsleben im Frauenhaus existieren die kuriosesten Vorstellungen. Dieses Buch gestattet einen Blick auf das Leben der Frauen, die im Frauenhaus ihr Leben neu ordnen. Es bietet Hilfe und baut Barrieren ab, die häufig das Leben von "Frauenhausfrauen" draußen erschweren. Ein Buch für das Leben innerhalb und außerhalb des Frauenhauses.

Ute Polacek

Jens - der Weg aus der Droge
142 Seiten Paperback nur über puch-Verlag-Göttingen 24,80 DM

Dieses Buch schildert den Weg des siebzehnjährigen drogenabhängigen Jens. Mit Hilfe von Freunden gelingt es ihm in zwei dramatischen Jahren, sich aus dem Abgrund der Verzweiflung herauszuholen und von den Drogen zu lösen.
Ein beeindruckendes und lesenswertes Buch.

Friedrich W. Ulrichs

Johannes Brahms und das verschwundene Adagio

Die Sonaten für Pianoforte und Violoncello - Opus 38 e-moll, Opus 99 F-Dur

100 Seiten Paperback ISBN 3-931 643-02-6 28,80 DM

Überlieferung von Brahms läßt den Autor das Werden und das Wesen dieser beiden Standardwerke schildern.
"Werkbetrachtung" bei Hans Mersmann und Kontrapunktstudien bei Boris Blacher haben den Solisten, Kammermusikspieler und Cellopädagogen Ulrichs für diese Aufgabe gerüstet. Den Leser fesseln Entstehen, Aufnahme und Beschreibung der Sonaten und die Lösung eines alten Rätsels. Es erschließen sich großartige Einblicke in das Schaffen des Meisters.
Mit 8 Abbildungen, davon 4 Erstveröffentlichungen und vielen Notenbeispielen

Klaus-H. Beckmann

Jahre des Zorns

152 Seiten Paperback ISBN 3-931 643-08-5 26,80 DM

Für Johannes Bachmann ist der Traum von Amerika während des Korea-Krieges bei den Marines zu einem Alptraum geworden. Amerika hinter sich, lernt er auf dem Schiff nach Europa die Israelitin Aviva kennen. Liebe auf den ersten Blick. Doch in Paris trennen sich ihre Wege. Johannes fährt in die ehemalige DDR, denn der großväterliche Hof ist längst verkauft. Vom Sozialismus enttäuscht, bricht er auf nach Kanada. In Montreal kommt es mit Aviva zu einem Showdown der Liebe.
Klaus-H. Beckmann emigrierte 1951 in die USA. Die Jahre davor und danach sind in dem Roman "Jahre des Zorns" beschrieben.

Jochen Zillig / Ann-Kathrin Heidenreich

Bitterblue

216 Seiten Paperback ISBN 3-931 643-07-7 26,80 DM

Reiner Lutter, Lehrer an einem Gymnasium, möchte mit seiner Lieblingsschülerin eine Familie gründen. Hinderlich dabei ist aber, daß er bereits einmal mit ihrer Mutter liiert war. Lutter fällt durch Gegensätze auf. Als Mitglied einer alternativen Partei vertritt er sie im Magistrat, während er sonst mit Vorliebe bei MacDonald´s speist oder seinen Lieblingsverein, den VfB Stuttgart, live miterlebt. Die Handlung spielt vorwiegend in Südhessen. Korruptionsskandale in zwei Rathäusern und das Schulleben am Gernsheimer Gymnasium sind mit einbezogen.
Mit "Bitterblue" legt Zillig nach "Gelegenheit macht Liebe" seinen zweiten Roman vor. In Zusammenarbeit mit Ann-Kathrin Heidenreich hat er ein unterhaltsames Werk geschrieben, das seine Leser bis zur letzten Seite fesselt.

Christel Walter

Jan sucht die Kuna-Indianer

44 Seiten Hardcover ISBN 3-931 643-10-7 34,00 DM

Dies Buch ist eine Kostbarkeit für Kinder und für Erwachsene. Gleichzeitig ist es ein Kunstbuch und Textilfachbuch, das als erstes und einziges in seiner Art in der Mola-Technik illustriert ist. Jedes Bild wurde von Christel Walter in Mola-Art genäht.
Die Geschichte erzählt von dem Jungen Jan von der Nordseeküste. Jan sucht die Kuna, die noch heute auf ca. 50 Inseln vor der Ostküste Panamas siedeln und findet sie schließlich auf abenteuerlichen Wegen.